Eine kulinarische Entdeckungsreise

Kurt Markaritzer • Paul Robert

Eine kulinarische Entdeckungsreise

DURCH DAS SALZKAMMERGUT

UMSCHAU

INHALT

Grundlsee

Inhalt

Mondsee

Hallstatt

Inhalt

Wildpark Hochkreut

bei Vöcklabruck

Salzkammergut

Die Zahlen 128 sind identisch mit den Seitenzahlen der einzelnen Betriebe in diesem Buch und bezeichnen ihre Lage in der Region.

104
Schwanenstadt
110
Zipf
Vöcklabruck
100
Puchheim
Maierhof
1
Vorchdorf
162
Vöcklamarkt
Walchen
Lenzing
Rutzenmoos
Laakirchen
Kirchham
Seewalchen a.Attersee
Oberweis
Traun
160
92
96
108
Schörfling a.Attersee
Gmunden
126
128
112
136
138
134
144
146
Berg i.Attergau
130
140
142
150
154
148
158
1
Altmünster
122
124
Weyregg a.Attersee
120
Straß i.Attergau
112
Nußdorf a.Attersee
88
Oberwang
Attersee
Traunsee
90
Neukirchen
82
Aich
Traunkirchen
Steinbach a.Attersee
Inner-schwand
Unterach a.Attersee
112
Ebensee
86
118
Au
Weißenbach a.Attersee
Salz-
St.Wolfgang
Schafbergbahn
30
44
18
22
32
38
26
34
36
Strobl
Bad Ischl
62
64
66
48
Wirling
167
112
Kaiservilla
Abersee
50
168
170
172
174
176
186
184
182
180
178
kammergut
Totes Gebirge
Bad Goisern
Altaussee
Grundlsee
190
198
200
Altaussee
216
218
192
202
Grundlsee
Gößl
112
Steeg
Bad Aussee
214
194
196
Gschlößl
Hallstätter See
Hallstatt
Salzbergwerk
208
210
Obertraun
206
Dachstein

Hallstätter See

Liebe Leserinnen, liebe Leser!

Das Salzkammergut in den drei Bundesländern Oberösterreich, Steiermark und Salzburg ist eine der beliebtesten Urlaubsgegenden Österreichs. Ihr besonderes Merkmal ist die unglaubliche Vielfalt der Landschaft mit den bis zu 3 000 Meter hohen Bergen und den fast 180 Meter tiefen Seen. Nicht weniger vielfältig ist die regionale Küche mit bodenständigen, oft raffiniert verfeinerten Speisen.
Ein Urlaub in diesem herrlichen Fleckchen Erde wird zur Schlemmerreise. Ob im einfachen Wirtshaus oder im hoch dekorierten Haubenlokal, es schmeckt überall, weil sich die Künstler in der Küche auf die schmackhafte Tradition der Region beziehen, zugleich aber mit viel Einfallsreichtum neue Delikatessen kreieren.
Einen Schwerpunkt bilden überall Fischgerichte, denn die blitzsauberen Seen sind ideale Lebensräume für die Tiere. Der „Paradefisch" ist wohl die Reinanke, die gebraten aus der Pfanne oder geräuchert serviert wird. In der Saison steht zudem ein reichhaltiges Angebot an Wildspezialitäten auf dem Programm, die fantasievoll zubereitet und garniert werden. Jedes Lokal setzt individuelle Schwerpunkte und so gibt es auch internationale Spezialitäten, bei denen die Gäste ins Schwärmen kommen.
Viele Urlauber sind besonders an den urigen Köstlichkeiten der Region interessiert, die man nur dort bekommt. Sie werden auch nicht enttäuscht. Traditionsbereite Wirte setzen gerne Fleischkrapfen (goldgelb gebackener Germteig, gefüllt mit gehacktem Selchfleisch, dazu Sauerkraut) auf die Karte oder auch die Holzknechtnocken aus Mehl, Salz und Wasser, die gekocht und dann in Butterschmalz herausgebacken werden. Die Bratl in der Pfanne – Schweine- oder Rinderbraten, die pikant-deftig schmecken – oder der Erdäpfelkas aus dem Almtal, bei dem entgegen der Bezeichnung kein Käse, sondern saure Sahne zu den Kartoffeln gegeben wird, bleiben gleichfalls in guter Erinnerung. Dazu noch ein kühles Bier, ein gepflegtes Glas Wein und vielleicht auch ein Stamperl Edelbrand – schöner kann es für Genießer auch im Schlaraffenland nicht sein.
Begeben Sie sich mit uns auf eine kulinarische Entdeckungsreise durch diese Region, holen Sie sich den Gusto auf Köstlichkeiten aus dem Herz der Alpen.

Viel Vergnügen und guten Appetit!

SOMMERFREUDEN & WINTERSPASS

St. Gilgen

„Der Herrgott hat einen besonders guten Tag gehabt, als er das Salzkammergut erschaffen hat", sagen die Menschen dankbar, die in dem zauberhaften Landstrich zwischen Alpen und Alpenvorland in Österreich wohnen. Als Urlauber ist man sofort geneigt, ihnen recht zu geben, denn das Gebiet mit seinen insgesamt 76 Seen und den hochragenden Gebirgsstöcken ist von einer Vielfalt, wie man sie selten findet. Deswegen hat die Erholung im Salzkammergut auch das ganze Jahr über Saison, das gilt ganz besonders für die Gegend rund um den Wolfgangsee, die im Sommer und im Winter ihre Reize hat.

Die älteste Gemeinde der Region ist St. Gilgen, sie wurde erstmals 790 erwähnt. Lange Zeit ging es den Leuten dort eher schlecht als recht, erst als Kaiser Franz Joseph das Salzkammergut als sein Urlaubsdomizil auswählte, besserte sich die Lage. Berühmte Menschen ließen sich in dem Ort nieder wie

Strobl

Wolfgangsee

die Dichterin Marie von Ebner-Eschenbach, der große Arzt Theodor Billroth oder der Nobelpreisträger Karl von Frisch, der in der Gegend seine Bienenforschung betrieb. Der wohl prominenteste Feriengast der letzten Jahre war der deutsche Alt-Bundeskanzler Helmut Kohl, der wie alle Urlauber von den Ortskundigen auf eine andere prominente Persönlichkeit aufmerksam gemacht wurde, die in St. Gilgen daheim war: „Nannerl", die Schwester des großen Komponisten Wolfgang Amadeus Mozart.

St. Wolfgang ist nur sieben Jahre jünger als St. Gilgen und hat seinen Namen vom Heiligen Wolfgang, dem Bischof von Regensburg, der sich später in die Gegend von St. Wolfgang zurückzog. Um den heiligen Mann rankten sich bald viele wundersame Legenden, die unzählige Pilger anlockten. Im Mittelalter war St. Wolfgang einer der bedeutendsten Wallfahrtsorte überhaupt, in der Gegenwart erinnert unter anderem ein Pilgerbrunnen an diese Zeit. Wallfahrer sind dort heute kaum noch unterwegs, dafür aber viele Urlaubsgäste, denn der Ort ist ein touristisches Zentrum ersten Ranges, mit dem weltberühmten Hotel „Zum Weissen Rössl" an der Spitze. Seine Berühmtheit verdankt es vor allem der gleichnamigen Operette des Komponisten Ralph Benatzky, dem

Postalm

an der Seepromenade ein Denkmal gewidmet wurde.
Kurios ist die Geschichte um die Namensgebung der Gemeinde Strobl, die im Mittelalter aus einem Gutshof, einem Schiffsstützpunkt und einer Taverne bestand, aber bald zu einem Handelszentrum wurde. Maßgeblich daran beteiligt war die wohlhabende Familie Strobl, die dem Ort schließlich ihren Namen gab. „Strobl" heißt der Überlieferung nach nichts anderes als „strubbeliger Mann", der Name hat sich vor allem im süddeutschen Raum in verschiedenen Formen weiter verbreitet und schließlich sogar Eingang in die Märchenwelt gefunden: Der bekannteste Namensträger ist der „Struwwelpeter".
In Natura begegnet man dem Jungen, der seine Haare und Nägel partout nicht schneiden lassen will, am Wolfgangsee nicht, aber wer im Dezember dort Urlaub macht, stößt bei den traditionellen Krampus- und Perchtenläufen auf ähnlich zottelige Gestalten. Ansonsten geht es aber gerade im Winter am See friedlich, freundlich und fröhlich zu. Rund um den Wolfgangsee liegen mehrere Skigebiete mit Pisten aller Schwierigkeitsgrade, und zum Aufwärmen geht es dann in die Saunalandschaften, Whirlpools oder Dampfbäder, die in vielen Hotels zur Standardausstattung gehören.
Im Sommer ist der See, der – wie alle Salzkammergutseen – Trinkwasserqualität hat, die große Attraktion, wo man am Strand liegen und die Sonnenstrahlen genießen kann. In der Umgebung laden herrliche Wanderwege ein, zum Beispiel der legendenumwobene Wallfahrerweg, der von St. Gilgen über den Falkensteinsattel nach St. Wolfgang führt. Von dort geht es mit dem Schiff wieder zurück, so lernt man auch die Wolfgangsee-Flotte kennen, deren Prunkstück der ehrwürdige Raddampfer „Kaiser Franz Josef" ist. Eine besondere Attraktion ist die alte Zahnradbahn auf den 1783 Meter hohen Schafberg, von dem aus die Aussicht prachtvoll ist. Für die Fahrten werden sogar noch Dampflokomotiven eingesetzt.

Höhenloipe Postalm

Wolfgangsee

BÄCKEREI-KONDITOREI-CAFÉ GANDL

Bäckerei-Konditorei-Café Gandl

Markt 84
A-5360 St. Wolfgang

Telefon 00 43 (0) 61 38 / 22 94
Telefax 00 43 (0) 61 38 / 22 94 33

www.lebkuchen-gandl.com

Die „Bäckerei und Konditorei Gandl" in St. Wolfgang ist ein Traditionsbetrieb, der sich seit 1806 im Familienbesitz befindet. Bereits im 15. Jahrhundert wurden in dem alt-ehrwürdigen Haus Pilger und Besucher von St. Wolfgang verköstigt, und da gab es genug zu tun. St. Wolfgang war ja im Mittelalter neben Aachen und Einsiedeln einer der bedeutendsten Wallfahrtsorte und erlebte damals eine wirtschaftliche Hochblüte.
Im Laufe der Zeit wurde aus dem Gastbetrieb eine Bäckerei und Konditorei. Seit nun mehr als zwei Jahrhunderten wird das ehrwürdige Handwerk der Bäckerkunst in diesem Hause ausgeübt, und zwar auf eine Art, die man heute höchst professionell nennen würde. Barbara und Fritz Gandl, die Besitzer des alteingesessenen Unternehmens: „Wir sind stolz darauf, die alte Familientradition fortführen zu dürfen; schließlich haben sich viele unserer Vorfahren sehr bemüht, in ihrem Beruf auf der Höhe des Wissens zu bleiben. Sie machten sich auf die Wanderschaft und brachten von ihren Lehrjahren viele köstliche Rezepte mit, von denen wir heute noch profitieren." So werden immer noch nach alten Rezepten Mandelbogen – eine Köstlichkeit aus Baiser-Masse und gehobelten Mandeln – und Nussbeugerl sowie die berühmten Schafbergkugeln gefertigt. Auch Brot und Gebäck werden immer noch nach alten Rezepten aus früheren Zeiten gebacken, sie schmecken gleichermaßen Einheimischen wie Gästen. Zu den Brotspezialitäten zählen neben dem so genannten Hausbrot, einem Sauerteigbrot aus Roggen-

und Weizenmehl, auch viele köstliche Vollkorn- und Mehrkornbrote und verschiedenes Kleingebäck.
Weithin gerühmt wird die „Konditorei Gandl“ für ihren Lebkuchen, der ein wichtiger Teil der Unternehmensgeschichte ist. Über viele Generationen hinweg wurden die feinsten Rezepturen für die ursprünglich noch nicht sehr umfangreiche Lebkuchenproduktion weitergegeben und strengstens gehütet. Die Köstlichkeiten waren lange Zeit sehr begehrt, die Begeisterung dafür ließ aber nach, als weniger Pilger nach St. Wolfgang kamen. Die Lebkuchenerzeugung verlor stark an Bedeutung.
Eine Trendwende trat zu Beginn des 20. Jahrhunderts ein, als St. Wolfgang nach vielen Jahren der wirtschaftlichen Stagnation erneut einen Aufschwung nahm. Der Unterschied zu früher: Diesmal brachten nicht die Pilger, sondern die ersten Sommerfrischler neues Leben in die Region. Mit der Sommerfrische begann eine Hochblüte des Tourismus, die bis in die 90er-Jahre des vorigen Jahrhunderts anhielt. Die Angebotspalette wurde internationaler, die Bäckereien und Konditoreien passten sich der Nachfrage an und produzierten Torten und andere Mehlspeisen, die den Gaumen der Einheimischen und Gäste erfreuen sollten.
Das galt natürlich auch für die „Bäckerei Gandl“, die sich vor vielen Jahren wieder an die alte Tradition der Lebkuchenerzeugung erinnerte, die Kunst der Vorfahren neu zum Leben erweckte und sie mit kulinarischer Fantasie verfeinerte. Gemeinsam mit den bestens ausgebildeten Mitarbeitern wurde die Angebotspalette um neue feine Kreationen erweitert, und heute stellen Barbara und Fritz Gandl zufrieden fest: „Wir können mit Stolz auf 15 verschiedene Lebkuchenvariationen verweisen, die allesamt durch ihren ausgezeichneten Geschmack und die Qualität der verarbeiteten Produkte bestechen. Verwendet werden bei uns nur die besten Rohstoffe: Feinster Bienenhonig, natürliche Zutaten, exotische Gewürze und frische Produkte unserer Bauern aus der Umgebung verarbeiten wir zu Lebkuchenkreationen, die

keinen Vergleich scheuen und sich durch Saftigkeit und lang anhaltende Frische auszeichnen. Dank der perfekten Teigherstellung kommen wir gänzlich ohne Konservierungsmittel oder künstliche Zusatzstoffe aus." Diese Qualität überzeugt die Kunden, die sich für die Spezialitäten des Hauses begeistern. Eine der meistgefragten Kreationen ist die „St. Wolfganger Nuss-Schnitte", eine feine Komposition aus Mürbteig, Karamell, Walnüssen und Mandeln, hergestellt nach einem alten Familienrezept und auch für anspruchsvolle Gaumen ein erlesenes Vergnügen. Daneben gibt es eine Vielzahl anderer Spezialitäten, etwa den „Großen Wolfganger", der nach einem 200 Jahre alten Rezept in altbewährter Manier erzeugt wird und immer noch durch seinen ausgezeichneten Geschmack überzeugt; oder den feinen Schoko-Marzipan-Lebkuchen, einen Lebkuchenwürfel, der mit feinster Marzipan-Fruchtfülle gefüllt wird. Nicht zu vergessen den Früchtelebkuchen mit einer Fülle aus Feigen und Powidl, wie Pflaumenmus im Salzkammergut genannt wird. Für Schokolade-Liebhaber gibt es die klassischen Schoko-Eckerl, gefüllt mit Himbeer- oder Pflaumenmarmelade – und die muss man einfach kosten, beschreiben lässt sich dieses Gaumenvergnügen nicht ... Mit den bisherigen Erfolgen gibt sich das Ehepaar Gandl nicht zufrieden: „Wir sind immer bemüht, unsere Kunden durch Neuheiten zu überraschen, und wer sich davon überzeugen will, ist herzlich willkommen. Wir sind an zwei Standorten vertreten, im Zentrum von St. Wolfgang, am Uferplatz und am Postplatz." Ein Besuch lohnt sich jedenfalls, denn dort kann man alle Lebkuchensorten verkosten, ehe man sich entscheidet, welche man kauft. Außerdem gibt es in den Geschäften nett verpackte Geschenke, die ideale Mitbringsel für Verwandte oder auch für Geschäftspartner sind. Die Konditorei und Lebzelterei fertigt auf Wunsch gerne spezielle Lebkuchen und Präsente in verschiedensten Variationen an. Interessenten dafür gibt es in aller Welt, Lebkuchen aus der „Konditorei Gandl" werden in hübschen Geschenkboxen in aller Herren Länder verschickt. Kein Wunder: Immer wieder kaufen Touristen bei „Gandl" ein, sind von den süßen Souvenirs höchst angetan und fordern dann brieflich Nachschub an. Besonders interessant ist die Visite in der Konditorei im Advent. Zu der Jahreszeit, in der die Vorfreude auf Weihnachten allgegenwärtig ist, werden Besucher in der „Engerl-Backstube" herzlich willkommen geheißen. Erwachsene und auch Kinder haben die Chance, unter Anleitung selbst Lebkuchen zu backen oder zu verzieren und die selbst geschaffenen Kunstwerke umgehend zu verkosten. Und wenn jemand besonders interessiert ist oder sich außergewöhnlich geschickt anstellt, verrät ihm der Meister gerne das eine oder andere der sonst wohl gehüteten Geheimnisse rund um die Kunst der Lebkuchenerzeugung.

SALZKONTOR TUCEK & SÖHNE

Salzkontor Tucek & Söhne GmbH

Schwarzenbach 73
A-5360 St. Wolfgang

Telefon 00 43 (0) 61 38 / 30 27
Telefax 00 43 (0) 61 38 / 3 02 74

www.salzkontor.at

Die meisten Leute halten Salz für ein simples Gewürz, mit dem der Geschmack von Speisen verfeinert wird. Wer einmal das „Salzkontor Tucek & Söhne" in St. Wolfgang besucht hat, weiß es freilich besser: Salz ist ein hochwertiges Naturprodukt mit vielen interessanten und für den Menschen nützlichen Eigenschaften.

„Wir bieten ein Produkt an, das direkt aus dem Berg kommt, denn von dort wird der Ausseer Bergkern – so heißt das Salz aus dem Bergwerk – direkt in den Betrieb geliefert. Er ist ungefähr so groß wie eine Melone", sagt Firmenchef Helmut Tucek. „Dieser Kern wird dann bei uns zerkleinert und zu veredelten Produkten verarbeitet. In dem Bergkern sind 84 verschiedene Elemente enthalten, viel mehr als in dem Speisesalz, das man normaleweise zu kaufen bekommt. Das macht dieses Natursalz so wertvoll."

Natürlich kann man mit dem Salz aus „Tuceks Kontor" – das auch Himalaya- und Meersalz im Programm hat – Speisen würzen. Dafür gibt es raffiniert zusammengestellte Kombinationen wie Rosmarin-Salz, Chili-Salz, Knoblauch-Salz oder Koriander-Salz, die jedem Gericht einen besonderen Pfiff verleihen. Aber es wäre schade, es beim Einsatz in der Küche zu belassen, denn das Natursalz ist auch ein wunderbares Mittel für die Körperpflege und zahlreiche Naturanwendungen.

Es gibt eine regelrechte Natursalz Kosmetik mit Salz-Zahncreme, Salz-Shampoo, Salz-Duschgel, Salz-Körpermilch, Salz-Gesichtscreme und Kristallsalz Deostein, die hautfreundlich, bekömmlich und sehr wirksam sind. Tucek bietet natürlich auch Badesalze an, die mit verschiedenen ätherischen Ölen, Blüten und feinen Kräutern versetzt sind und so harmonische Bezeichnungen tragen wie zum Beispiel Wintermärchen oder Sommertraum, und er verrät den Kunden aus aller Welt gerne auch die Geheimnisse verschiedener Anwendungen, die von Generation zu Generation weitergegeben werden.

So hilft Koriandersalz zum Beispiel, Giftstoffe auf natürliche Art auszuscheiden und ist damit ein besonders wichtiges Element der Ernährung. Den Körper entgiften kann man auch mit einem Salzhemd. Das Hemd wird mit einer starken Salzwasserlösung – auf einen Liter Wasser kommen etwa 30 Gramm Salz – getränkt, dann muss man es gründlich auswringen, ehe man es anzieht. Das feuchte Hemd muss eng am Körper anliegen, dann geht es sofort ins Bett. Das Salzhemd bewirkt einen Wärmestau, man beginnt zu schwitzen und wird auf diese Art Giftstoffe los. Der Effekt ist verblüffend stark, deshalb darf man das Salzhemd auch nur unter fachkundiger Anleitung verwenden, nicht im Do-it-yourself-Verfahren. Nach dem Schwitzen sollte man eine Ruhepause einlegen.

Auch Salzsocken sind ein bewährtes Hausmittel, das die Durchblutung ankurbelt, chronisch kalte Füße erwärmt und bei Entzündungen der Zehen sowie bei Gicht hilft. Dazu werden 30 Gramm Salz in einem Liter Wasser aufgelöst, darin werden Baumwollsocken eingetaucht. Gut auswringen und an-

ziehen, dicke Wollsocken darüber ziehen, eine Stunde lang ruhen und die Salzlösung ziehen lassen, danach Füße lauwarm abduschen. Noch mehr Tipps gefällig? Für Tucek kein Problem.
Ein kleines Baumwollsäckchen, das mit Salz gefüllt ist und im Backofen erhitzt wird, lindert Ohrenschmerzen und lässt schmerzhafte Schwellungen abklingen, wenn man es mehrmals täglich möglichst heiß an das Ohr hält. Geschmeidige, zarte Haut erhält man durch ein Salz-Peeling. Wie man's macht? Ganz einfach: nach dem Duschen die noch feuchte Haut leicht mit grobem Meersalz abreiben, das Gesicht aussparen. Danach lauwarm duschen. Noch besser lösen sich die Hautschuppen, wenn man Salz und Olivenöl 2:1 mischt und sich damit abreibt.
Bei müden und geschwollenen Beinen empfiehlt sich ein Salzfußbad, bei dem eine Handvoll Salz in eine Wanne mit warmem Wasser geschüttet wird. Die Füße eintauchen, nach zehn Minuten leicht abtrocknen und die Fußsohlen kräftig mit einer halben Zwiebel einreiben. Danach Wollsocken anziehen und ab ins Bett! Das wirkt erfrischend und beruhigend zugleich.
Salzwickel sind ein Mittel, das schon die Großmutter und ihre Vorfahren kannten und schätzten, weil die Anwendung sehr einfach ist. Man taucht ein Leintuch in Salzwasser, muss es dann gut auswringen und eng anlegen. Darüber wickelt man ein trockenes Tuch und deckt sich anschließend gut zu. Kalte Wadenwickel regen den Stoffwechsel an, man nimmt sie bei Blutandrang zum Kopf, Schlaflosigkeit, Durchblutungsstörungen im Gehirn und fieberhaften Erkrankungen der oberen Luftwege, weil sie den Stoffwechsel anregen. Bei kalten Händen oder kalten Füßen sind sie allerdings ungeeignet. Warme Wickel wiederum bringen bei rheumatischen Beschwerden oder einer Sehnenscheidenentzündung spürbare Erleichterung.

Aus der Volksmedizin weiß man, dass Salzumschläge bei schlecht heilenden Wunden, Geschwüren und Schwellungen hilfreich sein können. Die Anwendung: Ein sauberes Baumwoll- oder Leintuch in warmes Salzwasser tauchen, gut auswringen und auf die wunde Stelle legen.
Gegen Zahnfleischbluten und Parodontose hilft es, Salz zu kauen. Dazu nimmt man am

TUCE
& SÖHNE
KEG
1924
SPEZIALITÄTEN
ST.WOLFGANG
SALZBURG
WIEN
A-5360 ST.WOLFGANG · SCHWARZENBACH 73 · AUSTRIA
43 613 83027 · OFFICE@SALZKONTOR.AT · WWW.SALZKONTOR.AT
Badesalz
TUCEK
SÖHNE

Morgen etwa einen Teelöffel grobkörniges Salz, vermischt es mit etwas Wasser und kaut diese Mischung so lange, bis von den Körnern zwischen den Zähnen nichts mehr zu spüren ist. Ein altes Hausmittel gegen Warzen ist Salzessig: einen Esslöffel Salz mit einem Esslöffel Essig mischen und die Warzen damit mehrmals täglich betupfen. Salzessig wird auch für warme Umschläge bei Geschwüren, Tierbissen und Insektenstichen empfohlen. Ein Spezialrezept gegen Halsschmerzen ist Sauerhonig zum Gurgeln. Man mischt 30 Gramm Meersalz, 100 Milliliter Essig, 200 Milliliter Wasser und 300 Gramm Honig, lässt die Mixtur aufkochen und füllt sie dann in ein Glas, wo sie abkühlt. Bei leichten Verbrennungen bewährt sich eine Mischung von Olivenöl und Salz im Verhältnis 3:1, die man auf die schmerzhafte Stelle aufstreicht. Bei offenen Wunden darf dieses Mittel allerdings nicht verwendet werden.

Die Nutzungsmöglichkeiten von Salz sind mit diesen Anwendungen bei weitem nicht erschöpft. Ein Solebad (für eine volle Wanne benötigt man ein Pfund Natursalz bzw. 2 Liter Natursole) regt den Hautstoffwechsel an und hat sich bei zahlreichen Hauterkrankungen und bei Rheuma- und Gelenkerkrankungen als wohltuend erwiesen. Menschen mit schwachem Kreislauf sollten aber die Finger davon lassen, für sie könnte es zu anstrengend sein. Ihnen und allen anderen ist eine Soletrinkkur anzuraten, bei der man täglich auf nüchternen Magen eine vorher angesetzte Sole trinkt. Dazu wird ein Krug mit Kristallsalz- oder Bergkernbrocken bis zum Rand mit sehr gutem Wasser aufgefüllt. Man kann so lange Wasser nachgießen, bis sich die Brocken vollständig aufgelöst haben. Empfohlen ist diese Kur bei Störungen der Verdauungsorgane und Kreislauf- und Stoffwechselerkrankungen, aber auch zur Stärkung der Abwehrkräfte.

Die vielfältigen Verwendungsmöglichkeiten machen Salz im wahrsten Sinne des Wortes zum Bestseller. Helmut Tucek, der neben dem „Salzkontor" in St. Wolfgang auch Natursalz-Läden in Hallstatt und Salzburg betreibt, kann sich über Mangel an Kundschaft jedenfalls nicht beklagen. Die Käufer und Interessenten kommen aus Österreich und Deutschland, aber auch aus anderen europäischen Staaten und sogar aus Amerika und Japan. Sie lassen sich gerne und eingehend über die geheimnisvollen Kräfte des Salzes informieren und nehmen dann Produkte ihrer Wahl mit nach Hause, schließlich gibt es kaum ein Souvenir aus dem Salzkammergut, das authentischer wäre als Salz.

ROMANTIKHOTEL WEISSES RÖSSL

Romantikhotel Weisses Rössl

Markt 74
A-5360 St. Wolfgang

Telefon 00 43 (0) 61 38 / 2 30 60
Telefax 00 43 (0) 61 38 / 23 06 41

www.weissesroessl.at

Kein Hotel auf der Welt ist so oft besungen worden wie das „Weisse Rössl" am Wolfgangsee. 1896 schrieben die Schriftsteller Oskar Blumenthal und Gustav Kadelburg während eines Aufenthaltes im Hotel das Lustspiel vom liebenden Oberkellner und der reschen Rösslwirtin, das 1930 von Ralph Benatzky vertont wurde. Seit damals galoppiert das „Weisse Rössl" musikalisch um die ganze Welt und berichtet vom romantischen Urlaub am Wolfgangsee.

Die Bekanntheit des Hauses bringt natürlich ganz besondere Verpflichtungen mit sich. Senior-Chef Helmut Peter, der die Geschicke des Hauses vor einiger Zeit in die Hände von Tochter Gudrun und Schwiegersohn Oliver Trutmann-Peter gelegt hat, aber noch immer tatkräftig mithilft: „Unser Romantikhotel ist ein Familienbetrieb, meine Tochter und der Schwiegersohn sind jetzt die fünfte Generation, die das Haus führt. Jeder baut dabei auf der Tradition auf, bringt aber auch eigene Ideen mit viel Enthusiasmus ein, denn ein Betrieb wie der unsere darf sich nicht mit dem Erreichten zufrieden geben. Es muss immer eine Weiterentwicklung geben. Ich habe da ein sehr persönliches Motto: Die Vergangenheit ist fad, die Gegenwart ist schweißtreibend und die Zukunft ist spannend!"

Mit dieser Philosophie hat die Familie Peter aus dem 1878 errichteten Haus, das sie 1912 von den damaligen Besitzern übernommen hat und dessen Wurzeln bis ins 15. Jahrhundert zurückreichen, im Lauf der Jahre einen legendären Betrieb gemacht, der mehr ist als nur ein Hotel erster Güte: Es ist ein Stück Österreich, das da direkt am Wolfgangsee liegt. Das zeigt sich schon an der äußeren Erscheinung, denn das „Weisse Rössl" ist das exakte Gegenstück zu den chrom- und glasblitzenden Hochhäusern moderner Hotelanlagen. Es besteht vielmehr aus acht schönen alten Bürgerhäusern, die miteinander zu dem Hotelkomplex verbunden sind. Demnächst kommt ein neuntes Haus dazu, das erweitert die Gestaltungsmöglichkeiten.

Seit 1999 ist Wellness einer der Schwerpunkte und es wäre nicht das „Weisse Rössl", hätten die Gäste nicht Attraktionen zur Verfügung, die es anderswo nicht gibt. In jedem der komfortablen Zimmer mit optimaler Ausstattung inklusive Internetanschluss wartet ein „Wellnesskorb" mit Bademantel, Badetüchern und Badeschuhen auf die Gäste, die im hauseigenen Erlebnisbad schwimmen oder sich im Dampfbad und im Traunerlbad langsam aufwärmen wollen. Beides sind Softsaunen mit Temperaturen zwischen 40 und 50 Grad und individuellen Annehmlichkeiten: Das Traunerlbad bezaubert mit einem romantischen Sternenhimmel und das Dampfbad mit verführerischen Düften. Hitziger, aber nicht weniger erholsam ist die Panorama-Sauna, die einen einzigartigen Ausblick in die Natur rund um den Wolfgangsee bietet. Den absoluten Clou aber bildet das ganzjährig beheizte Seebad des Hotels, das direkt im Wolfgangsee liegt. Bei einer Wassertemperatur von 30 Grad kann man im Sommer wie im Winter im Wolfgangsee baden, ein unglaublich erfrischendes Erlebnis. Die neu gewonnene Energie nützen viele Gäste für ein lockeres Training im Fitnessraum. Auch von dort aus sieht man direkt auf den Wolfgangsee, eine wunderbare

Ablenkung, wenn man auf einem der modernen Übungsgeräte die Muskeln spielen lässt. Weil zur Supererholung das gute Aussehen gehört, holt man sich im Sonnenstudio des „Weissen Rössls" die begehrte Urlaubsbräune. Turbobräuner, Gesichtsbräuner und Farblichttherapie stehen kostenlos zur Verfügung.

Salzburger Nockerl

Zutaten

9 Eiweiß
3 Eigelb
150 g Zucker
1 EL Vanillezucker
2 gehäufte EL Mehl

Zubereitung

Das Eiweiß mit Zucker und Vanillezucker aufschlagen, Eigelb und Mehl locker unterheben. In eine befettete Auflaufform 3 Nocken setzten und bei 230 °C im Rohr ca. 8–10 Minuten backen.

Die Nockerl sollten innen noch cremig, das heißt, noch nicht durchgebacken sein.

das sorgsam abgestimmte Licht vermittelt dem Körper auch neue Energie. Perfekt wird das Wellnessgefühl durch eine Behandlung im Reviderm Spa, wo Frauen und auch Männer von regenerierenden Gesichtsbehandlungen mit Mikrodermabrasion über Wellnessanwendungen wie Heubäder bis hin zu klassischen Massagen und fernöstlichem Ayurveda alles genießen können, was einen perfekten Wellnessurlaub ausmacht.
Demnächst wird das Haus um eine weitere Attraktion reicher: Das „Weisse Rössl" bekommt den ersten schwimmenden Whirlpool der Welt und beweist damit wieder einmal Innovationsgeist. So viel Einfallsreichtum wird von Urlaubern geschätzt, aber auch von Gästen, die in das Hotel am Wolfgangsee kommen, um zu arbeiten – und das sind nicht wenige, denn das traditionsreiche Haus hat mittlerweile einen exzellenten Ruf als Tagungs- und Seminarhotel. Getagt werden kann in Kleingruppen, bei Bedarf steht aber auch ein Saal für maximal 120 Personen zur Verfügung, selbstredend mit modernster Tagungstechnik eingerichtet.
Nach Sauna, Fitnessstudio oder Tagungsstrapazen freuen sich die Gäste auf die kulinarischen Genüsse aus der Küche des Hauses und diese Freude ist schon aus optischen Gründen mehr als berechtigt. Im Romantikrestaurant genießen sie den herrlichen Blick auf das Wolfgangseepanorama, im Seerestaurant speisen sie an einem der schönsten Plätze am Wolfgangsee und in beiden Räumen wie auch im Badstüberl erleben sie kulinarische Feinheiten erster Qualität. „Wir sind, auch was die Küche betrifft, ein gutes Stück Österreich", sagt Seniorchef Helmut Peter und die Küche setzt dieses Konzept konsequent um.
Ein Schwerpunkt sind die klassischen österreichischen Speisen und vor allem die frischen Fische aus dem Wolfgangsee. Der guten Tradition folgen auch die köstlichen Mehlspeisen wie Salzburger Nockerl oder Kaiserschmarren mit Zwetschkenröster und die Käseplatte mit einer bunten Auswahl erstklassigen Käses aus Österreich. Zunehmend beliebt ist das Fondue im Seerestaurant, sowohl das Fisch-Fondue mit verschiedenen Fischen aus dem Wolfgangsee als auch das Fleisch-Fondue mit Kalb-, Schweine- und Rindfleisch. Dazu gibt's verschiedene Gemüse-Julienne, Ofenerdäpfel, eingelegtes Gemüse und diverse Saucen. Immer wieder stehen auch Spezialitäten aus dem Ausland auf der Speisekarte, etwa Vitello tonnato mit Oliven und Rucola, bunte Blattsalate mit gebratenen Riesengarnelen oder Spaghetti Pesto mit frischem Parmesan. Selbstverständlich sind auch die Weine Genuss pur. Im Felsenkeller sind 180 Weinsorten gelagert, sie kommen von den besten Winzern Österreichs, viele Sorten wurden bei Wettbewerben prämiert. Den Keller kann man für private Feste mieten, es gibt auch immer wieder Gelegenheiten zur Weinverkostung, die man sich als Kenner nicht entgehen lassen sollte.

BENEDIKTINER SEIFENMANUFAKTUR

Seife aus dem Salzkammergut hatte Jahrhunderte lang einen ausgezeichneten Ruf, besonders die Benediktinermönche in St. Wolfgang haben die Seifenerzeugung seinerzeit zu hoher Meisterschaft entwickelt. An diese Tradition knüpft die „Benediktiner Seifenmanufaktur“ an, die vor gut 15 Jahren von Andreas Wipplinger gegründet wurde.
Seifen sind Mittel zur Körperpflege und -reinigung, aber die duftenden Kostbarkeiten aus Wipplingers Werkstatt sind mehr: nämlich lupenreine Naturprodukte, die in gekonnter Handarbeit hergestellt werden.
Zu Beginn produzierte die Manufaktur kalt gerührte Kernseife, später eine Olivenseife und die kalt gepresste Ringelblumenseife. Im Lauf der Zeit wurde die Produktpalette um eine Vielzahl von Glycerinseifen und vor allem um etliche Besonderheiten erweitert, die man nirgendwo sonst findet. Das gilt zum Beispiel für die „Smaragdseife“, die Wipplinger für Kunden in Salzburg herstellt und über deren Geheimnis er nur wenig verrät: „Die Mischung, aus der die fertige Seife entsteht, wird im Zug der Produktion über den Smaragd geleitet.“ Das Ergebnis ist eine Seife, die – so schwören viele Leute – die Energie des edlen Steines aufgenommen hat und an ihren Verwender weitergibt.
Spezialprodukte sind zum Beispiel auch die „Moorseife“, die für den Kurort Bad Leonfelden erzeugt wird, oder die „Nationalparkseife“, in der Kräuter aus dem „Nationalpark Hohe Tauern“ verarbeitet werden.

Benediktiner Seifenmanufaktur

Markt 9
A-5360 St. Wolfgang

Telefon 00 43 (0) 61 38 / 2 82 70
Telefax 00 43 (0) 61 38 / 2 82 74

www.seifenmanufaktur.at

Allen Erzeugnissen ist eines gemeinsam: Sie sind absolute Naturprodukte mit den Hauptbestandteilen reines Palmöl und Kokosfett. Dazu kommen fein abgestimmte Kräuter und duftende sowie pflegende Zusätze, die mit der Hand zusammengemischt werden. Das Ergebnis kann man auf der Haut fühlen: Die Seifen werden weicher und sanfter als bei der industriellen Produktion.

Insgesamt sind es – ohne Sonderanfertigungen – 15 Stangen- und zehn Blockseifen, die von Wipplinger und seinen Mitarbeitern hergestellt werden. Fantasie und ein Gespür für Kundenwünsche sind dabei gefragt, daraus ergeben sich dann so interessante Kreationen wie Seifen mit Ginko, Zimt, Lavendel, Haferflocken oder Rosenblättern. Die Rosenblätter werden übrigens so dezent gemahlen, dass die Teilchen in der fertigen Seife noch zu sehen sind – den Duft riecht man sowieso – und die Kräuter, die als Zutaten dienen, werden in der Produktion meist in etwas größeren Stücken verarbeitet. Dadurch haben viele fertige Seifen einen sanften Peeling-Effekt und liegen voll im Wellness- und Beautytrend.

In seinem Geschäft hat Wipplinger ein breites Angebot verschiedenster Seifen, nicht nur aus eigener Produktion. Die selbst erzeugten Seifen stechen aber wegen ihrer ungewöhnlichen Dimension und Form sofort ins Auge: Es sind Stangen oder 25-Kilo Blöcke. Von dort werden sie mit einem feinen Draht in der von den Käufern gewünschten Größe und Form herunter geschnitten und nett verpackt. Auf diese Art hat jeder Kunde seine duftenden, einmaligen Souvenirs vom Wolfgangsee, die sehr geschätzt werden.

Andreas Wipplinger: „Wir haben viele Urlauber als Stammkunden, die jedes Jahr wiederkommen und dann bei uns den Vorrat für das ganze Jahr mitnehmen."

Die Freude an der Frische aus der „Benediktiner Seifenmanufaktur" ist längst nicht mehr auf das Salzkammergut beschränkt. Das Konzept der Erzeugung und Vermarktung und die handwerklich exzellente Verarbeitung der Rohstoffe hat so viel Anklang gefunden, dass Wipplinger inzwischen Filialen in Hallstatt sowie in Seefeld und in Mayrhofen im tirolerischen Zillertal eröffnen konnte.

Seit einigen Jahren zählen auch Duschbäder, Shampoos und Cremes zum Angebot der „Benediktiner Seifenmanufaktur", das mittlerweile so begehrt ist, dass die Produkte nicht nur in Österreich ihre Anhänger haben, sondern auch in Italien, der Schweiz, Deutschland und vielen anderen europäischen Ländern.

SEEHOTEL CORTISEN

Seehotel Cortisen

A-5360 St. Wolfgang

Telefon 00 43 (0) 61 38 / 23 76
Telefax 00 43 (0) 61 38 / 23 76 44

www.cortisen.at

„Der Gast soll bei uns seinen wohlverdienten Urlaub in Ruhe genießen können!" Roland Ballner, Chef des 4-Sterne-Superior Hotels „Cortisen" in St. Wolfgang, des ersten „Boutiquehotels" im Salzkammergut, hält dieses Motto hoch und das hat zur Folge, dass in seinem Haus Urlaubsstress, Hektik oder Lärm absolute Fremdwörter sind.
In dem Hotel mit seiner wunderschönen Lage in einer ruhigen Bucht des Wolfgangsees kann man sich herrlich entspannen. Das professionelle Fitness-Studio, die exklusive Relax-Area mit Sauna, Aromadampfbad, Sanarium und beheizten Wasserbetten zum Ausruhen sowie erholsame Massagen und Kosmetikbehandlungen laden ein, aber es gibt keinen Zwang, etwas zu tun, denn das zweite Motto im „Seehotel Cortisen" lautet: „Jeder kann, wenn er will, aber keiner muss!" Deshalb werden auch keine Animationsprogramme angeboten.
In den 20 modernen Zimmern und in den zwölf Suiten und Juniorsuiten fühlt sich jeder wohl und verweilt gerne in dem eleganten Ambiente. Verlockend sind aber auch die Outdoor-Möglichkeiten: Fahrten mit dem Mountain- oder Trekkingbike, Wasserski, Rundfahrten mit dem Motorboot, Ballonfahrten, Tennis, Tischtennis, Golf oder Reiten, dazu Angeln, Surfen, Wandern oder Klettern – das Wort Langeweile ist jedenfalls aus dem Urlaubslexikon gestrichen. Der Clou ist die

Möglichkeit, mit der hoteleigenen „Harley Davidson" Ausflüge in die Umgebung zu machen.
Ein Hauch von Exklusivität ist auch im Restaurant spürbar, wo die Gäste mit regionalen und internationalen Gerichten und einem erlesenen Weinangebot verwöhnt werden. Gedacht sind die Köstlichkeiten der Küche in erster Linie für die Hotelgäste, gegen Voranmeldung können sich aber auch Einheimische und Urlauber am Abend einen Tisch sichern, ein Angebot, das immer häufiger genützt wird.
Dass dritte Motto, dem Hotelchef Ballner huldigt: „Nicht mit dem Mainstream schwimmen, sondern das Besondere bieten." Weil es Raucher in Zeiten wie diesen nicht leicht haben, wurde im Hotel eine eigene Zigarrenbar eingerichtet. Im Restaurant oder in den Zimmern ist Rauchen verpönt, aber dort kann jeder den blauen Dunst zelebrieren, schließlich warten einige seltene und bestens gelagerte Zigarren aus Havanna, Nicaragua, Honduras und der Dominikanischen Republik auf Zigarrenkenner. Und weil zu einer erstklassigen Zigarre auch ein passendes Getränk gehört, gibt es mehr als 30 verschiedene Single Malt Whiskys und 15 exklusive karibische Rumsorten für den gemütlichen Tagesausklang.

Roulade vom Alpenlachs mit Avocado-Tomaten-Salat

Zutaten
Für die Fischroulade
1 Filet vom Alpenlachs, ca. 400 g
100 g Petersilie
1 Limette
2 EL Crème fraîche
1 Bl. Gelatine
Meersalz
Pfeffer

Avocado-Tomatensalat
1 Avocado
Saft von einer 1/2 Limette
6 Kirschtomaten
1 EL Arganenöl
Salz
Pfeffer
Zucker

Zubereitung
Filet enthäuten und entgräten und in rechteckige Form zurechtschneiden. Die Abschnitte mit Crème fraîche und Petersilie im Cutter zu einer feinen Creme mixen. Die Creme mit Salz, Pfeffer und geriebener Limettenschale abschmecken. Das Filet zwischen 2 Klarsichtfolien vorsichtig dünn plattieren, mit Salz und Pfeffer würzen. Die Gelatine in kaltem Wasser einweichen, danach erwärmen und in die Creme zügig einrühren. Die Creme auf das Filet streichen und in Klarsichtfolie einrollen, ca. 3 Stunden im Kühlschrank kühlen.
Avocado schälen und entkernen, danach in kleine Würfel schneiden und mit Limettensaft, Arganenöl und Gewürzen abschmecken. Tomaten vierteln und unter den Salat mischen. Die Roulade in 4 gleich große Teile schneiden, auf den Tellern platzieren und mit ein paar Tropfen Arganenöl und Balsamicoreduktion beträufeln. Den Avocadosalat dazugeben und servieren.

ST. WOLFGANGER KLOSTERKELLEREI

St. Wolfgang ist ein Ort mit großer Geschichte. Er wurde 976 gegründet und war nach der Heiligsprechung seines Namensgebers, des früheren Bischofs von Regensburg, ein bedeutender Wallfahrtsort, der im Mittelalter Abertausende von Pilgern anzog. Die Gläubigen mussten versorgt werden, nicht nur mit Speis und Trank, sondern auch mit Kräuterschnäpsen und -likören. Zahlreiche Destillateure beherrschten damals das Handwerk ausgezeichnet, besonders gute Schnäpse wurden im Kloster hergestellt. Sie schmeckten himmlisch und wirkten bei dem einen oder anderen kleineren Leiden irdische Wunder: Die nach alten Rezepten hergestellten Spezialitäten förderten die Verdauung und wirkten beruhigend für den gesamten Organismus.

An diese Tradition knüpfte das Ehepaar Renate und Johannes Peinsteiner an, das sich immer schon für die Herstellung von Edelbränden und Likören interessiert hat. 2003 haben die beiden ihre aus Spaß am Herstellen selbst erzeugten hochprozentigen Spezialitäten erstmals im Rahmen des St. Wolfganger Advents in einer Hütte ausgestellt. Die Reaktionen auf ihre Kräuter- und Edelbitter waren so ermutigend, dass die beiden beschlossen, aus ihrem Steckenpferd einen Beruf zu machen und die „Klosterkellerei" im Kellergewölbe des alten Klosters von St. Wolfgang zu übernehmen.

Damals haben sie mit der Erzeugung von

St. Wolfganger Klosterkellerei

Markt 2
A-5360 St. Wolfgang

Telefon 00 43 (0) 61 38 / 30 22
Telefax 00 43 (0) 61 38 / 3 02 24

Kräuterschnäpsen und Edelbittern nach alten geheimen Rezepturen begonnen. Gemeinsam mit dem Brennmeister, den alle im Klosterkeller nur mit seinem Vornamen Kurt ansprechen, werden die traditionellen Rezepturen seither ständig um neue zeitgemäße Rezepte erweitert, der Kreativität sind dabei kaum Grenzen gesetzt.

Produziert werden Edelbrände von der Vogelbeere bis hin zu den Klassikern wie Marillen und Williamsbrand, und das auf höchstem Niveau, denn das Ehepaar Peinsteiner legt Wert auf Qualität. Sehr begehrt sind auch die selbst angesetzten Nussliköre sowie Zirbenliköre und -schnäpse. Letztere sind bekannte österreichische Spezialitäten, die aus den Zapfen der Zirbelkiefer hergestellt werden, köstlich schmecken und sehr gut bei Bronchialbeschwerden helfen. Man kann sie auch zum Einreiben der Muskeln verwenden, die dadurch angenehm gelockert werden – nur ist den meisten Käufern der Gaumengenuss um vieles lieber …

Immer wieder werden auch völlig neue Sorten aus der Taufe gehoben, zum Teil abenteuerliche Kombinationen, die sich ungewöhnlich anhören, den Genießern beim Trinken aber ein völlig neues Geschmackserlebnis bescheren. Ein Beispiel dafür ist der Schoko-Chillilikör, der zunächst süß schmeckt und dann einen scharfen Abgang hat. Ungewöhnlich sind auch der Marc de Champagne Trüffellikör oder der Babybananenlikör, aber die Erzeugnisse aus der „Klosterkellerei“ haben inzwischen einen so guten Ruf, dass die Kunden gerne bereit sind, eine Neuschöpfung auszuprobieren.

Zu speziellen Zeiten lassen sich Brennmeister Kurt und das Ehepaar Peinsteiner gerne etwas Exklusives einfallen. Rund um den berühmten Adventmarkt in St. Wolfgang werden beispielsweise spezielle Liköre gekürt, die zu dem romantischen Ereignis passen. Wer in der Gegend ist, sollte einen Lebkuchen-, Kletzen- oder Bratapfellikör versuchen, das steigert die Freude am Advent um ein Vielfaches.

Apropos exklusiv: Alle Edelbrände aus dem Haus Peinsteiner gibt es ausschließlich in der

„Klosterkellerei“, und das soll bis auf Weiteres auch so bleiben. „Es ist uns sehr recht, dass wir als besonders feiner Geheimtipp für Kenner gelten“, schmunzelt Johannes Peinsteiner und er hat leicht lachen: Der Ruf seiner Brände reicht heute weit über die Region hinaus. Viele Urlauber führt ihr erster Weg nach der Ankunft in den Ferien in die „Klosterkellerei“, wo sie in dem geheimnisumwitterten alten Gemäuer mit den neuesten Kreationen des Hauses vertraut gemacht werden.

WOLFGANGSEE-FISCHEREI HÖPLINGER

Wolfgangsee-Fischerei Höplinger

Markt 79
A-5360 St. Wolfgang

Telefon 00 43 (0) 61 38 / 30 66
Telefax 00 43 (0) 61 38 / 30 66

www.wolfgangsee-fischerei.at

Bereits für die Kelten, die in grauer Vorzeit das Gebiet rund um den Wolfgangsee besiedelten, waren die Jagd und der Fischreich-

tum dieses klaren Alpensees Lebensgrundlage und die Voraussetzung dafür, dass sie dort sesshaft werden konnten. 976 erbaute der Heilige Wolfgang, um den sich viele Legenden und Wunderheilungen ranken, die erste Kirche, zu der in der Folge viele Wallfahrer pilgerten, die schon damals vorwiegend mit der Fastenspeise Fisch verköstigt wurden. Die Fischereirechte gehörten dem Kloster Mondsee sowie zum Erzbistum Salzburg. Seit 1786 bewirtschaftet die Familie Höplinger behutsam und sehr auf Nachhaltigkeit bedacht in ununterbrochener Erbfolge 864 Hektar, das sind rund zwei Drittel des Wolfgangsees.
Das Wasser des Sees ist besonders sauerstoffreich und weist absolute Trinkwasserqualität

auf. Das schafft ideale Bedingungen für alle Wassertiere, für jene, welche den Fischen als Nahrung dienen (Plankton), und natürlich für die Fische selbst. Wenig überraschend, dass Fischereibesitzer Nikolaus Höplinger ins Schwärmen gerät: „In Freiheit und gutem Wasser gewachsene Fische sind ein Juwel, eines der letzten unverfälschten und deshalb besonders wertvollen Nahrungsmittel."

Heute werden die Fische mit Schweb- oder Grundnetzen gefangen, die abends ausgelegt und frühmorgens wieder eingeholt werden. Der Großteil des Fanges wird an die Gastronomie in der Region geliefert oder küchenfertig bzw. nach traditioneller Art auf Buchenholz geräuchert im hauseigenen Laden verkauft.

Beeindruckend ist die Artenvielfalt: In dem glasklaren Gewässer leben Seesaiblinge, Reinanken (Felchen), Seeforellen, Hechte, Zander, Aal, Aalrute, Karpfen, Schleien, Aitel, Rotauge, Rotfeder, Perlfisch, Rußnase, Laube, Barsch, Elritze, Koppe und Schmerlen. Die Vielfalt und die prächtige Landschaft ringsum sind ideale Voraussetzungen für Angelfischer, die bei der „Fischerei Höplinger" ihre Lizenzen lösen können.

Um die hohe Qualität der täglich frisch gefangenen Fische zu nützen und sie selbst weiterzuverarbeiten, eröffnete Elfriede Höplinger im Jahr 2001 unter dem Motto „Nirgends gehts frischer als direkt beim Fischer" das „Fischergartl" und dieses kulinarische Kleinod ist mittlerweile ein absoluter Geheimtipp für jeden Fischliebhaber. „Man kann nur mit Liebe gut kochen!" schreibt Starkoch Paul Bocuse und man merkt, dass auch Elfriede diesen Wahlspruch gewählt hat.

Der idyllisch direkt am See gelegene Gastgarten ist mittags und abends vom ersten Wochenende im Juni bis zum ersten Sonntag im September geöffnet. Sonne und See sind die idealen Voraussetzungen zum Genießen und Ausspannen. Im Ambiente des „Fischergartls" gelingt das dank allem, was Küche und Keller zu bieten haben, besonders gut.

Filetvariation mit Knoblauch-Ingwer-Chutney

Zutaten

2 Saiblingfilets
2 Forellenfilets
2 Reinankenfilets
Salz, weißer Pfeffer, Zitronensaft
Butterschmalz zum Braten
500 g Gemüse-Julienne (Karotten, Sellerie und Lauch gedünstet)
250 g Kartoffeln, als Salzkartoffeln zubereitet

Für die Panade

Mehl
Sesam mit Semmelbrösel vermengt
4 EL Paprika edelsüß mit 2 EL Mehl vermengt

Für das Knoblauch-Ingwer-Chutney

ca. 2 cm Ingwer
4 Zehen Knoblauch
1/16 l Olivenöl
Salz, Pfeffer und gehackte Petersilie

Zubereitung

Für das Chutney Ingwer und Knoblauch ganz fein hacken, mit Olivenöl vermengen, mit Salz, Pfeffer und Petersilie abschmecken.

Die Fischfilets trocken tupfen, mit Salz, weißem Pfeffer und Zitronensaft würzen. Paprika mit Mehl vermengen und die Saiblingfilets darin wenden. Die Reinankenfilets ausschließlich in Mehl wenden und die Forellenfilets mit Sesam panieren. Die Fischfilets nach und nach in Butterschmalz goldgelb backen.

Beim Anrichten darauf achten, dass jeder Teller drei verschiedene Filethälften erhält, dazu Gemüse-Julienne und Salzkartoffeln anrichten. Das Knoblauch-Ingwer-Chutney in kleinen Schalen dazu reichen.

SALZKAMMERGUTBAHN

Ausflüge mit den Wolfgangsee-Schiffen und der „Schafbergbahn" in St. Wolfgang zählen zu jenen Erlebnissen, die sich kein Urlauber im Salzkammergut entgehen lassen sollte. Im Jahr 2008 finden sie in einem besonders festlichen Rahmen statt, denn beide Unternehmen feiern Jubiläen: Die Schifffahrt besteht seit 135 Jahren und die „Schafbergbahn" ist mit 115 Jahren nur unwesentlich jünger.

Die offiziellen Festakte werden Anfang Juni begangen, Jubiläumsveranstaltungen stehen aber den ganzen Sommer über auf dem Programm und so gibt es genügend Anlässe, die traditionsreichen Fremdenverkehrseinrichtungen zu besuchen.

Tradition – das ist das Stichwort für die „Wolfgangsee-Schifffahrt", deren Historie am 20. Mai 1873 begann, als der Raddampfer „Kaiser Franz Josef I." erstmals in See stach.

Salzkammergutbahn GmbH

Markt 35
A-5360 St. Wolfgang

Telefon 00 43 (0) 61 38 / 2 23 20
Telefax 00 43 (0) 61 38 / 22 32 12

www.schafbergbahn.at

Das 33 Meter lange Schiff mit Platz für rund 200 Personen hat seither gute Dienste geleistet und ist bis heute in Betrieb. Die Schaufelräder schauen so wuchtig aus wie eh und je, der Unterschied zu früher ist nur, dass sie heute nicht mehr mit Dampf, sondern von einem Dieselmotor angetrieben werden.
Im Jubiläumsjahr wird das Nostalgieschiff, das schon Star in zahlreichen Filmen gewesen ist, festlich herausgeputzt. Die Renovierungsarbeiten sind in vollem Gange, rechtzeitig zu Beginn der Sommersaison wird der ehrwürdige Schiffs-Methusalem wieder täglich ausfahren und Gäste um den See führen, die an Deck mit Getränken und einem kleinen Imbiss verwöhnt werden.
Im Laufe der Zeit wurde der Bestand an Schiffen kontinuierlich erweitert. Derzeit zählt die Flotte sechs Motorschiffe, den Raddampfer inbegriffen. Das Flaggschiff ist die „Wolfgang Amadeus", die dank ihrer luxuriösen Ausstattung mit Schnurlosmikroanlage, Heizung sowie Bar für Bordbetreuung und Service ideal für Rundfahrten und auch für Festivitäten jeglicher Art ist. Das größte Schiff ist die „Österreich", die insgesamt 365 Passagieren Platz bietet. Die „MS Salzkammergut" steht ihr an Größe jedoch kaum nach. Deutlich kleiner, aber auch sehr gemütlich ist die „MS Kaiserin Elisabeth", die als Charterschiff für Gruppen bis zu 40 Personen vorgesehen ist, die an Bord mit Speis und Trank bewirtet werden können. Zum Jubiläum macht sich die „Wolfgangsee-Schifffahrt" selbst das schönste Geschenk: Die Flotte wird um ein weiteres Boot verstärkt, die „MS Salzburg", die bestens ausgestattet sein und vorwiegend als Eventschiff eingesetzt werden wird.

An sich ist die „Wolfgangsee-Schifffahrt" ja ein alltägliches Verkehrsmittel, denn sie verbindet die vier Ortschaften St. Wolfgang, Strobl, Gschwendt und St. Gilgen auf dem Wasserweg. Vom 26. April bis 2. November fahren die Schiffe im Linienbetrieb und schon das ist eine wunderbare Gelegenheit, die malerische Gegend vom See aus zu betrachten. Die Schiffe sind allerdings viel häufiger unterwegs, denn immer mehr Leute nützen die Möglichkeit, die Boote für Hochzeiten, Cocktailfahrten, Feiern aller Art und auch Seminare zu chartern. Weil die Flotte im Lauf der Jahre ein beachtliches Ausmaß angenommen hat, können Gruppen unterschiedlichster Größe problemlos auf die fröhliche Seereise geschickt werden. Wer sich an Bord eines Ausflugschiffes den Wind um die Nase wehen lassen, zu fröhlicher Musik tanzen, das berühmt Hotel „Zum Weissen Rössl" vom See aus bewundern oder einfach an der Bar gut unterhalten und stärken will, ist auf dem Wolfgangsee bestens aufgehoben.
Favoriten in der Publikumsgunst sind die romantischen Fahrten im Advent. Von St. Gilgen aus geht es mit dem beleuchteten Schiff den See entlang, zum Aufwärmen an Bord wird Punsch und Glühwein gereicht. Vor der imposanten Steilwand des Falkenstein werden die Motoren abgestellt, damit man die adventlichen Weisen gut hören kann, die von Blasmusikern dargeboten werden und als Echo widerhallen. Weiter geht es dann zum Leopoldhof, wo die warme Stube mit einem herzhaften Bauernreindl zum Schnabulieren einlädt und beim Adventspiel schönste vorweihnachtliche Volksmusik erklingt.

Ein touristisches Ereignis erster Güte ist auch die Fahrt mit der Zahnradbahn auf den Schafberg, der als der schönste Aussichtsberg im ganzen Salzkammergut gilt. Bei klarem Wetter hat man einen herrlichen Blick auf bekannte Salzkammergut-Seen wie den Wolfgangsee, Irrsee, Mondsee und Attersee und als Kontrastprogramm die imponierende Bergwelt vom Höllengebirge über den Dachstein bis zum Watzmann vor Augen.

In Betrieb ist die Bahn seit 1893 und noch heute nötigt die Leistung der Techniker von damals den Gästen großen Respekt ab. Immerhin überwindet die 5,85 Kilometer lange Bahn nicht weniger als 1190 Höhenmeter, die maximale Steigung macht satte 26 Prozent aus. Eine schwierige Aufgabe für die Lokomotiven, die sie aber in einer knappen dreiviertel Stunde tadellos meistern.

Das gilt selbst für die vier nostalgischen Dampflokomotiven, die in den Jahren 1893 und 1894 gebaut wurden und zu den ältesten Dampfloks der Welt zählen. Eine davon, die Z1 – das ist die erste Dampflok, die den Schafberg hinauffuhr – wird zur 115-Jahr-Feier gründlich restauriert und auch der Salonwagen, mit dem sich Kaiser Franz Joseph auf den Berg fahren ließ, wird in neuem Glanz erstrahlen.

Weil Fahrten auf den Berg zu den beliebtesten Touristenattraktionen zählen, wurde der Bestand an Fahrzeugen im Lauf der Zeit beträchtlich erweitert. 1964 kamen zu den Dampfloks zwei Dieseltriebwagen dazu und 1992 vier neue Dieselloks, die von Ende April bis Ende Oktober unterwegs sind. Die Strecke führt von der Talstation der „Schafbergbahn" kurz durch St. Wolfgang, dann geht es bergan. Erst einmal bis zur Ausweichstelle Dorneralpe, wo die Dampflok Wasser auftankt und die Fahrgäste bereits den smaragdgrünen Wolfgangsee im Blickfeld haben und dann zur Haltestelle Schafbergalpe, von wo aus man den Gipfel auf einem schönen Wanderweg in einem einstündigen Fußmarsch erreicht. Bequemer ist natürlich die Weiterfahrt mit der Bahn, dicht an den Felsenwänden vorbei, zum „Berghotel Schafbergspitze", wo man das atemberaubende Alpenpanorama ebenso genießen kann wie die kulinarischen Köstlichkeiten aus Küche und Keller.

So wie die Schiffe sind auch die Züge der Zahnradbahn reguläre Verkehrsmittel, die Bahn bietet den Urlaubern aber auch Spezialangebote mit einmaligen Eindrücken. In Zusammenarbeit mit dem Berghotel lädt sie zu einem romantischen Abend, wo man nach der Bergfahrt und einem opulenten Abendmenü die Nacht verbringt und am nächsten Morgen nach einem kräftigen Frühstück wieder ins Tal fährt. Frühaufsteher und Wanderer kommen mit der ersten Fahrt um 9 Uhr auf den Berg, wo noch morgendliche Ruhe herrscht und die Natur nur langsam erwacht. Besonders verlockend sind die Fahrten im Herbst, wenn die Fernsicht vom Gipfel des Schafberges sehr klar und das Spiel des Lichts auf dem Wolfgangsee besonders farbenprächtig ist.

Wer sich weder Schiff noch Zahnradbahn entgehen lassen will, hat die Möglichkeit, Kombi-Angebote zu buchen, zum Beispiel eine Fahrt mit dem Schiff von St. Gilgen nach St. Wolfgang und retour, eine Berg- und Talfahrt mit der „Schafbergbahn", Nächtigung mit Frühstück und die Eintrittskarte für das sehenswerte „Mozartmuseum St. Gilgen".

Z 13
SchafbergBahn

Schafbergbahn
Schafbergbahn

BERGHOTEL SCHAFBERGSPITZE

Es war eine Pioniertat: Im Jahr 1862 wurde auf dem Gipfel des Schafberges über dem Ort St. Wolfgang in 1780 Metern Höhe das erste Berghotel Österreichs erbaut. Eine Königsidee, denn von dort aus hat man einen herrlichen Ausblick auf das Alpenpanorama und die Seenlandschaft der Umgebung. An klaren Tagen sieht man sogar bis zum Chiemsee, und der ist immerhin 77 Kilometer Luftlinie entfernt. Rund um die Zeit der Sonnenwende kann man von der Terrasse aus die Bergfeuer auf den umliegenden Gipfeln beobachten, bis zu 80 Stück hat man bei guter Sicht gezählt. Seit 1966 wird der Betrieb, der trotz der

Hochlage Komfort und Qualität eines guten Hotels bietet, von der Familie Pasch geführt. Harald Pasch hat ihn 2001 von seinem Vater übernommen und weiter ausgebaut und verbessert. Für die Zukunft hat er noch große Pläne, etwa die Einrichtung von Seminarräumen, aber schon jetzt kann er sich über mangelnden Zuspruch nicht beklagen. Die meisten Gäste kommen mit der Schafbergbahn, weil die Fahrt mit dieser alten Zahnradbahn für sich schon ein Erlebnis ist. An einem schönen Tag in der Saison – das Haus ist von Mai bis Ende Oktober geöffnet – sind es bis zu zweitausend Besucher am Tag. Nicht alle gehen in das zum Hotel gehörige Restaurant, viele lassen sich vor dem Haus auf der großen Jausenterrasse nieder, wo Bergsteiger ohne Konsumationszwang die mitgebrachte Jause unentgeltlich verzehren dürfen. Sie freuen sich über den grandiosen Rundblick und geben sich mit dem eigenen kargen Jausenbrot zufrieden.

Damit verpassen sie aber die Chance auf die Spezialitäten aus der gutbürgerlichen Küche, die in den gemütlichen Restauranträumen wie Gastzimmer, Jagdstüberl und Speisesaal besonders gut schmecken.

Beliebt sind der Hirschbraten, dessen Fleisch aus Bad Goisern geliefert wird, das Bratl in der Rein – ein Schweinebraten, der in der Pfanne mit Knödeln und gebratenen Erdäpfeln direkt auf dem Tisch serviert wird – sowie Wiener Zwiebelrostbraten und auch einfache Tagesgerichte wie zum Beispiel Tiroler Gröstl oder Kürbisstrudel auf Paprikarahm mit Kartoffeln. Spätestens bei den Schmankerlwochen, die Pasch neu eingeführt hat, stellt sich für Genießer freilich die Frage: Wofür soll ich mich entscheiden?

Für Waldviertler Linsensuppe, Salzburger Biersuppe, Täubchensuppe mit Nudeln oder eine kräftige Rindssuppe mit Kaiserschöberln? Für einen Girardi Rostbraten mit Serviettenknödel und gemischtem Salat, Rahmbeuschel vom Schwein und Semmelknödel, ausgelöstes Wiener Backhendl mit Preiselbeeren und Erdäpfelsalat, gebackene Schweineleber mit Röstzwiebeln auf Blattsalat, Blutwurstgröst'l mit Sauerkraut und Garni-

Berghotel Schafbergspitze

Ried 23
A-5360 St. Wolfgang

Telefon 00 43 (0) 61 38 / 35 42

www.schafberg.net

tur, Steirisches Wurzelfleisch mit Erdäpfeln und Kren, feuriger Schafbergspieß mit Grilltomate und Strohkartoffeln, gefüllte Schweinebrust in Schwarzbiersauce mit Speckbohnen und Garnitur, Schafberg Wildbrett von der Wachtel und Taube auf Orangen-Walnusssauce mit Rotkraut und Serviettenknödel oder für ein Wienerschnitzel vom Schwein mit Kartoffeln?

Nicht einmal bei der Jause bleibt einem die angenehme Qual der Wahl erspart, denn da warten Köstlichkeiten wie eine deftige „Woifgonga Brettljaus'n" mit einer Auswahl von Speck, Wurst, Käse usw., zu der Hausbrot gereicht wird, Bündner Fleisch im Ruccolanest mit Parmesanchips oder auch Kräutersulze vom Jungschwein in Essig und Öl und Bauernbrot.

Abgerundet wird das Schlemmerangebot mit süßen Schmankerln wie hausgemachten Marillenbuchteln auf Vanillesauce, Kaiserschmarrn mit Zwetschkenröster, Schwarz-

beernocken, Apfelstrudel, Topfen- oder Schokoschnitte.

Die Küche ist für viele Gäste, darunter Touristen aus Italien, Amerika, Japan und Deutschland, ein guter Grund, ins „Hotel Schafbergspitze" zu kommen, das auch beste bodenständige Unterhaltung bietet.

Manchmal trägt ein Harmonikaspieler dezent bekannte Melodien vor, auf Wunsch stellt die Familie Pasch auch ein ganzes Programm mit Unterhaltungskünstlern zusammen. Oft gibt es Sonderveranstaltungen, auch Geburtstage werden in dem hochgelegenen Hotel gerne gefeiert und besonders beliebt sind Hochzeitsfeiern, schließlich ist's vom Gipfel aus näher zum siebenten Himmel als von ebener Erde.

Nach einem gemütlichen Essen oder bei den Feiern erzählt der Wirt gerne kleine Geschichterln aus der Geschichte des Hauses. Etwa, dass er vom Vater, der den Betrieb 35 Jahre lang geführt hat, erstmals mit vier Monaten auf den Schafberg getragen wurde und sich oben auf dem Berg sofort heimisch fühlte. Und daran, dass der Vater mit dem Huckepack-Transport des Sohnes dem Beispiel vieler Burschen früherer Generationen gefolgt war. Seinerzeit gab es nämlich in St. Wolfgang den Beruf des „Sesselträgers". Es war eine von der Bürgerschaft gebilligte Berufsvereinigung, der nur angehören konnte, wer für feste Tarife und von fixen

Standplätzen aus arbeitete und die Regeln strikt befolgte, mit denen für die Sicherheit jener Personen gesorgt wurde, die sich tragen ließen.
An dem ziemlich mühsamen Transport fand niemand etwas. Für die wohlhabenden und wohlbeleibten Herren war es die einzige Möglichkeit, unbeschadet auf den Gipfel zu gelangen, für die kräftigen jungen Bauernburschen eine Chance, im Sommer gutes Geld extra zu verdienen.
Gegen Ende des 19. Jahrhunderts war es mit diesem Nebenerwerb freilich vorbei, denn im April 1892 wurde mit dem Bau einer Zahnradbahn auf den Schafberg begonnen. Ein schwieriges Unterfangen in dem unwegsamen Gelände, aber mit Hilfe von 350 italienischen Gastarbeitern und vielen Maultieren gelang es, die Bahn, die immerhin 5,85 Kilometer lang ist und einen Höhenunterschied von 1190 Metern überwindet, in nur einjähriger Bauzeit zu errichten.
Die Zahnradbahn ist heute noch in Betrieb und bietet den Gästen des Hotels auf dem Berggipfel einen besonderen Service. Bis Ende Oktober gibt's täglich um 9 Uhr eine Bergfahrt zum Frühstück in luftigen Höhen, einmal pro Woche kann man sich nach Be-

triebsschluss am Abend auf den Berg bringen lassen und dort ein exquisites Menü genießen.
Wer um 21.30 Uhr die letzte Rückfahrt nicht in Anspruch nehmen will, weil es so stimmungsvoll ist, oder wer ein paar Tage in der romantischen Atmosphäre des Spitzen-Hotels verbringen möchte, kann eines der komfortablen Zimmer nehmen, die mit Trinkwasser aus einer Waldquelle versorgt werden, das speziell aufbereitet und über eine aufwändige Anlage ins Zimmer gepumpt wird. Hotelgästen stehen auch eigene Liegestühle auf einer für sie reservierten Fläche zur Verfügung, wo sie bei einem Glas Prosecco den exklusiven Blick auf den Wolfgangsee genießen können.

Feuriger Schafbergspieß mit Grilltomate und Erdäpfelspalten oder Röstithaler

Zutaten

800 g kleingeschnittene Filetstücke vom Rind
1/2 Kilo Kartoffeln
6 Tomaten
4 Pfefferoni
4 mittelgroße Zwiebel
Früchte nach Belieben
Speck
Ketchup
Rindsuppe
Käse
Fett, Salz, Pfeffer, Knoblauch, Chili, Chilisauce

Zubereitung

Filetstücke mit Knoblauch, Salz, Pfeffer und Chili würzen, mit Zwiebeln, Früchten und Speck auf einen Spieß geben. Mit Käse so überbacken, dass das Fleisch innen zart rosa ist.
Für die Feuersauce Zwiebeln in Butter glacieren, Pfefferoni und zwei Tomaten dazugeben, mit einem Gemisch aus Ketchup, Chilisauce und etwas Rindsuppe ablöschen. Gut aufkochen lassen, pürieren und dann passieren. Abschmecken und etwas gestoßenen Pfeffer dazutun.
Die Kartoffeln in Salzwasser kochen, in Spalten oder Scheiben schneiden und in etwas Fett anrösten. Für die Grilltomate das Kerngehäuse aus der Tomate entfernen (kann bei der Feuersauce mit verwendet werden) und Tomate vorsichtig grillen.

BRANDAUER'S VILLEN

Um die Lage des von ihnen geführten Hotels werden Melanie und Roland Pausch, das Direktorenehepaar von „Brandauer's Villen" in Strobl, oft beneidet. Tatsächlich steht die Anlage auf einem fantastischen, rund 2 500 Quadratmeter großen Grundstück direkt am Wolfgangsee. Der Strandpark mit dem weitläufigen flachen Seestrand und den zwei Badestegen lädt zu einem Bad im erfrischenden Nass ein, auf der großzügigen Liegewiese mit bequemen Liegen und Strandkörben lässt es sich herrlich abschalten und träumen.

„Brandauer's Villen" bestehen aus zwei Häusern, der 1990 erbauten „Salzkammergut-Villa" und der 2001 eröffneten „Neuen Villa", die durch einen unterirdischen Gang miteinander verbunden sind. Die Zimmer sind ebenso komfortabel wie gemütlich, die Krönung des Angebots sind zwei luxuriöse Penthäuser. Ein Geheimtipp ist das Kaminzimmer mit dem offenen Feuer, da fühlt man sich sehr rasch wie zu Hause.

Genau das ist der Wunsch von Melanie und Roland Pausch, die sich gemeinsam mit dem ganzen Team um die Urlauber kümmern. Es sind kleine Details, an denen man in „Brandauer's Villen" merkt, wie willkommen die Gäste sind, zum Beispiel das ausgiebige Frühstücksbuffet, bei dem sich Langschläfer bis 11 Uhr vormittags bedienen können, oder die Sonnenaufgangswanderung mit dem Hoteldirektor um 3 Uhr früh, ein unvergessliches Erlebnis, für das man gerne aufsteht. Schon jetzt bietet das Haus alles, was das Urlauberherz begehrt, dennoch wird das Angebot für die Gäste permanent erweitert. So kommt demnächst ein neuer Wellnessbereich zum bisherigen Fitnessraum und der Sauna, man wird dann vom Ruheraum aus direkt auf den See blicken und das wunderbare Panorama auch im Winter genießen können.

Hotel Brandauer's Villen

Moosgasse 73
A-5350 Strobl

Telefon 00 43 (0) 61 37 / 7 20 50
Telefax 00 43 (0) 61 37 / 72 05 40

www.brandauers.info

Das Angebot kommt auch den Teilnehmern an kleineren Tagungen und Seminaren zugute, die häufig in dem Hotel stattfinden. Die Ausstattung dafür entspricht den modernsten Standards, die Tagungsräume sind hell und freundlich und das traumhafte Ambiente hilft, in den Pausen rasch wieder Konzentration und Ideenreichtum aufzubauen.
Ein Reichtum an Ideen zeichnet auch das Speisenangebot in „Brandauer's Villen" aus. „Wir bieten eine gutbürgerliche Salzkammergut-Küche auf 4-Sterne-Niveau", sagt Roland Pausch und was darunter zu verstehen ist, zeigt ein Blick auf die Speisekarte, die an die jeweilige Saison angepasst wird. Ein Fixpunkt sind die Fische aus dem Wolfgangsee und der Region, die täglich frisch geliefert und zubereitet werden, und einige Gerichte finden sich immer wieder, sie haben sozusagen ganzjährig Saison. Dazu zählt vor allem Großmutters Rindsuppe mit Frittaten, Grießnockerl, Leberspätzle oder Kasspressknödel als Einlage und der berühmte Alt-Wiener Suppentopf mit Nudeln, Gemüse und gekochtem Rindfleisch. Klassische österreichische Speisen sind auch das gefüllte Salzkammergut-Schnitzel vom Schwein mit Petersilienkartoffeln und Preiselbeeren oder der Wiener Tafelspitz mit den typischen Beilagen und das Wiener Schnitzel vom Kalb mit Petersilienkartoffeln und Preiselbeeren. Unbedingt kosten muss man Desserts wie Topfenknödel auf Beerenragout, Kaiserschmarren mit Zwetschkenröster oder die hausgemachten Kuchenspezialitäten.

Traditionelles Salzkammergut-Schnitzel

Zutaten

4 Schnitzel
(Schwein, Kalb oder Pute, je nach Geschmack)
8 Scheiben Speck
4 Scheiben Käse
8 Dörrpflaumen
Salz, Pfeffer
Panade aus Mehl, Eiern und Semmelbröseln
Fett zum Braten

Zubereitung

Schnitzel doppelt schneiden lassen, gut klopfen, salzen. Eine Seite mit Speck, Käse und Dörrpflaumen belegen, mit einer zweiten Schicht Speck abschließen, anschließend zusammenklappen und die Ränder gut andrücken. Salzen und pfeffern und in einer Panade aus Mehl, Eiern und Semmelbröseln panieren.
In reichlich Fett knusprig ausbacken.

Serviervorschlag: Petersilienkartoffel, Preiselbeeren und Blattsalat.

GASTHOF KLEEFELD

Zum „Gasthof Kleefeld“ in Strobl am Wolfgangsee gehört ein 250 000 Quadratmeter großer Wildpark mit rund 250 Stück Rot-, Dam-, und Schwarzwild sowie Steinböcken. Manchmal kommt der Wirt mit zahmen Tieren auf die große Sonnenterrasse, wo sie jedermann hautnah erleben kann.
Dieses Naturerlebnis ist charakteristisch für den mitten in den Bergen gelegenen Gasthof, der den Urlaubern persönliche Betreuung, viel Abwechslung und hochwertigen Komfort und in unmittelbarer Umgebung viele schöne Wanderwege bietet. Das 1970 errichtete Haus wurde 2007 grundlegend renoviert und ist jetzt ein Schmuckstück, in dem sich die Gäste wohlfühlen. Die rustikal eingerichteten Zimmer sind mit Dusche/Bad, WC, Balkon, Telefon, Breitbandinternet und Kabel-TV ausgestattet, der Wellnessbereich umfasst Sauna, Solarium, Infrarotkabine, Dampfbad, Frischwasser-Whirlpool, Wärmeliegen und Entspannungsraum. Es gibt jetzt auch einen großen Veranstaltungsraum und einen modern eingerichteten Seminarraum für bis zu 25 Teilnehmer.
Neu ist ein Kinderspielraum im Haus, der den Spielplatz im Freien mit Streichelzoo

Gasthof Kleefeld

Weißenbach 12
A-5350 Strobl

Telefon 00 43 (0) 61 37 / 73 83
Telefax 00 43 (0) 61 37 / 7 38 38

www.kleefeld.at

(Hasen, Ziegen und Kamerunschafen) ergänzt. Damit wird auch bei Schlechtwetter niemandem langweilig, der „Gasthof Kleefeld“ ist sichtlich kinder- und familienfreundlich.

Das hängt damit zusammen, dass die Familie selbst gut zusammenhält. Gegründet wurde der Betrieb von Johann Fürst in den 70er-Jahren. 2003 hat er ihn an seinen Sohn Wolfgang übergeben, er arbeitet aber nach wie vor im Restaurantbereich mit, leitet den Wildpark und die Forstwirtschaft und betreut die Gäste. Seniorchefin Friederike bekocht persönlich die Gäste, Sohn Wolfgang hat aber bereits die Küchenführung übernommen.

Der Gasthof ist für die guten Forellengerichte und die Wildspezialitäten bekannt, die Fische kommen aus den eigenen Fischteichen, das Wild aus dem eigenen Wildbestand. Wild und Fische spielen in der gemütlichen Gaststube mit Kachelofen und Bar nicht nur als Basis für köstliche Menüs eine Rolle, sondern sind immer wieder auch Gegenstand von Erzählungen. Bei einem gut gekühlten Bier vom Fass oder einer ausgesuchten Flasche Wein plaudern die Leute gerne darüber, was sie gefangen oder erlegt haben. Nicht alles ist ernst zu nehmen, deshalb steht dort eine Tafel mit der netten Aufschrift „Stammtisch für Jäger, Fischer und andere Lügner“. Niemand nimmt das krumm, denn der herzhafte Humor passt wunderbar in die gute Stube. Und wenn dann Vater Johann beginnt, Witze zu erzählen – darin ist er ein wahrer Meister – bleibt kein Auge trocken.

Mostbratl mit warmem Speckkrautsalat

(für 6 bis 8 Portionen)

Zutaten

2 kg Schweinsschulter mit Schwarte
0,5 kg Schweinsknochen
5 EL Schweineschmalz
Salz, Kümmel, Knoblauch
0,5 l Most
2 EL Mehl
evtl. Maisstärke

Speckkrautsalat

1 kg Weißkraut ohne Strunk
100 g Speck
1/2 l Wasser
4 EL Essig
4 EL Öl
Salz, Kümmel, etwas Zucker

Zubereitung

Schweinsschulter mit Salz, Knoblauch und Kümmel kräftig einreiben. Schweineschmalz in Bratenpfanne erhitzen, Knochen beigeben. Schweinsschulter mit der Schwarte nach unten auf die Knochen legen. Ins vorgeheizte Rohr schieben, bei ca. 220 °C braten, nach ca. 30 Minuten mit Most aufgießen und Temperatur auf 180 °C reduzieren. Das Fleisch immer wieder mit dem eigenen Saft übergießen, nach halber Bratzeit wenden und knusprig fertig braten. Fleisch aus der Pfanne nehmen und warm stellen. Knochen rösten, bis das Wasser fast verdunstet ist. Mit etwas Mehl leicht stauben, rösten, mit Most und Wasser aufgießen. So lange kochen, bis die richtige Konsistenz erreicht ist, dann Saft abseihen. Eventuell mit Maisstärke binden und nachwürzen mit Kümmel, Knoblauch, Salz und Most. Weißkraut halbieren und in feine Streifen schneiden. In einen Topf geben, mit Salz bestreuen und mit etwas Wasser weich dünsten, Wasser abschütten. Essig, Öl, Kümmel und Zucker beigeben. In einer Pfanne Öl erhitzen, kleinblättrig geschnittenen Speck gut anrösten, mit etwas Wasser ablöschen und zum Kraut dazugeben, durchmischen. Eventuell mit Salz, Zucker oder Essig nachwürzen.

SEEGASTHOF GAMSJAGA

Der Seegasthof „Gamsjaga“ in St. Gilgen am Wolfgangsee hieß vor gut 150 Jahren „Zum guten Freund“. Der Name hat sich geändert, aber das Haus hat seine ursprüngliche Bedeutung nicht verloren: Wer dort einkehrt, wird wie ein Freund behandelt, über dessen Besuch sich die Wirtsleute freuen. Und das gilt nicht nur für die heimischen Gäste, die im gemütlichen Stüberl Platz nehmen, um zu diskutieren, musizieren oder nette Leute zu treffen.
Zu diesen netten Leuten zählt zweifelsohne das Ehepaar Christine und Reinhard Weber, das den Betrieb seit 1999 leitet. Der Urgroßvater, Georg Weber, hat das Haus 1899 gekauft und ihm den Namen „Gamsjaga“ gegeben. Inzwischen wird der renommierte Gasthof in vierter Generation von der Familie Weber geführt und aus dem schmucken Haus ist ein Betrieb der Spitzenklasse geworden, mit einem einladenden Restaurant, fünf Zimmern und einer rund 100 Quadratmeter großen Gästewohnung mit zwei getrennten Schlafzimmern, alle jeweils mit Telefon, TV, Dusche und WC.

Seegasthof Gamsjaga

A-5340 St. Gilgen

Telefon 00 43 (0) 62 27 / 32 22
Telefax 00 43 (0) 62 27 / 3 22 28

www.gamsjaga.at

Erholung wird beim „Gamsjaga" groß geschrieben. Sie beginnt schon im herrlichen Gastgarten, wo man gemütlich unter alten Kastanienbäumen sitzt und die Augen wandern lässt. Der Ausblick ist einfach großartig: Das Haus liegt direkt am Wolfgangsee, auf der einen Seite erhebt sich der 1780 Meter hohe Schafberg, auf der anderen die imposante Falkensteinwand, an der immer wieder waghalsige Kletterer ihre Künste versuchen.
Manchen wird dabei vom Zusehen schwindlig, aber das vergeht bei einem Blick auf die Speisekarte. Der „Gamsjaga" ist Mitglied der „Salzkammergut Fischrestaurants" sowie der „Salzburger Wirtshauskultur" – und das merkt man dem Lokal auch an. Die Gäste werden mit Spezialitäten aus der gutbürgerlichen Küche und erlesenen Weinen verwöhnt und für die Auswahl der Speisen hat Christine Weber eine überzeugende Zusammenfassung geprägt: „Wer all das liebt, was im Salzkammergut von Wald, Wiese und See kommt, der ist bei uns im Lokal richtig." Die Zutaten wie Rindfleisch, Käse oder Eier stammen von Bauern aus der Region und werden nach bester Salzburger Tradition zubereitet, danach gibt es hausgemachte Mehlspeisen und einen guten Kaffee und damit der Magen das alles gut verkraftet, nimmt man ein Schnapserl vorher und eventuell auch nachher – die Auswahl ist so wie bei den Weinen sehr groß.
Bei so viel Schlemmerei tut Bewegung gut. Wer Lust hat, stürzt sich vom hauseigenen Badeplatz aus in die Fluten des Wolfgangsees, dessen kristallklares Wasser im Sommer angenehme 24 Grad warm ist. Da macht auch Surfen richtig Spaß oder eine Tour mit dem Tret-, Elektro- oder Segelboot. Sportbegeisterte können sich auch in Trendsportarten wie Wasserski, Wakeboard oder Parasailing versuchen oder in zwei Tauchrevieren einen Blick auf die außergewöhnliche Unterwasserfauna und -flora riskieren. An Land stehen attraktiv angelegte und gut beschilderte Rad- und Mountainbikestrecken zur Verfügung, außerdem laden das herrliche Panorama und die frische Luft zu einer idyllischen Wanderung durch die einzigartig schöne Naturlandschaft ein. Und wer in die Luft gehen will, hat dazu beim Paragleiten Gelegenheit. Der Start ist am Gipfel des Zwölferhornes, die Landung auf einer großen Wiese in St. Gilgen und dazwischen genießen die Flugsportler das berauschende Erlebnis, die wunderschöne Gegend schwebend von oben zu betrachten.
Zur Feier des Tages dann noch ein guter Schluck aus dem Weinkeller beim „Gamsjaga" – und dann stimmt sicher jeder der Chefin zu, die lächelnd meint: „Bei uns wird's sicher keinem langweilig!"

Schafkäse im Speckmantel

Zutaten

8 würfelig geschnittene Stück Schafkäse vom Bauern, ca. 5 mal 5 Zentimeter
Schinkenspeck zum Umhüllen
Tomaten
Zwiebeln
Olivenöl
Balsamicoessig
Salz
Pfeffer

Zubereitung

Den gewürfelten Schafkäse in den Schinkenspeck einwickeln. In Olivenöl herausbraten, bis der Käse leicht flüssig ist.
Tomatenscheiben und Zwiebeln auf den Teller legen, mit Olivenöl und Balsamicoessig benetzen, salzen und pfeffern. Gebratenen Schafkäse auf die Tomaten und Zwiebel legen.

GASTHOF ZUR POST

Gasthof zur Post

Mozartplatz 8
A-5340 St. Gilgen

Telefon 00 43 (0) 62 27 / 21 57

www.gasthofzurpost.at

Der „Gasthof zur Post", der seit fast 600 Jahren das Ortsbild von St. Gilgen prägt, ist ein ehrwürdiges Haus. Wer vor dem Gebäude am Mozartplatz steht, hat den Eindruck, die Zeit sei stehen geblieben, denn das auffallende, zwölf Meter lange Gemälde über dem Eingang, auf dem Jagdszenen zu sehen sind, stammt immerhin aus dem Jahr 1618. Teile der Fassade und die Fundamente sind sogar gut 700 Jahre alt und eindrucksvolle Zeugnisse mittelalterlicher Bau- und Handwerkskunst. Auch die massiven Steinmauern und Böden und die urigen Keller und Gewölbe sind Zeugen der Vergangenheit, die wunderbar in die Gegenwart passen.
Dem Ehepaar Katharina und Norbert Leitner, das dieses traditionsreiche Hotel im Jahr 1999 übernommen hat, ist es gelungen, dem Haus diese Atmosphäre der Ursprünglichkeit zu erhalten, obwohl das Hotel vor einigen Jahren grundlegend renoviert und auf den modernsten Stand der Hotellerie gebracht wurde, mit Sauna, Panoramaterrasse und anderen Feinheiten. Norbert Leitner: „Beim Umbau wurden nach Möglichkeit Baustoffe verwendet, wie sie zu diesem alten Gebäude gehören, wie massive Steine, hochwertiger Schiefer, schwere Marmorplatten, viel uriges Holz und Kupferbeschläge." Zugleich wurden die Zimmer auf innovative Art ausgestattet, zum Beispiel mit originellen Kombinationen aus grünem Loden oder Hirschgeweihen.
Das Resultat der Bemühungen sind ebenso gemütliche wie komfortable Räume. Manche Gäste sind freilich überrascht, wenn sie ihr Urlaubsquartier beziehen, denn in vielen Zimmern steht offen sichtbar eine Badewanne als Teil der Einrichtung, das Wohn-Zim-

mer ist zugleich auch ein Wohn-Bad. Eine ungewöhnliche Attraktion, die ihre Gründe hat, sagt Leitner: „Wir haben beim Umbau aus der Not eine Tugend gemacht. Unser Haus ist denkmalgeschützt, da sollten wir an den Räumen möglichst wenig verändern, andererseits wollten wir eine großzügige Bad-Lösung anbieten. Der Kompromiss war dann die offene Wanne im Zimmer, und das kommt bei den Gästen ausgezeichnet an." Zusätzlich gibt es in den Zimmern separat Dusche und WC.

Der Schwerpunkt der Küche, für die Norbert Leitner zuständig ist – seine Gattin Katharina kümmert sich vorwiegend um die Rezeption und die vielen anderen Aufgaben, die in einem Hotel anfallen – liegt in den feinen Speisen des Salzkammerguts, mit besten Zutaten aus der Region und mit dem, was die Natur je nach Jahreszeit frisch anbietet. Ein Fixpunkt im Programm sind die Fischgerichte, wobei der „Gasthof zur Post" mit einer außergewöhnlichen Vielfalt aufwartet: Je nach Saison werden Saibling, Waller, Karpfen oder Reinanken auf bodenständige Art zubereitet, ein leichtes, gesundes und delikates Essvergnügen. Nicht ganz so leicht, aber so köstlich, dass viele Gäste extra deswegen zur „Post" kommen, ist der Kaiserschmarren. Der Schmarren ist anders als die anderen, denn zu den üblichen Zutaten mischt der Chefkoch noch Äpfel und Walnüsse, die sanft karamellisiert werden.

Rehschlögel auf jungem Kraut

Zutaten

600-800 g ausgelöster Rehschlögl
Salz, Pfeffer, Rosmarin, Wacholderbeeren
1 Kopf junges Kraut
50 g Butter,
1 Prise Zucker
etwas Muskatnuss
1/16 l Rotwein
1/16 l Fond
1 EL Balsamico-Essig
2 EL Preiselbeeren
200 g Eierschwammerl oder andere Pilze

Zubereitung

Rehschlögl salzen und pfeffern, mit einem Zweig Rosmarin und den Wacholderbeeren gut anbraten und bei 140 °C für 30 Minuten ins Backrohr geben.

Inzwischen das Weißkraut in seine Blätter zerteilen und den Strunk entfernen. In kochendem Salzwasser blanchieren, anschließend mit Butter, etwas Zucker und Muskatnuss glacieren.

Den Rehschlögl aus der Pfanne nehmen und warm stellen, Bratrückstände mit Rotwein, Fond und Balsamico ablöschen und reduzieren lassen. Preiselbeeren und kalte Butter unterrühren.

Die Eierschwammerl kurz in brauner Butter sautieren.

Als Beilage empfehlen wir Serviettenknödel oder Spätzle.

PARKHOTEL BILLROTH

Ein schöneres Kompliment kann ein Hotel kaum bekommen: „Die herrliche Lage am See, die erstklassige Unterbringung, die ausgezeichnete Küche und die gelebte Gastfreundschaft – all das hat uns bewogen, im ‚Hotel Billroth' in St. Gilgen Urlaub zu machen!" Mit diesem Satz hat sich kürzlich ein Ehepaar aus der Schweiz für eine Gästeehrung bedankt und der Anlass war außergewöhnlich: Die beiden Eheleute verbringen bereits seit 50 Jahren ihren Sommerurlaub am Wolfgangsee und sind seit damals immer im wunderschön gelegenen „Parkhotel Billroth" zu Gast. Für beide ist „das Hotel so etwas wie eine zweite Heimat, in der wir uns herrlich erholen und entspannen können." Mit dem Gefühl sind die beiden Eheleute nicht allein, viele Gäste kommen immer wieder in die großzügige Hotelanlage mit dem weitläufigen Park, die an die besten k.u.k.-Zeiten erinnert. Das „Parkhotel Billroth" spiegelt eine perfekte Kombination der Eleganz von früher mit dem Komfort von heute wider.

Die komfortabel ausgestatteten Zimmer bieten vom Balkon aus einen Traumblick auf den See und die Bergwelt. Zudem gibt es einige Extras, die den Aufenthalt besonders angenehm machen: die hauseigene Sauna und der Tennisplatz zum Beispiel oder auch die Möglichkeit, vom Bootshaus des Hotels den Wolfgangsee mit dem Tretboot zu erkunden.

Den Anblick des Sees mit seinem vielfältigen Farbenspiel genießen die Gäste auch von der Sonnenterrasse, auf der das Frühstück besonders gut schmeckt und die den ganzen Tag über ein Anziehungspunkt für jedermann ist.

Die gediegene Atmosphäre des Hauses, um die sich Familie Viehauser und das Billroth-Team bemühen, ist von anspruchsvoller Gemütlichkeit geprägt. Das beste Beispiel dafür ist der herrliche Speisesaal mit seinen Stilmöbeln, den holzgetäfelten Wänden und dem traumhaften Blick auf den Wolfgangsee. In diesem einzigartigen Ambiente wird jede Mahlzeit zu einem Erlebnis. Dazu trägt die exzellente Küche mit internationalen und österreichischen Gerichten ebenso bei wie die ausgesuchten Weine, die sorgsam auf die Speisen abgestimmt sind.

Kein Wunder, dass das „Parkhotel Billroth" nicht nur von Urlaubern geschätzt wird, sondern auch von Teilnehmern an Tagungen, für die modern ausgestattete Seminarräume zur Verfügung stehen.

Parkhotel Billroth

A-5340 St. Gilgen

Telefon 00 43 (0) 62 27 / 22 17
Telefax 00 43 (0) 62 27 / 22 18 25

www.billroth.at

Sehr oft finden in dem Hotel auch Familienfeiern im stilvollen Rahmen statt. Besonders beliebt sind Hochzeitsfeierlichkeiten, bei denen die Brautleute und die ganze Hochzeitsgesellschaft vom hoteleigenen Anlegeplatz zu einer Bootsrundfahrt auf dem Wolfgangsee starten und nach der Rückkehr als Auftakt zur Hochzeitstafel einen Sektempfang auf der Sonnenterrasse genießen. So viel Stil am Hochzeitstag ist jedenfalls ein gutes Omen für die Zukunft.

Gamsgulasch mit Erdäpfelknödel

Zutaten

800 g Gamsschlögel oder -schulter
1 EL Wildgewürz
400 g Zwiebeln
2 Knoblauchzehen
50 ml Pflanzenöl
1 EL Paprikapulver
2 l Wasser
1 Spritzer Weißweinessig
1/8 l Rotwein
etwas Chilischote, entkernt und fein geschnitten
1/2 TL Kümmel, gemahlen
3 Wacholderbeeren, zerdrückt
1 Lorbeerblatt
1/2 TL Majoran, gerebelt
1/2 TL Thymian, gerebelt
Salz, Pfeffer
Ingwer, geschält und gerieben
500 g mehlige Erdäpfel
2 Eidotter
150 g griffiges Mehl
Salz, weißer Pfeffer, gemahlen, Muskat, gerieben
evtl. Majoranzweige

Zubereitung

Gamsfleisch in Würfel von ca. 60 g schneiden und mit Wildgewürz einreiben. Zwiebeln und Knoblauch fein schneiden, in Pflanzenöl goldbraun rösten. Paprizieren, mit Essig ablöschen, Rotwein zugießen und mit 2 Liter Wasser auffüllen. Alle Gewürze zugeben, Fleisch einlegen und ca. 2 Stunden köcheln. Gulasch mit Salz, Pfeffer und Ingwer abschmecken. Eventuell mit etwas Mehlbutter binden.
Erdäpfel weich kochen, schälen und passieren. Masse überkühlen, Dotter, Mehl und Gewürze beigeben und rasch zu einem festen Teig verarbeiten. Kleine Knödel formen und im gesalzenen Wasser kurz kochen. Gulasch nach Belieben mit 2-3 kleinen Knödeln und einem Majoranzweig auf einem Teller anrichten.

CAFE NANNERL

Das „Cafe Nannerl" in St. Gilgen ist eine gelungene Mischung aus Bar, Kaffeehaus, Teestube und Wohnzimmer. Das hübsche Biedermeierhaus am Kirchenplatz strahlt dezente Gemütlichkeit, aber auch Modernität aus, jeder Gast findet das Ambiente, das ihm gefällt. Im Erdgeschoss dominiert ein Mix aus alten Möbeln mit modernen Bildern, dazu ist ein eigener Barbereich eingerichtet. Die patinierte Holzvertäfelung atmet Geschichte und der erste Stock erinnert mit vielen Sofas, Biedermeiermöbeln und einer Bauernstube mit einem heimeligen Kamin an die gute alte Zeit.

Vielleicht haben die Räume damals so ähnlich ausgesehen, als die Namensgeberin noch lebte: Nannerl war die Schwester des berühmten Komponisten Wolfgang Amadeus Mozart, die in St. Gilgen gewohnt hat und mit dem Rechtspfleger Johann Baptist von Berchthold zu Sonnenburg verheiratet war. Mit Sicherheit hätte den Geschwistern, wel-

Cafe Nannerl

Kirchenplatz 2
A-5340 St. Gilgen

Telefon 00 43 (0) 62 27 / 23 68
Telefax 00 43 (0) 62 27 / 82 75

www.cafenannerl.at

che die Genüsse des Lebens durchaus zu schätzen wussten, das heutige Angebot des Cafés bestens geschmeckt, denn es steht im wahrsten Sinn des Wortes für traditionsbewusste Konditoreikultur in Österreich.
Geführt wird der Familienbetrieb von Michael Weiß, dessen Großeltern das Kaffeehaus gemeinsam mit seiner Mutter Monika im Jahr 1966 gegründet haben. Ursprünglich war das Café im ersten Stock des Hauses untergebracht, im Lauf der Zeit weitete sich der Betrieb auch auf das Erdgeschoss aus und demnächst wird im ersten Stock eine Cocktaillounge eingerichtet. Mittlerweile ist das Café groß genug, dass es gegen Voranmeldung mühelos bis zu 60 Gäste im Erdgeschoss wie auch im ersten Stock unterbringen kann. Und Gäste kommen gerne in dass Café, wo ein einfaches, aber wirksames Erfolgsrezept befolgt wird: Alle Kuchen und Torten sind hausgemacht nach alten Rezepten, ganz ohne Backpulver und ohne künstliche Aromastoffe. Sie entsprechen der Familientradition, weil schon die Eltern des jetzigen Besitzers unmissverständlich erklärt haben: „Wir möchten, dass es unseren Gäste schmeckt wie bei der Großmutter zu Hause!"
Die köstlichen Kuchen und Torten, die man auf Wunsch auch mitnehmen kann, haben der Familie Weiß viele Stammgäste eingebracht. Sehr begehrt ist vor allem die Malakofftorte, eine beliebte Spezialität ist auch die Eierlikörtorte und wer in der passenden Jahreszeit einen Marillen- oder Zwetschkenfleck vom „Cafe Nannerl" gekostet hat, weiß, wie die guten österreichischen Mehlspeisen schmecken sollen.

Natürlich kann man bei Michael Weiß auch Hochzeits- oder Geburtstagstorten bestellen, und wenn einmal eine ungewöhnlichere Form für die Süßspeise gewünscht ist, stellt das auch kein Problem dar – der Gast ist willkommener König im „Cafe Nannerl".
Sehr oft sind es übrigens Brautleute mit ihren Hochzeitsgästen, die sich dort ein Stelldichein geben. Weil das Café direkt neben der Kirche liegt, kommen häufig Hochzeitsgesellschaften und veranstalten dort einen Sektempfang, der in dem gemütlichen und hochklassigen Rahmen besonders stimmungsvoll ist.
Sehr beliebt ist im Sommer der schattige Gastgarten, wo man mitten im Ortszentrum kühle Getränke, Kaffee und vor allem die Spezialitäten aus der Nannerl-Backstube genießen kann.
Der erste Stock kann für Events aller Art gemietet werden, zum Beispiel für Firmen- oder auch für Familienfeiern, und im Café selbst gibt es immer wieder Veranstaltungen, die neues Publikum anlocken. So steht im Sommer, wenn das Café bis 2 Uhr früh geöffnet ist, Livemusik mit ausgezeichneten Bands auf dem Programm. Im Advent werden passend zum Adventmarkt in St. Gilgen Lesungen organisiert und außerdem bauen geschickte Hände den riesigen Christbaum im ersten Stock auf, den alle bewundern und der so etwas wie ein Weihnachts-Wahrzeichen von St. Gilgen geworden ist. Immerhin ist das prachtvolle Stück 3,5 Meter hoch und im Biedermeierstil mit nicht weniger als 2 000 Kugeln geschmückt!

HOTEL HOLLWEGER

Klein und exklusiv ist das „Hotel Hollweger" in St. Gilgen, das seit 1960 als Familienbetrieb geführt wird. Gerda Hollweger, die das 4-Sterne-Haus im Jahr 2000 von ihren Eltern übernommen hat, ist nicht nur die Besitzerin, sondern auch der gute Geist für alles: Sie begrüßt die Gäste an der Rezeption, springt überall dort ein, wo sie

gerade gebraucht wird und ist gemeinsam mit den Mitarbeitern bemüht, den Urlaubern das Leben leichter zu machen. Das entspricht ihrem Lebensmotto: „Der Gast soll einen schönen, unvergesslichen Urlaub verleben. Und wenn er das Haus verlässt, soll er das Bedürfnis verspüren, wieder kommen zu wollen!"

Wie zufrieden die Gäste sind zeigt die Tatsache, dass immer mehr Stammgäste aus dem In- und Ausland ihren Urlaub im Hotel Hollweger verbringen, das ständig ausgebaut und verbessert wird. Das Haus mit seiner herrlichen Lage hatte immer schon vier Sterne, aber Gerda Hollweger ist erfolgreich bemüht, das Niveau noch weiter anzuheben. Die 46 Zimmer und die Suiten sind jeweils individuell gestaltet. Keines gleicht dem anderen – aber wohlfühlen kann man sich in

Hotel Hollweger

Bundesstraße 2
A-5340 St. Gilgen

Telefon 00 43 (0) 62 27 / 2 22 60
Telefax 00 43 (0) 62 27 / 79 56 52

www.hollweger.at

jedem, denn Komfort und Bequemlichkeit lassen keine Wünsche offen. Die meisten Zimmer verfügen über einen eigenen Balkon mit einer Aussicht auf St. Gilgen und den Wolfgangsee, die sozusagen ein Extra-Urlaub für das Auge ist.
Es fällt einem nicht leicht, das gemütliche Urlaubsdomizil zu verlassen, aber es wäre zu schade, den Urlaub nur im Zimmer zu verbringen. Erstens gibt es im Haus einen Wellnessbereich mit Sauna, Dampfbad und anderen Attraktionen, der in den letzten Jahren großzügig ausgebaut wurde, das Hotel verfügt jetzt sogar über ein Panoramahallenbad. Und zweitens lädt die Umgebung zu Ausflügen, Wanderungen und Radtouren ein, die man ganz nach Wunsch mit oder ohne Begleitung des Hotelpersonals unternehmen kann. Die Fahrräder kann man ausleihen. Kraft und Kondition für die ausgedehnte Tour holt man sich beim reichhaltigen Frühstücksbuffet und nach vollbrachter Leistung darf man sich nachmittags mit den hausgemachten Kuchenspezialitäten verwöhnen. So gut sie schmecken – man sollte nicht zu viel davon nehmen, schließlich muss noch genügend Appetit für das abendliche 4-Gänge-Wahlmenü bleiben, das auf Wunsch auch rein vegetarisch ist. Die Küche wird dem guten Ruf des Hauses voll und ganz gerecht, sie bietet vorwiegend österreichische Kost, aber auch klassische internationale Gerichte. Ob delikate Vorspeisen, Fleisch, Fisch, vegetarische Gerichte oder Salate vom reichhaltigen Buffet – alles schmeckt leicht und frisch, was Kenner nicht überrascht: Die Zutaten kommen zum größten Teil aus der Region und werden kunstvoll verfeinert. Dazu passen die erlesenen Weine aus dem Keller des Hauses. Das Hotel ist ein guter Platz für einen Schlemmerurlaub, es bietet aber auch viele Möglichkeiten für Seminare und Tagungen oder für Feste mit bis zu 40 Gästen, die in einem eigenen Raum feiern können.

Kalbsmedaillons an Cognacrahm mit Trüffelpüree und Gemüse der Saison

Zutaten
1 Stück Kalbsfilet
1 Schuss Cognac
1 El Mehl
1 Tasse Bouillon oder Bratenjus

Für das Trüffelpüree
400 g Kartoffeln
1/8 l Milch
2 EL Butter
1 TL Trüffelbutter
Salz, Pfeffer, Muskat
Gemüse nach Verfügbarkeit

Das Kalbsfilet für 4 Personen portionieren (3 Stück pro Person) und mit Salz und Pfeffer würzen. Für 2 Minuten beidseitig scharf in einer Pfanne anbraten und danach warm stellen.
Der Bratensatz wird jetzt mit Cognac abgelöscht, noch ein bisschen Mehl einstauben und mit Bouillon oder Bratenjus aufgießen. Danach etwa 5 bis 10 Minuten bei mittlerer Hitze köcheln lassen. Die Soße wird dann noch mit einem Stück kalter Butter vollendet.
Für das Trüffelpüree die Kartoffeln in der Schale kochen, danach schälen und durch eine Kartoffelpresse pressen. Milch, Butter und Trüffelbutter dazugeben und die Masse glatt rühren, mit Salz, Pfeffer und Muskat abschmecken.

WIESENHOF

Wiesenhof

Gschwendt 191
A-5342 Abersee

Telefon 00 43 (0) 61 37 / 70 60
Telefax 00 43 (0) 61 37 / 7 06 04

www.wiesenhof-abersee.com

Theresa und Josef Schöndorfer führen den „Wiesenhof" in Abersee, der einmal der Großmutter des Chefs gehört hat, seit November 1998. Der prachtvolle Gasthof im Salzkammergutstil liegt mitten im Grünen, eingebettet in die herrliche Landschaft des Wolfgangsees. Blumengeschmückte Balkone heißen die Gäste herzlich willkommen und sorgen von Anbeginn an für Vertrautheit. Die sehr persönliche, familiäre Atmosphäre im Hotel verstärkt diesen Eindruck noch. Das Ehepaar Schöndorfer bemüht sich gemeinsam mit den freundlichen Mitarbeitern nach besten Kräften, den Gästen ein erholsames Urlaubserlebnis zu bieten und das macht sich bezahlt. Viele Gäste kommen aufgrund der Mundpropaganda, denn zufriedene Urlauber erzählen immer wieder gerne, wie gut sie in dem schmucken Gasthof in Abersee aufgehoben waren.

Warum das so ist? Theresa Schöndorfer überlegt nicht lange: „Sie fühlen einfach, dass sie willkommen sind, dass die Freundlichkeit nicht aufgesetzt ist, sondern echt, dass wir alle uns wirklich über Gäste freuen."

Das Haus ist behaglich, die neu ausgestatteten Komfortzimmer sind gemütlich und die Küche gutbürgerlich im besten Sinne des Wortes. Der „Wiesenhof" ist bekannt für die herzhaften, bodenständig verfeinerten Speisen, aber auch für seine große Auswahl an vegetarischer leichter Naturkost. Theresa Schöndorfer: „Wir legen großen Wert auf frische Speisen und orientieren uns an dem, was die Natur in der jeweiligen Saison anzubieten hat." Deshalb wird die Speisekarte im Laufe des Jahres immer wieder neu gestaltet. Die Gäste schätzen diese Abwechslung, weil bei allen Neuerungen stets die gleich gute Qualität geboten wird.

Gespeist wird im geschmackvoll eingerichteten Restaurant oder auf der Sonnenterrasse mitten im Grünen, das Weinangebot ist auf die Speisen abgestimmt, dem kulinarischen Erlebnis steht somit nichts im Wege.

Rund um den „Wiesenhof" bieten sich jede Menge Sport- und Wandermöglichkeiten an. In der wärmeren Jahreszeit kann man im glasklaren See schwimmen, Radtouren unternehmen, joggen, reiten, Drachen fliegen,

Golfen oder sogar Sommer rodeln. Und im Winter gehen die Gäste mit den Langlaufskiern auf die Loipe, die direkt am Haus vorbeiführt, oder fahren mit dem Gratisskibus auf die rund 20 Minuten entfernte „Postalm" zum Alpinschilauf.
Besonders schön am Urlaub im Winter ist der Advent, denn die drei Adventorte St. Gilgen, Strobl und St. Wolfgang erstrahlen im vorweihnachtlichen Glanz und die Weihnachtsmärkte erhöhen die Vorfreude auf das Christfest.
Versäumen können die Urlauber nichts, was Spaß macht oder Erbauung verspricht: Jeden Tag wird im „Wiesenhof" eine Morgenpost verteilt, in der die Hausgäste aktuelle Tipps für den Tag lesen – eine jener kleinen Aufmerksamkeiten, die das Haus zum beliebten Urlaubsziel machen.

In Olivenöl gebratenes Wolfgangsee-Saiblingfilet auf Weißwein-Safran-Risotto und Brokkoli

Zutaten
Für das Saiblingfilet
4 Saiblingsfilets à 160–170 g
Salz, Zitronensaft, Mehl, Olivenöl
Brokkol

Für das Risotto
70 g Schalotten
40 g Butter
2 EL Olivenöl
100 ml Weißwein
400 g Risottoreis,
1 l Geflügelfond
Salz, Pfeffer
60 g geriebenen Parmesan
Safranfäden, 1 Zweig Salbei
etwas gehobelter Parmesan als Garnitur

Zubereitung
Für das Risotto die Schalotten in feine Würfel schneiden. Olivenöl und 20 g Butter in einem Topf erhitzen, Schalotten dazugeben und bei mittlerer Hitze glasig dünsten. Den Reis dazu, ebenso glasig mitdünsten, mit Weißwein ablöschen. Unter ständigem Rühren fast vollkommen verdampfen lassen. Dann 1/3 des heißen Fonds dazugießen und unter Rühren vom Reis ganz aufnehmen lassen. Safranfäden dazugeben. Diesen Vorgang zweimal wiederholen bis der Fond verbraucht ist. Immer wieder rühren, dass der Reis nicht ansetzt. Das Risotto mit Salz und Pfeffer würzen, die restliche Butter und geriebenen Parmesan unterrühren. Mit gehobeltem Parmesan und gezupften Salbeiblättern bestreuen.
Die schön zugeputzten Saiblingfilets mit Zitronensaft und Salz würzen, in Mehl wenden und in einer Pfanne in heißem Olivenöl langsam auf der Haut fertig braten. Den Brokkoli vom Strunk entfernen, in kochendem Salzwasser ungefähr 1 Minute bissfest köcheln lassen, anschließend in Eiswasser abschrecken und in Butter anschwenken.

PRIMUSHÄUSL

Für ihre Edelbrände haben die Eheleute Johanna und Josef Rieger aus Abersee schon viele Auszeichnungen bekommen. Zuletzt wurden die Salzburger Schnapsbrenner „Alpen-Adria-Sieger 2007“ – und um diese Ehrung haben sich immerhin 180 Betriebe aus fünf Nationen beworben. Sie sind vielfacher Salzburger Landessieger, wurden vom angesehenen Gault Millau zu einem der zehn besten Destillateure gekürt und zwei Mal Sieger des „Goldenen Stamperls“. Die größte Anerkennung für sie ist aber, wenn die Gäste in ihrem traditionsreichen Haus, das den hübschen Namen „Primushäusl“ trägt, genüsslich ein Glas in die Hand nehmen, dezent an einer der Kreationen des Hauses schnuppern und nach der Verkostung dem Hausherren ausgiebig Komplimente für seine Erzeugnisse machen.
Verdient hat Josef Rieger, der seit 26 Jahren feinste Edelbrände erzeugt, das Lob in jedem Fall. Schließlich werden von ihm nur sehr

Primushäusl
Zimmer und Ferienwohnungen,
Schnapsbrennerei

Gschwendt 40
A-5342 Abersee

Telefon 00 43 (0) 61 37 / 70 47
Telefax 00 43 (0) 61 37 / 6 11 47

gut gereifte und qualitativ hochwertige, ungespritzte Früchte verwendet, die von der Familie selbst gesammelt oder im riesigen Obstgarten beim Haus geerntet werden, der ganz in der Nähe des Wolfgangsees liegt. Zu Fuß sind es knapp zwei Minuten.
Ursprünglich war die Schnapsbrennerei nur für den eigenen Bedarf gedacht, aber jeder, der kosten durfte, zeigte sich so begeistert, dass die Familie ihre Erzeugnisse bald ab Hof verkauft hat. Inzwischen beliefert Rieger auch die bekanntesten Restaurants im Salzkammergut mit hochprozentigen Getränken, von Vogelbeere über Wacholderbeere, Enzian, Waldhimbeere, Trauben oder Kirsch bis zu Holunder und vielen anderen Schnäpsen. Insgesamt sind es an die 20 Sorten, die Josef Rieger mit viel Erfahrung und mit Begeisterung brennt.
Wer will, ist herzlich eingeladen, ihm dabei zuzusehen, denn in der Schnapsbrennerei neben dem Haus werden immer wieder Schauschnapsbrennen veranstaltet, für die man sich am besten vorher anmeldet. Vorgeführt wird die hohe Schule der Schnapserzeugung in einer schönen Bauernstube, wo der Brennkessel steht und jedem, der den Raum betritt, der verführerische Duft von Früchten in die Nase steigt. Der Chef persönlich erläutert das Brennen, das in dieser Güteklasse eine wahre Kunst ist, und natürlich gibt es anschließend eine gemütliche Verkostung, bei der beste Stimmung garantiert ist.
Noch intensiver kann man das Vergnügen erleben, wenn man sich in einer der sechs Ferienwohnungen einquartiert, die zum „Primushäusl" gehören und urgemütlich mit Bauernmöbeln aus exklusivem Fichtenholz eingerichtet sind. Der rustikale Stil kommt bei Gästen sehr gut an, ebenso wie die fürsorgliche Betreuung durch Johanna Rieger, die schon am Morgen beim feinen Frühstück beginnt, das an Sonnentagen vor dem Haus serviert wird. Einmal in der Woche gibt es gemeinsame Ausflüge und Wanderungen in die reizvolle Umgebung, bei denen die Gäste einander besser kennenlernen. Das ist ein wesentlicher Teil der familiären Atmosphäre beim „Primushäusl", in der immer wieder neue Freundschaften geschlossen und bei der wöchentlichen Schnapsverkostung bekräftigt werden. Die Gemütlichkeit und Gastfreundschaft der Familie Rieger ist mittlerweile legendär, immerhin sind 80 Prozent der Urlauber Stammgäste, die ihre Ferien auf jeden Fall im „Primushäusl" verbringen wollen.
Verständlich, denn in dem herrlichen Obstgarten kann man so richtig die Seele baumeln lassen, er ist auch ein idealer Platz für die ganze Familie, denn für Mädchen und Jungen ist ein eigener Kinderspielplatz eingerichtet. Im Sommer und Winter können die Gäste außerdem ihren Sportsgeist ausleben, schließlich führt vor dem Haus ein Radweg vorbei und in unmittelbarer Nähe liegt die Langlaufloipe, die zu gemütlichen oder auch anspruchsvollen Touren einlädt.

ABERSEEHOF

Gasthof Hotel Aberseehof

Christian Fritz Weg 19
A-5342 Abersee

Telefon 00 43 (0) 62 27 / 38 82

www.aberseehof.at

Er passt wunderbar in die Landschaft, der „Aberseehof", ein traditionsreiches Hotel in Abersee, das von Franz Gassner geführt wird. Er entstammt einer ausgesprochenen Wirtsfamilie, schon seine Urgroßeltern hatten ein Gasthaus und er selbst hat von Jugend auf in dem schönen Hotel seiner Eltern mitgeholfen, ehe er den Betrieb im Jahr 1999 übernommen hat. Sein Prinzip: „Wir sind darauf bedacht die alten Traditionen weiterzuführen, aber auch mit neuen und innovativen Ideen unseren Gästen einen erholsamen Urlaub zu bereiten."

Die Strategie hat er konsequent umgesetzt. Bei einem Umbau wurde das sehr ruhig gelegene Haus grundlegend modernisiert, der Standard des Hotels entspricht jetzt dem modernsten Stand. Die 23 gemütlich eingerichteten Zimmer und auch die zwei Ferienwohnungen verfügen alle über ein Direktwahltelefon, Sat-TV, Dusche/Bad und WC. So sehr sich das Hotel innen verändert hat, geblieben sind der familiäre Charme des Hauses und die Möglichkeit für Eltern und Kinder, sich prächtig zu erholen. Der Aberseehof ist ausgesprochen familienfreundlich und wenn zur Familie ein Vierbeiner gehört,

ist er auch willkommen. Auf dem großen Kinderspielplatz, der erst vor einigen Jahren erbaut wurde, können die Kleinen nach Herzenslust spielen. Die Sonnenterrasse und die hoteleigene Liegewiese laden zum Rasten ein und am hauseigenen Badestrand am Wolfgangsee lässt sich's herrlich ausspannen. Im Haus selbst sorgen Sauna und Solarium dafür, dass die Wellness nicht zu kurz kommt, auch Massagen sind möglich.
Die Gäste können gemütlich ausruhen, ihnen wird aber auch viel Abwechslung geboten. Auf Wunsch werden sie bei Rad- und Wandertouren begleitet, im Juli und August geht es abends bei Heimatabenden oder mit Alleinunterhaltern aus der Region fröhlich zu, in der Backstube lernen die Urlauber, wie Brot gebacken wird und in einer Schnapsbrennerei können sie zusehen und kosten, wie der edle Hochprozentige entsteht und schmeckt. Wer scharfe Augen hat, versucht bei einem Gästewettbewerb mit dem Luftgewehr, die meisten Treffer zu landen. Eine weithin bekannte Attraktion des Hauses ist die Küche. Franz Gassner bekocht die Gäste persönlich, er verwöhnt sie mit Spezialitäten der Region und internationaler Küche. Vom frisch gefangenen Wolfgangsee-Fisch über Wild aus den umliegenden Bergen und Wäldern bis hin zu vegetarischen Speisen reicht die Auswahl auf der Speisekarte, dazu gibt's auch österreichische Spezialitäten wie das Wienerschnitzel oder den Schweinsbraten und die Krönung folgt zum Schluss: die hausgemachten Mehlspeisen und Torten oder Eisspezialitäten.

Knoblauchsuppe, gebratenes Zanderfilet in Kartoffelkruste an Weißweinsauce mit Frühlingsgemüse, Moccaparfait auf Fruchtspiegel mit frischen Beeren

Zutaten

Für die Knoblauchsuppe

100 g geschälter Knoblauch
1 kl. Zwiebel
20 g Butter
1/8 l Weißwein
1 l Rindsuppe
1/4 l Obers
Salz, Pfeffer, Muskatnuss

Für das Zanderfilet

ca. 1,1 kg Zanderfilet
3 Kartoffeln, gerieben
40 g Butter
15 g Kräuterbutter
1 Zitrone
1/4 l Weißwein
200 g Crème fraîche
2 Zwiebeln
0,5 l Sahne
2 Karotten
4 Frühlingszwiebeln
Salz, Pfeffer, frische Petersilie

Für das Moccaparfait

4 Eigelb, ca. 80 g Kaffee, 350 g Sahne, geschlagen, 300 g frische Beeren, 80 g Zucker

Zubereitung

Für die Knoblauchsuppe den Knoblauch und die fein geschnittene Zwiebel in Butter anschwitzen. Mit Weißwein ablöschen und mit Rindsuppe und Obers aufkochen, ca. 20 Minuten köcheln lassen. Danach mit einem Stabmixer pürieren und anschließend durch ein feines Sieb passieren.
Das Zanderfilet mit Zitrone beträufeln, mit Salz und Pfeffer leicht würzen, mit den rohen geriebenen Kartoffeln bedecken und in einer Pfanne auf geringer Hitze in Butter anbraten. Die Karotten und Frühlingszwiebeln blanchieren und in einer Pfanne ganz leicht in Kräuterbutter anschwitzen. Für die Weißweinsauce die Zwiebeln anschwitzen, mit Weißwein ablöschen und mit Sahne aufgießen, Crème fraîche dazu, würzen und mit dem Stabmixer durchmixen.
Für das Moccaparfait das Eigelb mit dem Zucker über Wasserdampf in einem Rührkessel schaumig schlagen. Wenn die Masse ca. 60 °C erreicht hat, vom Dampf nehmen und kalt weiterschlagen. Nun die geschlagene Sahne vorsichtig unterziehen. Eine Terrinenform mit Klarsichtfolie auslegen und die Parfaitmasse einfüllen. Einen Teil der Beeren mixen und mit etwas Staubzucker versüßen, die restlichen Beeren für die Garnierung verwenden.

KÄSE, MILCH & ALMGEHEIMNIS

Der Fuschlsee ist einmal smaragdgrün, dann wieder glitzert und blitzt es an der Oberfläche, als würden dort Tausende Juwelen schwimmen. Wann er sich wie präsentiert wissen nicht einmal die Einheimischen genau, weil das vom Wind und der Sonneneinstrahlung abhängt. Was sie aber wissen und dem Besucher gerne erzählen, ist dass man im Fuschlsee und im benachbarten, wildromantischen Hintersee wunderbar baden kann.

Das ist freilich nicht die einzige Art, den See zu erleben. Ein unvergessliches Erlebnis ist die Fahrt mit einer Zille – einem elektrisch betriebenen Holzboot, bei der sich ausgiebig Gelegenheit ergibt, die traumhafte Landschaft mit ihren Bergen, Wiesen und Wäldern zu bestaunen.

Viele Gäste lassen sich davon zu einer Wanderung auf eine der umliegenden Almen anregen, die gegen Ende des Frühlings wahre Blumenparadiese sind. An die 40 Bauern

bei Gitzen

bewirtschaften die Berge von Anfang Juni bis Ende September, sie bewirten die Besucher gerne mit einer kräftigen Almjause, einem Glas frischer Milch oder Butter und Käse aus eigener Erzeugung – und für solche Köstlichkeiten lassen viele gerne ein Drei-Hauben-Menü stehen.
Viele Almhütten sind Ausgangspunkt für spannende Abenteuer, denn im Umkreis von etwa einer halben Stunde Fußmarsch gibt es bei den meisten Hütten Geheimnisse zu entdecken. Das können besondere Aussichtspunkte sein oder geologische Fundstellen, mystische Kraftpunkte, deren Energie man sich nicht entziehen kann, oder Stellen, an denen Heilpflanzen wachsen, deren Wirkung die Bäuerin gerne erklärt.
Am Ende der Saison gibt es den bunten Almabtrieb und den Bauernherbst mit Musik, Brauchtum und regionalen Spezialitäten. Dann geht es fröhlich in den Winter, in dem die Skigebiete in der Umgebung Anfänger und anspruchsvolle Skikünstler zufriedenstellen.
Das ganze Jahr über empfehlen sich Ausflüge in die Umgebung, zum Beispiel in die nahe gelegene Mozartstadt Salzburg. In der Region sollte man sich das Puppenstubenmuseum in Hintersee nicht entgehen lassen, wo 35 Puppenstuben mit mehr als 30 000 Einzelteilen, Bären und Spielsachen kleine und große Gäste begeistern.

bei Thalgau

EBNER'S WALDHOF AM SEE

Vor vierzig Jahren war der „Waldhof" eine kleine Pension am Fuschlsee, heute dagegen ist er eines der führenden Wellness-Hotels in Österreich, er wurde sogar zum ersten „Alpinen Wellness Hotel" Salzburgs gekürt. Eine verdiente Auszeichnung für das Wohlfühl-Erlebnis, das in den 75 Zimmern des Stammhauses, weiteren 41 in der damit verbundenen „Waldhof-Villa" und in den zwei Suiten im stilvollen „Gütl" geboten wird.

Der „Waldhof" ist ein lupenreiner Familienbetrieb: Im Hotel arbeiten Inhaber Herbert Ebner, seine Frau Gabriele, sein Sohn Thomas G. Ebner, sein Neffe Alexander und auch sein Vater Georg, der mit 86 Jahren den Garten in Schuss hält und selbst der lebende Beweis dafür ist, wie gut das Wellness-Hotel dem Wohlbefinden und der Gesundheit tut. Der Aufenthalt dort ist Erholung für Körper, Geist und Seele – und auch für Magen und Gaumen, denn im Hotel gibt's klassische österreichische Speisen ebenso wie raffinierte Wok-Spezialitäten oder vegetarische Gerichte. Im Stammhaus-Restaurant verwöhnt der langjährige Küchenchef Franz Josef Wagner die Gäste, im „Gütl à-la-carte-Genießer-Restaurant" ist Alexander Ebner mit seinem Team erfolgreich tätig und im „Gütl-Buffet-Restaurant" ist für jeden Geschmack etwas dabei.

Die paar Kalorien zu viel, die man bei einem so verführerischen Angebot eventuell zu sich nimmt, arbeitet man gerne ab, schließlich lädt das Hotel im Wellness-Bereich „Vital-

Ebner's Waldhof am See

Seestraße 30
A-5330 Fuschl am See

Telefon 00 43 (0) 62 26 / 82 64
Telefax 00 43 (0) 62 26 / 86 44

www.ebners-waldhof.at

schlößl" zu vielfältigen Aktivitäten ein. Ein paar Schritte zu Fuß führen zur hoteleigenen Golftrainingsanlage, im Fitnesscenter des Hotels macht das Training richtig Spaß und überflüssige Pfunde purzeln auch am Fitness- und Laufparcours, auf dem Tennisplatz oder beim Sport mit Mountainbikes, Fahrrädern und Ruderbooten, die den Gästen kostenlos zur Verfügung stehen. Geruhsamer, aber nicht weniger erholsam, geht es in der Wasserwelt mit einem Erlebnisbecken inklusive Wildbach, Wasserfall, Bodensprudel und Whirlbank zu. Das Sole-Außenbecken bietet sogar Unterwassermusik und der große Felsen-Whirlpool entspannt mit Sitz- und Liegemassagen die Muskeln. Freude am Schwitzen hat man im Saunabereich mit Kräutersauna, Sole-Inhalationsbad (45 °C), Finnensauna (90 °C) und Stubensauna (70 °C) mit Infrarot.

Dazu kann man sich als Urlauber von Kopf bis Fuß mit ausgesuchten Programmen verwöhnen lassen wie etwa Fußreflexzonenmassage, Heubad oder alpiner Wellness-Behandlung. Fachkundige Wellness-Spezialistinnen geben dazu gerne Ratschläge. Bunte Rahmenprogramme mit Konzerten, Modenschauen und Weinverkostungen sorgen für Abwechslung und wer im Urlaub gerne Besinnung erleben möchte, begibt sich am besten in den überdachten Arkadenhof, wo ein romantischer Brunnen plätschert und eine kleine Kapelle zur Andacht einlädt.

Kapaunbrust mit Schwammerlfülle, dazu Polentanockerl

Zutaten

4 Stück Kapaunbrüste à 250 g (Masthahn)
3 Scheiben Toastbrot
300 g Pilze
2 Eidotter
ca. 1/8 l Milch
Salz, Pfeffer, Rosmarin
150 g Schweinsnetz (zum Einwickeln)
2 kleine Zwiebeln
30 g Butter
400 g Maisgrieß (Polenta)
50 g Butter
700 g Wasser
1/8 l Sahne

Zubereitung

Zwiebeln klein schneiden, in Butter hell anschwitzen, grob geschnittene Pilze dazugeben und leicht dünsten, ein wenig auskühlen lassen. Toastbrot in kleine Würfel schneiden, mit Eidotter, Milch, Salz und Pfeffer vermengen, Pilze dazugeben und gut vermischen. Kapaunbrüste halbieren, aber nicht ganz durchschneiden, leicht klopfen und mit Schwammerlfülle belegen, zu einer Rolle formen und in das Schweinsnetz einwickeln. Salzen und mit wenig Rosmarin bestreuen. Nicht zu heiß, bei 165 °C ca. 30 bis 35 Minuten im Rohr backen. Maisgrieß in Butter kurz anschwitzen, mit Wasser aufgießen und unter ständigem Rühren ca. 25 Minuten garen. Salzen, 10 Minuten vor dem Anrichten die Sahne darunter rühren und zu einer kompakten, aber noch leicht cremigen Masse aufkochen. Mit zwei Löffeln Nockerl formen.

BRUNNWIRT

Seit mehr als 600 Jahren ist das Restaurant „Brunnwirt“ in Fuschl am See ein Treffpunkt für Gäste, die sich gerne kulinarisch verwöhnen lassen wollen. Das Restaurant ist eines der ältesten im ganzen Salzkammergut. Aus alten Urkunden weiß man, dass dort, direkt am Fuschlsee, schon 1400 ein Wirtshaus gestanden hat. Der jetzige Besitzer, Johannes Brandstätter, seine Gattin Gertraud und die Kinder Lena Maria, Sophie Maria und Luisa Maria können den Familienstammbaum bis weit ins 15. Jahrhundert zurückverfolgen – und so viel Tradition verpflichtet.

Das ist den Brandstätters durchaus bewusst, die das Lokal im Jahr 2002 von den Eltern übernommen und von ihnen auch die feste Überzeugung geerbt haben, dass nur Qualität Erfolge garantiert. Das seinerzeitige klassische Landgasthaus wurde seit Beginn der 80er-Jahre des vorigen Jahrhunderts von ihnen behutsam, aber konsequent zu einem Spezialitätenlokal aufgewertet. Der Lohn für die Mühe blieb nicht aus, der „Brunnwirt“ ist seit 25 Jahren ein Haubenlokal, dessen feine und bekömmliche Küche weithin geschätzt wird.

Johannes Brandstätter steht selbst mit Leidenschaft in der Küche und verwöhnt die Gäste mit überzeugenden Kreationen, denn, so Brandstätter: „Mir war immer schon klar, dass ich Koch werden will.“ Die Küche basiert zum überwiegenden Teil auf heimischen Produkten, die auf besonders feine Art zubereitet werden, wobei Brandstätter vor allem

Restaurant Brunnwirt

Wolfgangseestraße 11
A-5330 Fuschl am See

Telefon 00 43 (0) 62 26 / 82 36
Telefax 00 43 (0) 62 26 / 82 36 13

www.brunnwirt.at

Wert auf Frische und Geschmack legt. Dafür werden qualitativ hochwertige Lebensmittel von nahen Bauern verwendet, die besonders beliebten Süßwasserfische kommen aus dem kristallklaren Fuschlsee.
Ein Gedicht sind beispielsweise die Salzburger Nockerl, die auf der Zunge zergehen. Ein Schwerpunkt liegt aber auch in der Zubereitung von Fischen auf verschiedenste Art. Im Sommer kommen sie aus dem See vor der Haustüre, im Winter dürfen es auch einmal Meeresfische sein – kulinarische Erlebnisse sind dabei immer garantiert.
Allerdings nur für ein kleines, aber erlesenes Publikum. Zwar bietet das Lokal bei Feiern oder Veranstaltungen an die hundert Personen Platz, à la carte werden üblicherweise nur an die 25 Gäste pro Abend verwöhnt, schließlich wollen sich Johannes und Gertraud Brandstätter um jeden einzelnen Gast persönlich kümmern. Deshalb bitten die Wirtsleute auch um eine kurze telefonische Vorreservierung, niemand soll enttäuscht wieder fortgehen müssen, weil kein Platz frei ist.
Die Gäste können sich nicht nur auf kulinarische Höhepunkte, sondern auch auf einen wahren Augenschmaus freuen. Der Ausblick vom Restaurant auf den See und das umliegende Gebirge ist bezaubernd und zwischen den einzelnen Gängen kann man sich gedanklich auf die vielen Freizeitmöglichkeiten einstellen, welche diese Region bietet, vom erfrischenden Wassersport über ausgedehnte Wanderungen bis zum erholsamen Sonnenbad am See.
Ein Essen beim „Brunnwirt“ ist eben mehr als nur ein Restaurantbesuch, er wird dem Motto gerecht, das sich der Wirt gegeben hat: „Wer das Besondere sucht, ist bei uns richtig!“

Crème brûlée

(etwa 8 Portionen)

Zutaten

650 ml Obers (Schlagsahne)
350 ml Milch
180 g Dotter
220 g Zucker
1 Vanilleschote

Zubereitung

Alle Zutaten zusammenmischen und danach in eine feuerfeste Formen füllen, die Menge reicht für etwa acht Portionen.
Im Wasserbad bei ungefähr 110 °C zugedeckt im Rohr solange pochieren bis die Creme gestockt ist.
Nach dem Abkühlen mit Rohrzucker bestreuen und mit einer Gasflamme abflammen bis der Zucker karamellisiert ist.

GARTENHOTEL SONNLEITN

Gartenhotel Sonnleitn

Seestraße 4
A-5330 Fuschl am See

Telefon 00 43 (0) 62 26 / 84 05
Telefax 00 43 (0) 62 26 / 8 40 58

www.gartenhotel-sonnleitn.at

Ein Haus zum Wohlfühlen ist das „Gartenhotel Sonnleitn" in Fuschl am See. Das komfortable 4-Sterne-Haus mit seiner familiären Atmosphäre, dem umfassenden Freizeitangebot und nicht zuletzt den kulinarischen Reizen lockt viele Stammgäste und immer wieder auch Neukunden an. Nicht umsonst haben die Wirtsleute Regina und Erwin Böhning für ihren Familienbetrieb, den sie seit 30 Jahren führen, das Motto „Klein aber fein!" gewählt.

Kulinarisch beginnt die Behaglichkeit bereits am Morgen beim Frischkornmüsli, das Regina Böhning selbst angesetzt hat. Darüber hinaus gibt's nach Belieben Frischkräuteraufstriche, selbst gebackenes Schwarzbrot, Vollkornbrot oder hausgemachte Baguettes. Zu Mittag und am Abend bereichert Sohn Sebastian das Speisenangebot immer wieder um eigene Kreationen, für die er gerne Kräuter aus dem hauseigenen Kräutergarten verwendet. Dazu veranstaltet der Betrieb immer wieder Spezialprogramme wie Fondue- oder Grillabende sowie leckere Bauernbuffets mit kulinarischen Schätzen aus der Region.
An manchen Abenden wird ein Dessertbuffet angeboten und da ist dann das Menü so abgestimmt, dass die Gänge zuvor leicht sind – leichte Suppe, leichte Salate und Fisch – damit nach einem viergängigen Menü genügend Platz bleibt für die süßen Verlockungen. Ein absoluter Geheimtipp ist dabei die Fuschler Schneemilch und so gastfreundlich die Familie Böhning auch ist, dieses Rezept gibt sie nicht preis. Was den Gästen nichts ausmacht, sie nehmen die Fuschler Schneemilch in Kombination mit einem Mousse und Beeren – ein Traum in süß!
Chefkoch Sebastian bereitet außerdem einmal in der Woche gemeinsam mit den Gäs-

ten typisch österreichische Süßspeisen zu wie zum Beispiel Salzburger Nockerl oder Kaiserschmarren. Das ist Teil des abwechslungsreichen Gästeprogramms, das im „Gartenhotel Sonnleitn" keine Wünsche offen lässt.
Wer Geruhsamkeit sucht, lässt sich mit einem Buch aus der Hausbibliothek auf der hauseigenen Liegewiese nieder oder lässt sich bei Musikuntermalung im Freien unter Obstbäumen von Frau Brigitte Lesjak massieren, die sieben Massagetechniken zur Steigerung des Wohlbefindens beherrscht. Wer aktiv sein, will trainiert im Fitnesscenter oder schwitzt in der großzügigen Saunalandschaft und kühlt sich dann im hauseigenen Schwimmbiotop ab, dessen blitzsauberes Wasser keinerlei chemische Zusätze enthält.
Rund um das Haus gibt es jede Menge Unterhaltungs- und Aktivitätsprogramme für alle Jahreszeiten: in den wärmeren Monaten zum Beispiel Morgenspaziergänge mit Kneippen, Rundgänge durch den Kräutergarten, Tageswanderungen zu schönen Almen oder Radtouren, wobei man Fahrräder und Teleskopstöcke ausleihen kann und im Winter Langlaufen auf über 130 Kilometern bestens gespurter Loipen oder rasante Abfahrten im Bereich der Skischaukel Gaissau-Hintersee, die Pisten für Anfänger und Könner bietet.

Rosa gebratener Rehrücken mit Steinpilzpolenta

Zutaten
1 Rückenstrang vom abgelegenen Reh, ca. 800 g, möglichst mit Knochen
frischer Thymian
Salz, Pfeffer
neutrales Öl
ca. 150 g sehr kleine Steinpilze
150 g Polenta (Maisgrieß)
1 Zwiebel, Weißwein, Bouillon
etwas Butter
etwas geschlagene Sahne
evtl. weißer Balsamico-Essig
Petersilie

Zubereitung
Das Fleisch von Häuten befreien und mit Salz und Pfeffer würzen. Das Öl in eine heiße Pfanne geben und das Reh auf beiden Seiten anbraten. Das Reh mit dem Thymian in Alufolie einpacken und bei max. 70 °C ca. 25 Minuten im Backofen ziehen lassen.
Die klein geschnittene Zwiebel in Butter anschwitzen, Polenta zugeben und mit Bouillon und Weißwein ablöschen, mit Salz und Pfeffer würzen und mit Wasser weich kochen. Die Steinpilze waschen und in Butter ansautieren und mit Salz würzen. Kurz vor dem Anrichten die Steinpilze in die Polenta einrühren, mit geschlagener Sahne verfeinern und eventuell mit weißem Balsamico-Essig abschmecken, etwas fein geschnittene Petersilie dazu geben.
Als Sauce kräftige Wildsauce mit etwas frischem Thymian verfeinern.

DAS KALT-WARM-ERLEBNIS

Die beiden wärmsten Seen im Salzkammergut sind der Mondsee und der Irrsee, der auch Zellersee genannt wird. Im Sommer erreichen sie Temperaturen bis zu 26 bzw. 27 Grad und das macht sie natürlich zum Eldorado für Wassersportler. Für Surfen, Segeln, Wasserski, Rudern oder Tauchen sind diese Bedingungen optimal.
Es wäre aber schade, den Urlaub nur am Badestrand zu verbringen, denn die Region birgt viele Schönheiten und bietet Naturerlebnisse der besonderen Art, zum Beispiel auf dem „Erlebnisweg Irrsee-Moor". Vom Ort Oberhofen aus geht es Richtung Irrsee und dann weiter zum Nordmoor mit Pflanzen wie Weiden, Disteln oder Orchideen, die in der märchenhaften Landschaft besonders gut zur Geltung kommen. Wer Glück hat, kann

Mondsee

am Mondsee

sogar den scheuen Brachvogel sehen, der so etwas wie der Wappenvogel der Region ist. Wildromantisch gestaltet sich auch ein Spaziergang durch die Zeller-Ache, der für alle Altersgruppen geeignet und zu jeder Jahreszeit faszinierend ist.
Eine der größten gotischen Kirchen Österreichs ist die „Benediktiner Stiftskirche“ in Mondsee, die über eine prachtvolle Innenausstattung verfügt. Filmliebhabern ist sie bekannt, weil dort für das amerikanische Filmmusical „Sound of Music“ die Hochzeitsszene gefilmt wurde.
Besonders hübsch ist sie im Advent, wo die Basilika und das ehemalige Kloster den Rahmen für den traditionellen Christkindlmarkt bilden, bei dem Kunsthandwerk und kulinarische Köstlichkeiten angeboten werden.
Auch im Winter ist die Gegend ein reizvolles Urlaubsparadies, mit Skigebieten für Alpinskifahrer, Langlaufloipen, Pferdeschlittenfahrten und Eisstockschießen. Der Irrsee, der im Sommer so warm ist, friert im Winter oft zu und dann entsteht eine der größten Eislaufflächen Österreichs, auf der man sogar Eissegeln kann.
Der Mondsee wiederum hat im Winter eine andere Attraktion zu bieten: das traditionelle Christbaumtauchen kurz vor Weihnachten, bei dem sich Taucher und Dutzende Fackelschwimmer von den frostigen Temperaturen nicht abschrecken lassen, vor einem staunenden Publikum den Sprung in den See wagen und Christbäume aus dem Wasser holen. Mit diesem Brauch wird der Menschen gedacht, die im Wasser ums Leben kamen.

am Mondsee

KONDITOREI-CAFÉ FRAUENSCHUH

Es geht das Gerücht um, dass in Mondsee und Umgebung viele Leute mondsüchtig sind – und da ist etwas Wahres daran. Nur hat es nichts mit der Anziehungskraft unseres Erdtrabanten zu tun, sondern mit einer Spezialität aus dem „Konditorei-Café Frauenschuh" in Mondsee, nach der man tatsächlich süchtig werden könnte, so gut ist sie: Es handelt sich um das „Mondtörtchen", eine Kreation des Hauses, das bei Liebhabern von Mehlspeisen Kultstatus genießt.

Hans Frauenschuh, der das Handwerk in der weltberühmten „Konditorei Zauner" in Bad Ischl gelernt hat, war der Gründer des Betriebes, der heute von seiner Tochter Elisabeth und ihrem Mann Wolfgang Widlroither geführt wird und in dem seit dem ersten Tag ein Prinzip gilt: Beim „Frauenschuh" wird nur erstklassige Konditoreiware aus allerbesten Rohstoffen hergestellt, vom Plundergebäck über Strudel, Torte, Speiseeis oder Pralinen bis zum hervorragenden Weißbrot.

Auch den Mondtörtchen und dem Frauenschuh-Stollen, die zu den beliebtesten Süßspeisen gehören, merkt man bei jedem Bissen an, dass sie mit großem Können und vor allem mit viel Liebe hergestellt wurden. Und beim Topp-Produkt des Hauses, der „Frauenschuhtorte", geraten Kenner und Genießer überhaupt ins Schwärmen.

Was das Ehepaar Widlroither natürlich freut, weil sich beide nach Kräften bemühen, den Gästen das Beste zu bieten. „Man muss in unserem Beruf Begeisterung und Ideenreichtum mitbringen", sagt die Chefin. Und ihr Mann Wolfgang ergänzt: „Uns geht es darum, die urtypische österreichische Konditorei- und Kaffeehauskultur zu pflegen."

Das gelingt ihnen bestens, keine Frage. Ihr Café ist bei den Einheimischen so beliebt, das es bei einer Verabredung nur heißt: „Wir treffen uns beim Schuh!" – und jeder weiß, was gemeint ist. Auch den Gästen, die von auswärts kommen, merkt man die Zufriedenheit an. So betonten die „Cabrio Fans Salzburg" in einer Einladung zur gemeinsamen Ausfahrt: „Die Nachmittagsjause ist gesichert, ich habe bereits in der ‚Café-Konditorei Frauenschuh' in Mondsee, Marktplatz 8, für uns reserviert. Man kann dort herrliche Mehlspeisen oder Eis naschen und guten Kaffee trinken."

Gemütlich ist es in dem kleinen Schanigarten vor dem Lokal, der im Sommer eingerichtet wird, und auch innen, wo die Einrichtung geschmackvoll und das Personal freundlich ist. Dort gibt es auch kleine Im-

Konditorei-Café Frauenschuh

Marktplatz 8
A-5310 Mondsee

Telefon 00 43 (0) 62 32 / 23 12
Telefax 00 43 (0) 62 32 / 23 12

www.konditoreifrauenschuh.at

bisse wie köstliche Gerichte aus Eierschwammerln (Pfifferlinge), Suppen oder delikate Spaghetti-Kombinationen, die von Elisabeth Widlroither zubereitet werden. Auch das macht den Reiz des Konditorei-Cafés aus, das nicht nur die vielen Stammgäste schätzen, sondern auch Touristen, Künstler, Geschäftsleute und Politiker, die immer wieder gerne beim hübschen Haus auf dem Marktplatz vorbei schauen.

Frauenschuhtorte

Zutaten

Teig

7 Eiweiß
180 g Zucker
170 g Butter
120 g kandierte Orangenschalen
7 Eigelb
150 g geriebene Mandeln
150 g Biskuitbrösel
40 g Mehl
30 g Kakaopulver

Creme

1/2 l Milch
100 g Zucker
1 Vanilleschote
6 Eigelb
50 g Stärke
200 g Butter
3–4 cl Himbeergeist
50 g Himbeermarmelade
100 g Schokoladenglasur
14 Stk. Mandelsplitter

Zubereitung

Das Eiweiß mit dem Zucker steif schlagen. Butter mit den im Fleischwolf zerkleinerten Orangenschalen und dem Eigelb schaumig rühren, Eischnee unterheben. Die Masse mit den restlichen Zutaten zu einem glatten Teig verarbeiten. Daraus 6 Blätter im Durchmesser von 23 cm backen.
Die Milch mit Zucker und der Vanilleschote aufkochen, die Stärke mit einigen Esslöffeln Milch mischen, das Eigelb dazugeben, in die kochende Milch leeren, mit dem Schneebesen gut umrühren bis die Creme Blasen wirft. Die Butter schaumig rühren, die erkaltete Creme unterziehen, mit Himbeergeist abschmecken. Die Teigblätter mit der Creme bestreichen und zusammensetzen. Die Torte für zwei Stunden im Kühlschrank kühlen. Anschließend mit Himbeermarmelade einstreichen, auf ein Gitter setzen und mit Schokoladenglasur überziehen. Auf der noch flüssigen Glasur werden am Rand die Mandeln gleichmäßig aufgelegt.

HOTEL KRONE

„Gastlichkeit ist die Kunst, aus Gästen Freunde zu machen.“ Dieses schöne Zitat hat Familie Hütter aus Mondsee als Motto für das „Hotel Krone“ gewählt. Die große Zahl von Stammgästen zeigt, wie sehr die Bereitschaft honoriert wird, auf individuelle Gästewünsche einzugehen, die ruhig auch ausgefallen sein können. Im „Hotel Krone“ kann man, wenn nötig, auch um 4 Uhr nachts einchecken oder ein Mittagsmenü genießen, wenn andere schon zu ihrem Nachmittagskaffee ein Stück Kuchen essen.
Individualität wird in dem Hotel mit der hübschen Sonnenterrasse eben ganz groß geschrieben. So weist jedes Zimmer, dank der Ausstattung durch einen Tischler, seine eigene Note auf und das schätzen viele Stammgäste so sehr, dass sie nach Möglichkeit immer dasselbe Zimmer buchen. Die Wirtsleute hören oft den Satz: „Wir fühlen uns bei Ihnen sofort wie zu Hause, weil uns alles vertraut ist.“ Und bei der Zufriedenheit spielt auch die Tatsache eine wesentliche Rolle, dass alle 21 Zimmer des Hotels modernsten Komfort aufweisen, sie sind mit Dusche/Bad, WC, Fön, TV, Radio, Telefon, Internet und Safe ausgestattet. Für Wellness-Bewusste stehen im Haus eine gemütliche Sauna und ein Solarium zur Verfügung.
Qualität und die familiäre Atmosphäre sind Bausteine des Erfolges, ein weiterer Garant

Hotel Krone

Rainerstraße 1
A-5310 Mondsee

Telefon 00 43 (0) 62 32 / 22 36
Telefax 00 43 (0) 62 32 / 22 36 43

www.hotelkrone.org

für zufriedene Gäste ist das gut eingespielte Mitarbeiterteam: Im Hotel gibt es keine starre Aufgabenverteilung, jeder packt dort an, wo er gerade gebraucht wird. Das klappt deswegen so gut, weil die Mitarbeiter durch das gute Betriebsklima hoch motiviert und die wesentlichen Stützen des Betriebes schon seit vielen Jahren im „Hotel Krone" beschäftigt sind. So ist Christian Simeoni, der Chefkoch des Hauses, schon mehr als 22 Jahre im Betrieb tätig. Seine Kochkünste werden von den Hotelgästen gerühmt, die sich zwischen Halbpension und à la carte entscheiden können, sie sind auch der Grund dafür, dass viele Einheimische gerne in das Restaurant des Hotels kommen und es sich dort herzhaft schmecken lassen. Die regionalen und internationalen Spezialitäten aus Küche und Keller finden so viel Anklang, dass sich sogar umliegende Firmen das Essen für ihre Mitarbeiter in den Betrieb liefern lassen. Etliche Unternehmen veranstalten im Hotel Betriebsfeiern, für die das „Krone"-Team appetitliche Festtags- oder Themenbuffets zusammenstellt. Sehr oft ist das Haus auch Schauplatz von Hochzeitsfeiern, bei denen die Gesellschaft durchaus größer sein kann, denn das Lokal ist für bis zu 200 Personen geeignet, die dann vorzüglich bewirtet werden. Und wenn bei einem Fest die Stimmung so ausgelassen ist, dass der eine oder andere gar nicht nach Hause gehen will? „Kein Problem", lacht der Wirt, „dann richten wir schnell ein Zimmer her und er bleibt die Nacht über im Hotel!"
Ganz klar: Auf individuelle Kundenwünsche geht man im „Hotel Krone" eben gerne ein, das gehört zur besonderen Note des Hauses.

Topfenknödel mit Zwetschkenröster

Zutaten
Für den Topfenknödel
750 g Butter
2 Eier
250 g Butterbrösel
etwas Zitronensaft
Vanillezucker
250 g Topfen
150 g Grieß

Für den Zwetschkenröster
500 g Zwetschken, entkernt
1 Zimtstange
etwas Rum
80 g Zucker
1/8 l Wasser
1 EL Maizena (Maisstärke)

Zubereitung
Für den Topfenknödel die Butter schaumig rührig und die Eier, Zitronensaft und den Vanillezucker nacheinander beigeben. Gut weiterrühren bis die Masse schön flaumig ist. Danach den Topfen und anschließend den Grieß einmengen und die Masse zugedeckt 5 Stunden rasten lassen.
Dann die Knödel formen und in Salzwasser leicht köcheln lassen, anschließend in Butterbröseln schwenken.
Für den Zwetschkenröster die entkernten Zwetschken mit der Zimtstange, dem Rum, Zucker und Wasser 20 Minuten leicht köcheln lassen. 1 EL Maizena in kalter Flüssigkeit anrühren und damit den Zwetschkenröster binden. Zusammen mit den Topfenknödeln sofort servieren.

ATELIER ROSENLECHNER – STAMMBAUMMALER

Atelier Franz & Regina Rosenlechner
„Die Stammbaummaler"

Großenschwandt 35
A-4882 Oberwang

Telefon 00 43 (0) 62 33 / 85 53
Telefax 00 43 (0) 62 33 / 2 00 43

www.stammbaum-rosenlechner.at

„Ideen muss man haben, dann hat man auch Erfolg!" Diese alte Lebensweisheit bestätigt der Blick auf die Lebensgeschichte des Oberösterreichers Franz Rosenlechner. Er musste 1988 gesundheitsbedingt seinen Job aufgeben, ließ sich aber vom Schicksal nicht unterkriegen, sondern wurde aktiv, kaufte sich einen Computer und begann damit zu experimentieren.

Eines Tages war dann die Königsidee da: Rosenlechner fertigte am PC einen Stammbaum seiner eigenen Familie an, zeigte ihn Verwandten und Bekannten und war selbst überrascht, wie groß die Zustimmung dafür und das Interesse daran waren. Daraus entstand die Überlegung, Stammbäume für Auftraggeber professionell herzustellen und nach einigen Vorarbeiten war es so weit, dass Rosenlechner seinen Plan öffentlich machte und die ersten Kunden gewann.

Das ist mehr als 15 Jahre her, inzwischen füllt die Geschichte seines Erfolges ein ganzes Buch und zwar buchstäblich: Zur 15-Jahr-Feier erschien ein Band, in dem der Stammbaumzeichner auf 250 Seiten die Entwicklung seines Unternehmens beschreibt. Die Buchpräsentation im Festsaal im Schloss Mondsee war ein voller Erfolg, viele Freunde und zufriedene Kunden kamen, um zu gratulieren.

An diesem Erfolg hat Rosenlechners Gattin Regina großen Anteil, weil sie die künstlerische Gestaltung besorgt – und die ist bei Stammbäumen keineswegs einfach. Noch dazu, wo das Angebot heute sehr umfangreich ist. Viele Leute staunen, wenn ihnen das Ehepaar erzählt, wie viele verschiedene Darstellungsmöglichkeiten es gibt: Stammbaum, Ahnentafel, Doppel-Ahnentafel, Stammtafel, Erbhoftafel, Erblinienstammbaum, Haus- oder Hofchronik, Namenslinienstammbaum, Kombinationstafeln, Belegschafts-Tafeln, Kunstdruck-Ahnentafeln, Wappen, Urkunden – und die Liste ließe sich noch weiter fortsetzen.

Jedes der Familiendokumente wird natürlich individuell angefertigt. Stammbäume können in vielen Variationen dargestellt werden, zum Beispiel in Eiche, Buche, Eberesche, Esche, als blühender oder mit Früchten behängter Obstbaum, oder auch in Erle, Nussbaum und Kastanie.

Jeder Stammbaum ist ein Kunstwerk, das die Gestalter vor beachtliche Herausforderungen stellt. Ausgehend von einem Stammelternpaar werden die Nachkommen in einer Linie aufgezeichnet und auch Seitenlinien berücksichtigt.

Selbst eine Stammbaum-Aufstellung, die womöglich 15 oder mehr Generationen weit zurückreicht oder wo mehrere hunderte Personeneinträge vorzunehmen sind, werden im „Atelier Rosenlechner“ angefertigt.

Das gilt auch für eine Ahnentafel, die von einer Person aus in Richtung Vergangenheit führt, zu den Eltern, Großeltern, Urgroßeltern, Ururgroßeltern usw. In jeder Reihe verdoppelt sich dabei die Anzahl der Personen. In der dritten Generation sind es vier Vorfahren, die angeführt werden, in der 15. Generation wären es bereits 32 767 Ahnen – aber so viele wurden bisher noch auf keiner Ahnentafel verewigt.

Wenn Regina und Franz Rosenlechner von ihren Auftraggebern die notwendigen Daten erhalten haben, beginnt die Arbeit. Der Stammbaum wird mit Aquarell-Tusche-Technik auf einen hochwertigen Karton gemalt, der auf eine Platte gepresst wird. Das Gemälde wird versiegelt und kann mit oder ohne Glas angebracht werden. Die Gestaltung ist individuell, ein Stammbaum kann auf Wunsch so groß sein, dass er sogar als Wandverbau dient.

Weil das Ehepaar Wert auf beste Qualität legt – die beiden haben schließlich beste Erfahrungen mit der Mundpropaganda, die ihre Produkte bekannt machten – lassen sie sich bei der Arbeit Zeit. Es dauert drei bis vier Monate, bis der Stammbaum fertig ist, aber die Kunden – Privatpersonen, in zunehmendem Ausmaß auch Firmen – nehmen die Wartezeit gerne in Kauf. Schließlich bekommen sie dafür hochwertige Unikate und ein Stück künstlerisch kultivierter Erinnerung.

Mit rund 47 Quadratkilometern Wasseroberfläche und 172 Metern Tiefe ist der Attersee der größte See des Salzkammerguts und ein El Dorado für Wassersportler. Surfer und Segler kommen dort voll auf ihre Kosten, Wasserski, Parasailing und Fahrten mit dem Motorboot vermitteln im Urlaub einen Hauch von Abenteuer und Spannung.
Rund um den See sind Erlebnis- bzw. Strandbäder mit Attraktionen wie Riesenwasserrutsche, Wildwasserkanal, Geysir, Massagedüsen, Wasserfall, Dampfbad, Sprungturm und Kinderspielplatz errichtet worden, das macht das Gebiet ideal für einen Familienurlaub. Eltern, die mit ihren Kindern am Attersee Ferien machen, haben viele Möglichkeiten, die Kleinen so zu beschäftigen, dass ihnen nicht langweilig wird. Der beste Tipp ist, den „Märchenwanderweg" in Unteracht zu besuchen. Dort kann man das Rotkäppchen beim Besuch der Großmutter begleiten, mit Schneewittchen und den sieben Zwergen gemeinsam an einem Tisch sitzen oder Frau Holle beim Schütteln ihres Kissens beobachten.
Besinnlicher geht es am Glücksplatz „Fünf-Kirchen-Platz" in Attersee-Abtsdorf zu. Am

Aussichtspunkt stehen Bäume und Sträucher wie Esche, Ahorn und Holunder, die ein Gefühl der Geborgenheit vermitteln, während der Blick auf fünf Kirchen – Attersee, Schörfling, Weyregg, Abtsdorf und Kronberg – fällt. Dem Zauber des Platzes kann sich kaum jemand entziehen.

Die Gegend hat einen mystischen Reiz, das werden auch die großen Künstler so empfunden haben, die dort gelebt haben, wie Gustav Klimt oder Gustav Mahler, deren Spuren rund um den See nicht zu übersehen sind. Dazu zählen zum Beispiel Mahlers „Komponierhäuschen" und Klimts Villa am See.

Romantisch ist auch der Winter, vor allem der Advent mit der Krippe in Nußdorf, wo lebensgroße Figuren aufgestellt sind und der Engel vom Straßenrand den Besuchern den Weg zur Krippe weist.

Kulinarisch ist der Attersee zu allen Jahreszeiten eine Attraktion, mit einem deftigen Reindlrostbraten vom Bauern, dem frischen Fisch aus dem See oder einer verführerischen Mehlspeise.

Litzlberg, Attersee

SEEHOTEL ZUM GOLDENEN ANKER

Unterach am südlichen Ende des Attersees wurde im vorigen Jahrhundert oft „Klein Venedig“ genannt. Warum das so war, weiß man heute nicht mehr genau, vielleicht hängt es damit zusammen, dass im Ortsgebiet vor langer Zeit Häuser über dem Wasser gebaut wurden, so wie in der berühmten Lagunenstadt. Heute ist Unterach ein romantisches Ziel für Urlauber, die das Besondere suchen.

Mit einer solchen Besonderheit kann das „Seehotel zum Goldenen Anker“ aufwarten: Es ist direkt am Schiffsanlegeplatz und an der „Marina“ gelegen, wo zehn Boote gleichzeitig anlegen können – und das erinnert tatsächlich an Venedig, weil auch dort Boote alltägliche Verkehrsmittel sind.

Viele Leute kommen mit dem Segel- oder Elektroboot zum Hotel, weil die Küche des Hauses weithin gerühmt wird. Es gibt sowohl österreichische Hausmannskost als auch internationale, besonders mediterrane Küche. Sehr beliebt sind die Fischspezialitäten, sowohl die Süßwasserfische aus dem Attersee als auch die Meeresfische und -früchte, die sich unter den kunstvollen Händen des Kochs in raffinierte Gerichte verwandeln, die ausgezeichnet schmecken und auch höchst appetitlich anzusehen sind.

Unter den Tagesgästen, die sich im Restaurant kulinarisch verwöhnen lassen, sind viele Wanderer und Radfahrer und auch Kunstliebhaber, denn hinter dem Hotel liegt der Klimtplatz und dort steht die einzige Büste,

Seehotel zum Goldenen Anker

Hauptplatz 2
A-4866 Unterach

Telefon 00 43 (0) 76 65 / 83 90
Telefax 00 43 (0) 76 65 / 83 90 40

www.seehotel-anker.at

die es von dem berühmten Maler Gustav Klimt in Österreich gibt. Sie ist ein beliebtes Motiv für Maler, die sich für ihren künstlerischen Eifer gerne mit einem vorzüglichen Essen belohnen.

Gespeist wird in der Gaststube, die im rustikalen Stil wie eine Schifferstube eingerichtet ist, im modernen Wintergarten oder auf der Seeterrasse, wo die Gäste den See unmittelbar zu Füßen liegen haben. Familie Lötsch hat das Haus vor mehr als einem Jahrzehnt übernommen und Schritt für Schritt ausgebaut. Alle Zimmer sind mit „Team 7" Bio-Möbeln ausgestattet und verfügen über Bad/Dusche/WC und TV, die meisten haben einen Balkon und bieten einen herrlichen Blick auf den See. Auf Wunsch kann Verpflegung von Frühstück über Halbpension bis hin zur Vollpension mitgebucht werden. Im ganzen Hotel und auch in den Gästezimmern finden sich echte Ölbilder und Aquarelle. Die Vernissagen gehören zum Kulturprogramm, ein Aufenthalt im „Seehotel zum Goldenen Anker" wird damit gleichzeitig zum Kultururlaub und zur Erholung, welche die Gäste in vollen Zügen genießen.

Vom Hotel aus kommt man direkt, ohne Umweg über das Restaurant, zum See, den Gästen steht eine eigene Liegefläche zur Verfügung, die Lötsch angelegt hat. Der Wellness-Bereich wird weiter ausgebaut, sodass man nach der Sauna zur Abkühlung direkt in den See springen kann. Dazu organisiert das Hotel auf Wunsch Ausflüge – langweilig wird es jedenfalls nie.

Das wissen vor allem die Stammgäste, von denen viele ihre fixen Zimmer buchen, in denen sie – auch das ein Spezialservice – mit einem Kocher kostenlos Tee und Kaffee zubereiten können. Sie und auch Neuankömmlinge freuen sich über die legere und trotzdem niveauvolle Atmosphäre und bedauern nur eines: dass das Hotel nur von April bis Ende Oktober geöffnet hat.

Frittierte Seeteufelfilets umhüllt von knusprigen Kartoffelchips mit Sauerrahm-Kräuter-Soße an ersten Frühlingssalaten

(Für 5 Personen)

Zutaten

Für die Seeteufelfilets
300 g Steinbuttfilet
2 Stk. Kartoffeln à 100 g
250 ml Öl zum Frittieren, Salz

Salat und Marinade

15 g Friséesalat, 15 g Radicchio
15 g Chicorée, 15 g Vogerlsalat
1/2 Zitrone (Saft), 3 El Olivenöl
2 g Kristallzucker, Salz, Pfeffer

Für die Soße

150 g Sauerrahm, 15 g Mayonnaise
3 El Obers, 1/2 Zitrone (Saft)
1 Msp. Sardellenpaste
1/2 Zehe Knoblauch à 2 g
je 1 TL Dill und Kresse à 2 g
etwas Dill und Kresse

Zubereitung

Kartoffeln waschen, in dünne Scheiben schneiden, im Abstand von ca. 1 cm einige Male einschneiden. Die enthäuteten Steinbuttfilets der Länge nach in 10 gleich lange Streifen schneiden, mit Salz würzen. Die Steinbuttstreifen in die rohen Kartoffeln einflechten.

Salate waschen, abtropfen lassen, für die Marinade Olivenöl, Zitronensaft, Zucker, Salz und Pfeffer vermengen. Für die Sauce alle Zutaten miteinander vermengen. Das Öl erhitzen, zwischenzeitlich die Salate marinieren. Die Steinbuttchips in dem heißen Öl kurz frittieren, währenddessen fünf gleiche Salatbuketts auf den Teller anrichten. Die fertigen Steinbuttchips aus dem Öl nehmen, auf Küchenkrepp abtropfen lassen und je zwei Stück auf den Salaten anrichten. Die Soße in fünf Schüsselchen verteilen und neben den Salaten auf die Teller platzieren. Das Gericht mit Dill und Kresse garnieren.

HABERL MASSIVHOLZTÜREN

Woran denken Sie, wenn Sie die Namen Nussdorf, Schörfling, Seewalchen hören? Für eingefleischte Salzkammergutkenner eine simple Frage: an den Attersee, schließlich sind das die Ortsnamen von Gemeinden rund um den See. Experten für Hausbau und Möbel haben freilich eine andere Interpretation zur Hand: Sie wissen, dass mit diesen und ähnlichen Bezeichnungen verschiedene Modelle von „Haberl-Massivholztüren" gemeint sind. Schon 1850 wurden in der Tischlerei „Haberl" in Nussdorf Massivholzarbeiten in liebevoller Handarbeit angefertigt, der Betrieb hat also große Tradition. Seit diesen Anfangszeiten hat sich selbstverständlich vieles verändert, die Werkstätte ist größer geworden, die Technik hat Einzug gehalten. Eines jedoch ist gleich geblieben: Die Liebe zum Handwerk und das Bemühen um höchste Qualität. Karin Haberl: „Für die Zukunft haben wir uns vorgenommen, unserem Weg treu zu bleiben. Gleichzeitig wollen wir die Entwicklung stetig vorantreiben. Gemeinsam mit unseren Kindern, Mitarbeitern, Lieferanten und Kunden wollen wir eine Zusammenarbeit anstreben, die von Vertrauen und Harmonie geprägt ist und wirkliche Lebensqualität schafft."
Türen von Haberl sind zum Markenzeichen geworden. Sie sind mehr als ein reiner Gebrauchsgegenstand, sie verbinden außen mit innen und haben Symbolkraft. Türen verber-

Haberl Massivholztüren

A-4865 Nussdorf

Telefon 00 43 (0) 76 66 / 80 62

www.haberltueren.at

gen einerseits das, was sich hinter ihnen befindet, andererseits sind sie als Haustüren die Visitenkarten des Hauses. Und sie sind immer die „ersten“, mit denen man in Berührung kommt, wenn man einen Raum betritt. Die neuen Wildholztüren und -möbel von „Haberl“ sind die neuesten Errungenschaften. Jede Türe oder jedes Möbelstück ist einzigartig und schafft Atmosphäre, die man sehen und auch spüren kann. Um den Charakter der Hölzer perfekt einzufangen und gleichzeitig ihre lange Haltbarkeit zu garantieren, sind viele spezielle Arbeitsschritte notwendig – und am Ende dieses Prozesses entstehen Produkte, die alle für sich Unikate sind.

Der Herstellungsprozess beginnt mit der sorgfältigen Auswahl des Holzes. Dabei ist es möglich, ja notwendig, Bäume mit Charakter auszusuchen. Je verwachsener und unregelmäßiger der Baum groß geworden ist, desto mehr Spuren hat die Natur hinterlassen. In der Tischlerei wird versucht, diesem gewachsenen Kunstwerk den notwendigen Rahmen zu geben. Der Baum wird zum richtigen Zeitpunkt gefällt, dann bekommt das Holz die notwendige Zeit, um an der Luft zu trocknen. Erst kurz vor der Verarbeitung kommt es

in die Trockenkammer. Dann wird es in „Schwarteln“ aufgespalten, sortiert und zu mehrschichtigen Platten verleimt. In der Werkstatt werden die rohen Platten auf das Endformat beschnitten, geschliffen und in vielen Arbeitsgängen zu fertigen Wildholztüren weiterverarbeitet. Karin Haberl: „Wildholztüren sind eine Liebeserklärung an die Natur: Wir nützen dabei neben allen gängigen auch schon fast in Vergessenheit geratene Hölzer. Und wir bemühen uns, diese möglichst natürlich und ‚ungezähmt‘ zu verarbeiten – mit Wurzel und Stamm, Krone und Ästen. Die Individualität unserer Kunden und der Charakter des Baumes bestimmen gemeinsam die vielfältigen Einbaumöglichkeiten, einzigartige Wohnbereiche, unverwechselbare Büroräume und ausdrucksstarke Shops.“

Franz Haberl, der Inhaber der Firma, ergänzt: „Sich für die Träume unserer Kunden zu engagieren, ist der stärkste Ansporn unserer Arbeit. Gemeinsam Traum für Traum mit Leben zu füllen, ist eine wunderbare Art und Weise, für einander zu arbeiten und miteinander zu leben.“ Das Ergebnis der Bemühungen kann sich sehen lassen: schönstes Handwerk und raffinierte Technik, verpackt in eine umwerfend klare Formsprache – diese Zutaten überzeugen und bestätigen den Slogan des Unternehmens: Haberl freut sich „viele“ Wohn(t)räume verwirklichen zu können.

GASTHOF-PENSION HABERL

Ob Erholungs- oder Arbeitsurlaub – der Aufenthalt in der „Pension Haberl" in Nußdorf am Attersee ist in jedem Fall ein Vergnügen. Dafür sorgen die Wirtsleute Cornelia und Alfred Haberl, die in dem traditionsreichen Haus die typische Gastfreundschaft des Salzkammerguts mit den Annehmlichkeiten eines modernen Hotelbetriebes verbinden. Dass dieses Konzept richtig ist, beweisen die vielen zufriedenen Stammgäste, die alljährlich gerne in das an einem Sonnenhang gelegene Haus direkt am See kommen.

Die Gäste genießen den Komfort in den 30 Zimmern, von denen aus sie einen herrlichen Blick auf die vielfältige Landschaft rund um den Attersee haben, sie schätzen den eigenen Badestrand mit dem Blick auf das Höllengebirge und auch die einladenden Freizeiteinrichtungen.

Manche kommen nicht nur zum Vergnügen nach Nußdorf, sondern sind dort Teilnehmer an Tagungen und Seminaren, auf die der Familienbetrieb sehr gut eingerichtet ist. Die notwendige Technik steht selbstverständlich zur Verfügung und wird auf die jeweiligen Bedürfnisse abgestimmt. Wenn die Köpfe rauchen sind Pausen zwischendurch angesagt, in denen die Teilnehmer auf der mit Blumen geschmückten Terrasse, dem neu errichteten Panoramaanbau, in der Sauna oder am Badestrand neue Energie auftanken. Ein eigenes, besonders schmackhaftes Kapitel in der Geschichte des Hauses, das seit mehr als 30 Jahren ein Garant für gute Gastlichkeit ist, ist die Küche, in der Cornelia

Gasthof-Pension Haberl

Altenberg 17
A-4865 Nußdorf

Telefon 00 43 (0) 76 66 / 81 14
Telefax 00 43 (0) 76 66 / 81 14 44

www.haberl-attersee.at

Haberl für das Wohlbefinden ihrer Gäste sorgt. Favoriten in der Feinschmeckerkunst sind die fangfrischen Atterseefische Reinanken, Saiblinge und Hechte, die direkt aus dem See mit seiner einzigartigen Trinkwasserqualität kommen, sehr begehrt ist aber auch die bürgerliche Küche mit Wiener Schnitzel, Cordon bleu, gebackener oder gerösteter Leber, einem Zwiebelrostbraten oder dem legendären Kaiserschmarrn.
Die Frische und Qualität der Produkte, die zum Teil aus der eigenen Landwirtschaft kommen, sind Markenzeichen des Hauses, ebenso die geschmackvoll eingerichteten Speiseräume mit dem eindrucksvollen Ausblick auf die Umgebung oder die gemütliche „Gute Stube". Besonders gut schmeckt es auf der Blumenterrasse mit ihren 20 Tischen und viele Gäste speisen auch gerne direkt am Badestrand, wenn Alfred Haberl dort einen Grillabend organisiert. Zum vorzüglichen Essen gibt es einen guten Schluck aus dem bestens sortierten Weinkeller und zum krönenden Abschluss selbst gebrannte Schnäpse wie Birne, Zwetschke oder Apfel, die aus Obst aus dem eigenen Garten hergestellt werden.

Die „Pension Haberl" freut sich übrigens auch über vierbeinige Gäste: Haustiere sind willkommen und tragen einen Teil zur gemütlichen Atmosphäre bei, die das ganze Haus durchdringt.

Atterseer Reinanke mit Petersilienkartoffeln und Salat

Zutaten

4 fangfrische Reinanken à 300 g
1 Zitrone
Salz, Pfeffer
fein gemahlene Semmelbrösel
Bratfett
Kartoffeln für vier Personen
frische Petersilie

Zubereitung

Die Reinanken mit Zitrone, Salz und Pfeffer würzen. In den feingemahlenen Semmelbröseln wenden und in heißem Fett auf beiden Seiten braten.
Tipp: der Fisch muss am Rückgrat ein wenig glasig sein, sonst wird er trocken.
Die Reinanken auf je einem ovalen Teller anrichten. Über die Reinanken etwas braune Butter oder Knoblauchbutter geben.
Als Beilage Petersilienkartoffeln und einen gemischten Salat der Saison reichen.

GOLLHAMMER KERAMIK

Gollhammer Keramik GmbH

Kapellenweg 7
A-4863 Seewalchen

Telefon 00 43 (0) 76 62 / 2 24 66
Telefax 00 43 (0) 76 62 / 2 24 66 66

www.gollhammer.at

Das Salzkammergut war immer eine Heimstätte für hervorragende Vertreter der Ton-Kunst. Gemeint sind nicht die Komponisten und Musiker, sondern jene Leute, die mit großem handwerklichem Geschick und künstlerischem Spürsinn nützliche und dekorative Stücke aus Ton, Wasser und Farben herstellten, Keramikwaren, die Weltruf erlangten. Einer von ihnen war am Beginn des 20. Jahrhunderts der Oberösterreicher Franz Gollhammer, der 1919 die „Vöcklabrucker Tonwaren Ges.m.b.H." gründete. Aus ihr wurde im Lauf der Jahre die bekannte „Gollhammer Keramik", deren Erzeugnisse heute Kunden in aller Welt überzeugen.
Seit dem Frühjahr 2007 ist das Unternehmen in einen liebevoll revitalisierten Gutshof im Ortskern von Seewalchen am Attersee übersiedelt. Der eindrucksvolle Hof bildet das ideale Ambiente dafür, die Produktion vom Ton bis zum Bemalen, Glasieren und Brennen der Keramiken mitzuerleben. Die Manufaktur bietet Hobbykeramikmalern neben Töpfer- und Malkursen auch die Möglichkeit, Rohware und Malartikel zu kaufen und die eigenen Kreationen zum Brennen nach Seewalchen zu bringen.
Das ist zweifellos verlockend, die meisten Kunden entscheiden sich aber für ein Stück oder eine Modellserie, die von den Ton-Künstlern im Haus „Gollhammer" erzeugt werden. Das hat gute Gründe, denn man spürt an jedem einzelnen Exemplar die Philosophie des Unternehmens: „Wir vermitteln Werte und möchten mit unserer Keramik ein Stückchen Kultur, Heimatverbundenheit und Wertebewusstsein vermitteln." Traditionell geschieht das nicht nur in Österreich, denn „Gollhammer" lieferte schon in den 70er-Jahren des vorigen Jahrhunderts,

als das Produktionsprogramm an die 850 verschiedene keramische Artikel umfasste, Waren in alle Welt. Zielländer waren Angola, Arabien, Australien, die BRD, Kanada, England, Finnland, Frankreich, Italien, Japan, Kenia, Luxemburg, Norwegen, die Philippinen, Portugal, Schweden, die Schweiz, Singapur, Südafrika, Syrien, die USA und Venezuela.
Kein Wunder, dass die wunderschönen Stücke aus Oberösterreich auch begehrte Sammlerobjekte wurden. Kenner wissen, wie sie ein Exemplar einschätzen: Sie drehen das gute Stück um und kontrollieren die Bodenmarke. Steht dort die Inschrift „Erste Vöcklabrucker Tonwaren Ges.m.b.H." wissen Experten, dass es sich um ein Erzeugnis aus den Jahren vor 1926 handelt, denn damals wurde das Unternehmen in „F. Gollhammer & Co." umbenannt, die Erzeugnisse wurden danach mit dieser Bezeichnung signiert.
In den Jahrzehnten, die seit diesen Anfängen verstrichen sind, entstanden in gediegener Handarbeit unzählige Gebrauchsgegenstände in attraktiven Formen und Dekoren – jedes für sich ein Unikat. Ob als Weißware oder farbenfroh verziert, ob Essgeschirr, Kaffeeservice oder stilvolle Blumenvase: Jedes Stück wird in Handarbeit gefertigt und ist ein Unikat. Die Namen der Kollektionen zeigen, dass es sich um ein betont österreichisches Unternehmen handelt, das seinen Schwerpunkt in der Region hat: Ein Produkt nennt sich schlicht „Salzkammergut" andere Kollektionen tragen so klingende Namen wie „Ausseerland", „Grundlsee", „Attersee", „Donau", „Kitzbühel" oder „Weissensee".
Das Produktionsprogramm des Unternehmens und die Auswahl an Formen und Dekoren sind so umfangreich und vielseitig, dass sich für jeden Anlass passende Modelle finden, für Weihnachten, Ostern, Muttertag oder Allerheiligen ebenso wie für Hochzeiten, bei denen Keramikwaren für Küche,

Wohnzimmer oder Bad besonders beliebte Geschenke sind. Eine eigene Gollhammer-Serie mit der Bezeichnung „Hubertus" begeistert naturgemäß besonders Freunde der Jagd, die als Dekor zwischen Motiven wie Hirsch, Gams oder Fisch wählen können. Die Keramikmanufaktur erzeugt auch Sporttrophäen, welche unter anderem bei den Segelclubs aus der Region als Trophäen beliebt

sind und auf Wunsch individuell für jeden Anlass angefertigt werden. Ähnliches gilt für sakrale Kunstwerke aus Ton, die in vielen privaten Haushalten zu finden sind. Bei den Kunden begehrt sind auch die Keramikwaren für den Garten, besonders die kunstvoll bemalten Rosenkugeln, die von der mühevoll gezogenen Pflanzen- und Blütenpracht negative Einflüsse abhalten sollen.
Wenn Käufer Sonderwünsche haben werden sie selbstverständlich erfüllt. Grundsätzlich ist es zum Beispiel möglich, Fotos oder Firmenlogos auf einen Becher, Pokal oder Krug zu kleben und das Gefäß dann zu brennen.

Die bevorzugte Methode ist jedoch, Vorlagen wie zum Beispiel Familienwappen oder Initialen mit der Hand abzumalen und dann die Tonform in den Brennofen zu stellen.
Die edle Schönheit der Keramikwaren hängt mit der besonders sorgfältigen Form der Herstellung zusammen, die noch dazu sehr umweltfreundlich ist. Natürliche Rohstoffe – Ton, Wasser und Farbe – werden in einer Geheimrezeptur aufbereitet, die über Generationen hinweg weitergegeben wurde. Die umweltfreundlichen Farben und Glasuren ergeben zusammen mit der einzigartigen Tonmasse in gebranntem Zustand ein äußerst widerstandsfähiges Keramikprodukt, welches im Fall des Falles ohne schädliche Rückstände entsorgt oder wiederverwertet werden kann.
Die Rezeptur der Tonmischung und Glasur ist einmalig, das eigentliche Herstellungsverfahren hat sich aber grundlegend geändert und ist mit der ursprünglichen Methode nicht mehr vergleichbar. Heutzutage werden die einzelnen Stücke zwei Mal bei rund 1060 Grad Celsius gebrannt, dass verschafft der fertigen Keramik eine Qualität, die nicht mehr weit entfernt von jener des Porzellans ist. Somit gewann die Keramik über die Jahre stark an Haptik – also an der quasisinnlichen Freude, sie zu berühren – und machte sie auch wesentlich robuster als früher. Geschirr aus dem Hause „Gollhammer" verfügt über eine hohe Bruchfestigkeit und ist spülmaschinentauglich. Die modernen Spülmittel sind allerdings so aggressiv, dass sie im Lauf der Jahre dem Glanz der hochwertigen Tonware zusetzen können. Doch auch hier bietet „Gollhammer" einen besonderen Kundenservice: Auf Wunsch wird stark beanspruchte, oder seit Jahrzehnten genutzte Keramik neu glasiert. Das Resultat ist nur schwerlich von Neuware zu unterscheiden.
Neben dem Vertrieb auf dem Aichergut, dem Firmensitz, kann man „Gollhammer Keramik" auch in ausgewählten Fachgeschäften in Süddeutschland, Italien, der Schweiz, den USA und natürlich Österreich beziehen. Es ist und bleibt dem Unternehmen ein großes Anliegen, trotz der betonten Heimatverbundenheit auch trittsicher auf dem internationalen Parkett zu bestehen.

GENIESSERHOTEL RESIDENZ HÄUPL

Genießerhotel Residenz Häupl

Hauptstraße 20
A-4863 Seewalchen

Telefon 00 43 (0) 76 62 / 6 36 30
Telefax 00 43 (0) 76 62 / 63 63 63

www.residenz-haeupl.at

Am Attersee, in der ganzen Umgebung und weit darüber hinaus, ist „der Häupl" als eines der schönsten Hotels im Salzkammergut bekannt. Offiziell heißt das traditionsreiche Haus „Genießerhotel Residenz Häupl" und dieser Name ist sowohl Markenzeichen als auch die kürzest mögliche Zusammenfassung der Philosophie des Hauses.
Unter der Marke „Genießerhotel" haben sich Betriebe der obersten Kategorien aus Österreich, Südtirol und der Schweiz zusammengetan, die besonderen Wert auf Qualität legen. Sie versprechen den Gästen außergewöhnliche kulinarische Erlebnisse, einen entsprechend erstklassig sortierten Weinkeller und eine Atmosphäre behaglichen Genießens.
In der „Residenz Häupl" löst das Hauben-Restaurant dieses kulinarische Versprechen in jeglicher Hinsicht ein. Der Leitspruch, den

Küchenchef Albert Geißhüttner und sein Team gewählt haben, stammt von Winston Churchill und ist ebenso schlicht wie überzeugend: „Man soll dem Leib etwas Gutes bieten, damit die Seele Lust hat, darin zu wohnen." So gesehen kann die Seele beim „Häupl" jubeln, denn dort gibt es regionale und saisonale Schmankerln, dazu internationale Gerichte und vegetarische leichte Speisen. Dazu stehen immer wieder auch Events wie Wild-, Enten- oder Gansl-Wochen und Ähnliches auf dem Programm. Die frischen Produkte – vor allem natürlich die Fische aus dem glasklaren Attersee – kommen von den besten Lieferanten aus der Umgebung.

Für die Kreationen des Meisterkochs sollte man sich Zeit nehmen. Am besten genießt man sie an einem schönen Sonnentag auf der großen Terrasse des Hauses, die einen herrlichen Blick über den See bietet – dann werden bei der Mahlzeit alle Sinne gleichzeitig angesprochen. Dazu noch ein gutes Glas Wein aus der Weinkarte der „Residenz Häupl", die zu den besten im oberösterreichischen Seengebiet zählt, da bleibt kein kulinarischer Wunsch offen.

In Zukunft wird das Geschmacksfestival sogar noch ausgeweitet, denn die „Residenz Häupl" hat Ausbaupläne. Zu dem bestehenden Restaurant, das dank seines guten Rufes viele Stammgäste aus der Umgebung und Urlauber aus mehreren Ländern bewirtet, kommen noch ein Gourmet-Exklusivrestaurant für besonders verwöhnte Gaumen und ein Wirtshaus, in dem die berühmte Wirtshauskultur des Salzkammergutes gepflegt wird.

Die erlesene Kochkunst hat in dem Haus große Tradition, denn die Wirtsdynastie der Häupls, die Mitte des 19. Jahrhunderts begonnen hat, war immer um Qualität und Originalität bemüht. Ingrid Häupl, die letzte Häupl-Wirtin, war als Mitbegründerin der feinen österreichischen Küche weit über die Region hinaus bekannt, kochte in berühmten Hotels in Deutschland und in den USA auf und zeigte ihr Können auch im Fernsehen. Im Jahr 2002 hat die Familie Häupl das Haus an die Brüder Thomas und Rainer Rumplmayr verkauft, deren Bestreben es war und ist, die Tradition des Hauses fortleben zu lassen und gleichzeitig neue Wege zu erschließen, um den Gast noch mehr zu verwöhnen.

Diese schwierige Aufgabe wurde bald nach der Übernahme mit einem großzügigen Aus- und Umbau mustergültig erledigt. Das einstige „Gasthaus mit Fremdenzimmern" wurde damit endgültig zu einem attraktiven 4-Sterne-Komforthotel am Sonnenufer des Attersees, in dem man sich dank der familiären Atmosphäre, der perfekten Betreuung

GENIESSERHOTEL RESIDENZ HÄUPL

und der vielen Extras rundum wohlfühlt. Insgesamt stehen in dem Haus am See 35 Doppelzimmer, eine „Attersee-Suite" und eine „Whirlpool-Suite" zur Verfügung. Zudem ist die „Residenz Häupl" ein professionelles Tagungshotel mit drei Tagungsräumen, in denen bis zu 30 Personen konferieren können. Die Ausstattung inklusive natürlicher oder künstlicher Lichtflut und Beschattungs- bzw. Verdunklungseinrichtung ermöglicht konzentriertes Arbeiten, in den Pausen zwischendurch weckt ein Blick auf die Traumlandschaft rund um das Hotel die ermüdeten Lebensgeister.
Ermunternd ist auch das Erholungs- und Entspannungsangebot für alle Gäste, das mit einigen Besonderheiten gespickt ist. Im Haus selbst gibt es eine behagliche Wellness-Oase mit Saunastube, Dampfbad, Caldarium, Solarium, Gymnastik- und Ruheraum. Die Gäste können am hauseigenen Badestrand träumen und die Gelegenheit zu einem Sprung in den erfrischenden See nützen. Wer das verführerische Ambiente vom See aus erleben möchte, leiht ein flottes Elektroboot aus oder nimmt den Clou des Hauses in Anspruch: eine rasante Fahrt mit dem 900 PS starken Häupl-Powerboot – ein Erlebnis, das man unter Garantie nicht so schnell vergisst!
Unvergessliche Eindrücke verschafft auch eine Runde auf dem hoteleigenen Neun-Loch-Golfplatz in Weyregg, wo man von jedem Loch aus einen neuen Blickwinkel auf den Attersee hat. Wer ein Hole-in-one, ein Birdie oder ein Double Bogey feiern oder einfach gut essen möchte, tut das im Anschluss beim „Wirtshaus am Berg", lässt sich vom Küchenteam mit bodenständiger Küche sowie regionalen Schmankerln verwöhnen und bewundert von der Sunset-Terrasse aus den Sonnenuntergang.
Auch sonst warten in der Umgebung eine Fülle von Entspannungsmöglichkeiten mit und ohne Sport auf unternehmungslustige

Gäste. Der Rahmen reicht von einem Action-Programm im neuen Hochseilgarten in Seewalchen über Bogenschießen in Straß im Attergau bis zum Paragleiten in Weyregg. Wer die Gegend auf unkonventionelle Art erkunden möchte, leiht sich ein Quad aus und genießt Zweiradspaß auf vier Rädern, wer es eher gemütlich mag, fährt mit dem hoteleigenen Fahrrad, beteiligt sich an einer Wanderung auf den Lichtenberg oder nimmt an einer romantischen Fackelwanderung auf den Spuren von Gustav Klimt teil. Und wer im Winter sportlich aktiv sein will, erlebt Pistenfreuden in den nahe gelegenen Ski- und Wanderregionen wie etwa dem Skigebiet Dachstein West.

Attersee-Hechtfilet mit Sardellen gespickt auf geschmortem Kochsalat und Erdäpfel-Oliven-Püree

Zutaten
4 Hechtfilets à 150 g, entgrätet und geschröpft
3 Sardellenfilets
Salz, Pfeffer, 1/2 Limette, Olivenöl und Butter zum Braten

Geschmorter Kochsalat
1 Kochsalat
60 g Butter
60 ml Apfelessig
1 Zweig Estragon
Salz, etwas Muskat und Pfeffer aus der Mühle
50 ml Sahne
12 Kirschtomaten

Erdäpfel-Oliven-Püree
500 g mehlig kochende Erdäpfel
200 ml Vollmilch
50 ml Sahne
40 g Butter
10 gehackte schwarze Oliven
1 Prise Salz, weißer Pfeffer aus der Mühle

Zubereitung
Die Hechtfilets mit Sardellenfilets und mit Limettensaft, Salz und Pfeffer würzen. In Olivenöl auf der Hautseite langsam anbraten, einmal wenden und mit Butter ca. fünf Minuten fertig braten. Den Kochsalat zerteilen, waschen und in grobe Streifen schneiden. Butter in einem Topf zerlassen, gehackten Estragon und Salat dazugeben und mit Apfelessig ablöschen. Die Kirschtomaten dazugeben, Sahne beigeben und abschmecken.
Für das Püree die Erdäpfel in leicht gesalzenem Wasser weich kochen. Die Erdäpfel noch warm passieren, mit der heißen Milch, Sahne und Butter vermengen, abschmecken und gehackte Oliven dazugeben.
Tipp: Anstatt Apfelessig kann man auch Himbeeressig oder weißen Balsamico verwenden.

WIMBERGHOF

Wimberghof Gastro GmbH

Ferdinand-Öttl-Straße 21
A-4840 Vöcklabruck

Telefon 00 43 (0) 76 72 / 2 55 34
Telefax 00 43 (0) 76 72 / 2 55 34 16

www.wimberghof-gastro.at

Irgendwie hat die Geschichte vom „Wimberghof" in Vöcklabruck Ähnlichkeit mit dem Märchen vom hässlichen Entlein. Zwar steht diesmal nicht ein kleiner Vogel im Mittelpunkt, aus dem später ein wunderschöner Schwan wird, sondern ein leicht verfallenes Gebäude. Aber auch bei dem hat man erst nach Jahren – und einem großzügigen Aus- bzw. Umbau – gemerkt, wie attraktiv es eigentlich ist. Heute ist es ein prächtiges Lokal, das im Dezember 2006 eröffnet wurde und seither zu den Fixsternen am Gastronomiehimmel des Salzkammergutes zählt.
Das Haus mit dem Vulgonamen „Brunnmayer" war seinerzeit ein imposanter Bauernhof mitten im Stadtgebiet von Vöcklabruck. Er wurde im Jahr 1882 erstmals urkundlich erwähnt und 1900 von den Großeltern des heutigen Besitzers gekauft. In den letzten Jahrzehnten hat man ihm die Last der Jahre angemerkt, es hätte dafür aber trotzdem zahlreiche Kaufinteressenten gegeben. Der Eigentümer Josef Starzinger wollte sein Elternhaus jedoch nicht in fremde Hände geben. Stattdessen hat er sich gemeinsam mit dem ehemaligen Bundesrat Leo Steinbichler entschlossen, etwas Neues zu wagen, das Haus von Grund auf herzurichten und dort eine gastronomische Idee umzusetzen, die es im Salzkammergut bisher nicht gegeben hat.
„Wir haben ein Wirtshaus, kein Restaurant, darauf legen wir Wert", sagt Geschäftsführer Thomas Prenneis, dem Starzinger und Steinbichler die Leitung des Betriebes anvertraut haben und der 15 Jahre im Ausland vielfältige touristische Erfahrungen gesammelt hat. Hinter dieser feinen Unterscheidung steckt eine klare Philosophie: Der Gastronomiebetrieb knüpft ganz bewusst an die kulinarischen Traditionen der Region an und verwendet ausschließlich Produkte aus der Umgebung. Prenneis: „Wir kaufen sie bei den Bauern im Umkreis von 50 Kilometern, nicht weiter. Bei uns gibt es kein ausländi-

sches Erzeugnis, sondern nur Waren aus Österreich, das gilt für Speisen und auch für die Getränke."

Nicht umsonst hat man im „Wimberghof" den Wahlspruch gewählt „Das is Hoamat!" Das schafft nicht nur Vertrautheit, sondern ist Teil des klaren Konzepts, das auf zwei Säulen beruht: Regionalität und Frische. Das geht so weit, dass die Gäste auf der Speisekarte lesen können, woher die verwendeten Produkte kommen, von wem die Küche das Rindfleisch bezieht, wer das Schweinefleisch liefert und so weiter.

Die Idee kommt bei den Gästen bestens an. Im herrlichen Gastgarten, wo mehr als 200 Gäste Platz finden, ist die Stimmung vor allem bei Schönwetter großartig. In den drei Gastzimmern für insgesamt 160 Besucher bleiben selten Tische frei und der 26 Meter lange und 7 Meter breite Gewölbekeller, der 80 Leuten Platz bietet, ist überhaupt ein Publikumshit. Er diente Ende des 18. Jahrhunderts erstmals als Brauereikeller, heute genießen die Besucher dort in Heurigenstimmung die ausgezeichnete Jause und kosten sich durch die erlesenen Weine. Eine angenehme Aufgabe, immerhin können sie aus 60 Marken wählen, die allesamt aus Österreich stammen. Viele Besucher kommen nach dem Essen aus einem der Gästezimmer in den Keller, runden ihren Besuch im Wirtshaus mit einem guten Achterl Wein oder Glaserl Sekt aus der erlesenen Vinothek ab und lassen die einzigartige Atmosphäre des historischen Gemäuers auf sich wirken.

In Zukunft wird im „Wimberghof" noch ein Saal für 280 Gäste dazukommen, sodass das Wirtshaus für Feiern und Veranstaltungen in jeder Größenordnung gerüstet ist.

Schon jetzt spürt man überall den guten Willen der Betreiber des Lokals, die genau wissen, was sie wollen: „Der Wimberghof ist für all jene da, die gutes Essen und Trinken schätzen sowie Wert auf geselliges Beisammensein legen." Und so ist das Haus, das direkt an der Bundesstraße 1 zwischen Timelkam und Attnang-Puchheim liegt, nur wenige Gehminuten vom Busbahnhof entfernt ist und mit dem Fahrrad leicht über den Römerradweg erreicht werden kann, ein Treffpunkt für Gäste, die auf Natürlichkeit, Ursprünglichkeit und Tradition Wert legen, aber auch neue Wege schätzen.

Beides finden sie in der Küche, in der ausschließlich Produkte von Bauern aus der Umgebung verarbeitet werden – und das schmeckt man! Die Zubereitung erfolgt in der besten Tradition des Voralpenlandes, auf die schmackhafte Art, für die das Salzkammergut und seine Küche bekannt sind. Bei Krautfleckerl, Innviertler Knödel oder beim Gulasch – es schmeckt übrigens nach alter Küchenweisheit erst so recht, wenn man es schon ein paar Mal aufgewärmt hat – weiß man als Gast gleich, warum die Kochkunst der Region so geschätzt wird, sie sind einfach köstlich. Die Speisekarte ist natürlich noch viel reichhaltiger, so gibt's je nach Saison auch verschiedene frische Salate oder

... då is
Cuvee' Primus
Draxler
1/8 € 2,40

leichte Sommergerichte. Als Extra bietet der „Wimberghof" an jedem Werktag zusätzlich ausgesuchte Spezialitäten als preiswerte Menüs an. Montag ist Schweinefleisch-Tag, der Dienstag steht im Zeichen der Biopute, am Mittwoch gibt es zartes Rindfleisch, am Donnerstag Hendl und am Freitag frische Fische aus dem Vöcklatal.

Bei jedem Gericht steht dabei, von welchem Bauern die Zutaten kommen und das hat seinen Sinn. An das Wirtshaus angeschlossen ist nämlich ein eigener Bauernladen, in dem man unter der Woche die Produkte kaufen kann, die zu den köstlichen Schmankerln auf der Speisekarte verarbeitet werden. Am Sonntag fragt man einfach im Lokal selbst nach den gewünschten Waren. Wer bodenständige Köstlichkeiten schätzt, kann sich dort kulinarische Wünsche aller Art erfüllen und sicher sein, dass er gesunde und hochwertige Lebensmittel bekommt. Alle Waren werden täglich frisch von den Bauern aus der Region angeliefert. Diese enge Zusammenarbeit mit den örtlichen Landwirten ist ein wesentlicher Teil des Grundkonzepts, mit dem auch Arbeitsplätze bei den Zulieferern geschaffen werden, die ihrerseits großen Wert auf Qualität legen.

Neu an der Idee, die hinter dem „Wimberghof" steht, ist auch der Rückgriff auf bewährte Attraktionen von früher. Dazu gehört vor allem der Frühschoppen, der Sonntagvormittag beginnt und bis etwa 14 Uhr andauert. Dort kann man live Zitherklänge hören – und das ist ein Ohrenschmaus, den man nur noch selten erlebt. Wenige Stunden später geht es zum Fünf-Uhr-Tee in den Gewölbekeller. Dann fühlt sich vor allem die Generation 50+ wohl, aber auch immer mehr jüngere Leute entdecken den Reiz des Tanzens, so dass die Veranstaltungen ausgezeichnet besucht sind.

Und damit sich die Stammgäste von morgen wohl fühlen, hat man im „Wimberghof" auch an die Kinder gedacht: Die kleinen Besucher können sich auf dem großen Spielplatz austoben oder im Streichelzoo Kleintiere hautnah erleben.

Gans à la Wimberghof

Zutaten

1 Gans (Weidegans)
Salz, Pfeffer
Majoran
2 Stk. Äpfel

Für das Rotkraut

1 Kopf Rotkraut fein schneiden
2 Äpfel klein schneiden
1/8 l Rotwein
2 EL Preiselbeeren
2 cl Cassis
Salz, Zucker
etwas Orangensaft

Zubereitung

Das Rotkraut und die Äpfel klein schneiden, zusammen mit den restlichen Zutaten über Nacht ziehen lassen und am nächsten Tag 30 Minuten köcheln lassen. Mit etwas Zimt verfeinern.

Die Gans salzen und pfeffern, innen mit Majoran einreiben. Mit den ungeschälten Apfelspalten füllen und langsam im Ofen bei 150 °C zwei Stunden braten lassen. Die letzte halbe Stunde auf 180 °C aufdrehen und häufig mit Bratensaft begießen.

HÜTTHALER FLEISCH & WURST

Hütthaler KG

Linzerstraße 1
A-4690 Schwanenstadt

Telefon 00 43 (0) 76 73 / 2 23 00
Telefax 00 43 (0) 76 73 / 22 30 50

www.huetthaler.at

Eine Wurst als Kunstwerk? Die Kombination klingt überraschend, ist aber im Salzkammergut und weit darüber hinaus sehr gut bekannt: Es handelt sich um die „Attersee-Wurst“, die köstlich schmeckt und auch das Auge besticht. Ihren Namen verdankt sie nicht nur dem größten See im Salzkammergut, sondern vor allem dem weltbekannten österreichischen Maler, Musiker und Schriftsteller Prof. Christian Ludwig Attersee, der das Etikett für diese Wurstsorte gestaltet hat. Die Delikatesse ist damit auch ein Augenschmaus und wird dem Unternehmensmotto „Qualität die begeistert“ besonders gerecht. Erzeugt wird sie von der „Fleisch- und Wurstwarenfirma Hütthaler“ in Schwanenstadt, einem der erfolgreichsten Familienbetriebe der Region. 1897 wurde von Anton Hütthaler der Grundstein für das Unternehmen gelegt, seither wird die Kunst der Wurst- und Schinkenproduktion von Generation zu Generation weitergegeben und das auf höchstem Niveau. Davon können sich die Kunden in den beiden Detailgeschäften in Schwanenstadt und Vöcklabruck überzeugen, wo man genussvoll einkaufen oder auch köstliche Aufschnittplatten für die Party daheim mitnehmen kann. Die Hütthaler-Qualitätsprodukte sind aber auch bei Wurstliebhabern im gesamten Bundesgebiet beliebt, denn ein Großteil der Produktion geht an den Groß- und Fachhandel. Wöchentlich

werden mehr als 200 Tonnen von Fleisch- und Wurstwaren produziert und mit den eigenen Kühlfahrzeugen in Oberösterreich sowie mit Spezial-Kühllogistik in ganz Österreich ausgeliefert, auch an die Gastronomie und den Einzelhandel. Geschätzt werden die Waren nicht nur in Österreich, sondern auch in Italien, Slowenien und Deutschland, wo „Hütthaler" unter anderem einen Babynahrungshersteller mit Biofleisch beliefert.
Natürlich hat sich in den mehr als 110 Jahren seit der Firmengründung viel geändert. Die Produktion wurde schonender und umweltgerechter, die hygienischen Bedingungen sind im Lauf der Zeit den modernen Entwicklungen angepasst und auf höchstes Niveau gebracht worden, die Geschwindigkeit der Verarbeitung, Verpackung und Auslieferung hat sich dank einer durchdachten und penibel geplanten Organisation wesentlich erhöht. Dadurch kommt die Ware noch frischer an den Endverbraucher. Das Unternehmen entspricht heute den strengen Anforderungen der EU und erfüllt alle Bedingungen für das begehrte AMA-Gütesiegel. Das bedeutet unter anderem, dass nur Rind-, Schweine- und Kalbfleisch aus heimischer Landwirtschaft zur Produktion verwendet werden darf. Bei Schweinefleisch hat das Unternehmen eine zusätzliche Qualitätsschiene aufgebaut, die Bedingungen dafür wurden ausdrücklich in die Lieferverträge aufgenommen. Die Einhaltung wird ständig kontrolliert, der hauseigene Schlachtbetrieb von „Hütthaler" arbeitet in diesem Punkt besonders eng mit den regionalen Bauern zusammen. Das einmalige Markenprodukt „Hausruckschwein" muss in Österreich geboren und aufgezogen werden, die Ernährung der Tiere ist streng vorgeschrieben – Hormone, Antibiotika oder Tierkörpermehl sind strikt tabu – und die Haltung von Ferkeln und Mastschweinen muss für die Tiere optimal und stressfrei sein. Das ist nicht nur tierfreundlich, sondern erhöht auch die Fleischqualität beträchtlich.
Die gleiche Philosophie steckt hinter den Bioprodukten des Unternehmens, die aus kontrolliert biologischen Rohstoffen herge-

stellt werden. Diese Spezialitäten verwöhnen den Feinschmeckergaumen mit natürlichem Geschmack. Ein pikantes Beispiel dafür ist die Bio-Kantwurst von „Hütthaler", die über Buchenholz leicht geräuchert wird und so ihr herzhaft-würziges Aroma erhält.
Alle Betriebe, die Biolebensmittel erzeugen, verarbeiten oder importieren, müssen sich mindestens einmal pro Jahr von einer unabhängigen, staatlich autorisierten Prüfstelle überprüfen lassen. Die Qualitätsbemühungen in Schwanenstadt werden international anerkannt. So erhielt „Hütthaler" als einer der ersten Betriebe Österreichs bei der „International Food Standard Prüfung" vor einigen Jahren auf Anhieb die Auszeichnung „Höheres Niveau", mit der die hohen Qualitäts- und Sicherheitsstandards bestätigt wurden. Diese Qualitätsprüfung wird jährlich wiederholt und bis heute bekommt der oberösterreichische Paradebetrieb immer die maximale Punktebewertung.
Die Zeit hat also viele positive Veränderungen gebracht, aber etwas ist mehr als ein Jahrhundert lang gleich geblieben: Der Mut und der Wille, etwas wirklich Gutes zu schaffen. Dies gilt nicht nur für Firmenchef Herbert Hütthaler und seine Gattin Claudia, sondern auch bereits für die vierte Generation, Florian und Philipp Hütthaler.
Diese Einstellung erfordert Traditionsbewusstsein gekoppelt mit Innovationsfreude, und beides ist typisch für das Unternehmen. Der Tradition entspricht, dass die Produktion nur mit natürlichen hochwertigen Rohstoffen und erstklassigen Zutaten erfolgt. Die Produkte müssen nach dem hochgehaltenen Leitsatz „Was drauf steht, ist drinnen und was drinnen ist, steht drauf" verarbeitet werden.
Daneben aber steht der Ideenreichtum, der etwa die Art prägt, wie Putenfleisch zu leichter Feinkost verarbeitet wird, ganz ohne Zugabe von Schweinefleisch. Ein gutes Beispiel dafür sind die Putenwürstel, die einen hohen Nährwert, aber wenig Kalorien haben und deshalb der Favorit für alle sind, die echte Hausmannskost bevorzugen und sich trotzdem gesundheitsbewusst ernähren wollen.
Die Begeisterung für Innovationen ist eines der Erfolgsgeheimnisse des Unternehmens. Ein anderes ist der enge Zusammenhalt zwi-

schen Firmenleitung und Mitarbeitern. Die Firma „Hütthaler“ ist ein beliebter Ausbildungsbetrieb. Wer dort lernt, bekommt das Wissen um die modernste Technik bei der Wurstproduktion mit, vor allem aber auch die Begeisterung für den Beruf, die Voraussetzung für Arbeitsfreude ist. Darauf legen die Eigentümer großen Wert, denn ein gutes Betriebsklima gehört ebenso zur Tradition wie die Möglichkeit zu einer hoch qualifizierten Weiterbildung, die zusätzlich zur Berufschule durch ein eigenes Schulungsprogramm sichergestellt wird.

Schließlich betont das Unternehmen in einer eigenen Firmenfibel den Leitsatz „Qualität, die begeistert“. Durch den gemeinsamen Erfolg versteht man, warum jeder einzelne Mitarbeiter gerne bei „Hütthaler“ arbeitet und ist überzeugt, dass sich das gute Klima auf die Qualität der Waren überträgt. Das Ganze steht unter dem Motto „Lebenslust, Arbeitsfreude, Herzlichkeit und Wachsamkeit“ und damit passt die Firma „Hütthaler“ wunderbar in eine Region, in der die Lebensfreude zu Hause ist.

KONDITOREI-CAFÉ KARL OTTET

Kunst und Kulinarik waren immer schon eng miteinander verbunden und dass dieses Prinzip heute noch gilt, zeigt das Ehepaar Waltraud und Karl Ottet auf die schmackhafteste Art und Weise. In ihrer Konditorei in Schörfling werden süße Kreationen kreiert, die wahre Kunstwerke sind.

Das kann man im „Konditorei-Café Karl Ottet" durchaus wörtlich nehmen, immerhin ist das Leitprodukt des Hauses die 2003 geschaffene „Original Klimt-Praline". Sie erinnert an den berühmten Maler Gustav Klimt, der um 1900 oft zur Sommerfrische am Attersee war und dort viele seiner berühmten Landschaftsbilder geschaffen hat. Der große Meister war kleinen, aber feinen Leckerbissen nicht abhold und so wurde ihm zu Ehren eine eigene Praline geschaffen, eine malerische Komposition aus feinherber Schokolade, gefüllt mit Amaretto-Ganache und verziert mit echtem Blattgold, die bald nach der ersten Präsentation von „Culinarium Österreich" als Kostbarkeit der „Genussregion Österreich" ausgezeichnet wurde. Der Musik erweist Ottet mit der „Original Schloss Kammer Torte" und der „Original Schloss Kammer Trüffel" seine Reverenz. Die

Konditorei-Café Karl Ottet

Marktplatz 6
A-4861 Schörfling

Telefon 00 43 (0) 76 62 / 6 46 40

www.konditor.at

Trüffel, wahlweise aus Milchschokolade oder aus weißer Schokolade, sind doppelt gefüllt mit Vanille- und Nougat-Ganache und mit einem Schokoladen-Violinschlüssel verziert; ähnlich die Torte: helles und dunkles Biskuit, Vanille- und Nougat-Obers und mit Nougat verziert. Patin für diese süßen Köstlichkeiten ist übrigens die Schlossherrin von Kammer, Sissy Max-Theurer, seinerzeit Olympiasiegerin im Dressurreiten.
Untergebracht ist die Konditorei seit 1959 im „Seifensiederhaus“ am Marktplatz 6, einem altehrwürdigen Gebäude, das 1635 erstmals erwähnt wurde. Das Haus ist stimmungsvoll und der dazugehörige Garten gemütlich, er lädt dazu ein, sich hinzusetzen, auszuruhen, eine Mehlspeise und den dazu passenden Kaffee zu verkosten, einen erfrischenden Eisbecher zu löffeln oder ein Gläschen Orangensaft zu trinken. Auf Wunsch serviert die freundliche Bedienung gerne auch ein Fassbier, die Atmosphäre ist einfach angenehm und erholsam.
Beste Voraussetzungen also, um das Angebot des Hauses in vollen Zügen genießen zu können. Wenn es überhaupt ein Problem gibt, dann jenes, dass dem Gast die Wahl schwer fällt, wofür er sich entscheiden soll. Immerhin reicht die Auswahl von Feingebäckkreationen bis zur dreistöckigen Hochzeitstorte, von der allseits beliebten Herrentorte, die sich als Gag auf jeder Geburtstagsparty bewährt, bis zur klassischen Sachertorte.
Fantasie ist Trumpf in der Backstube, das zeigen so originelle Kreationen wie die Birnenreistorte mit Himbeersauce und andere Mehlspeisen, die ständig variiert werden.

Zu den vielen Tortenspezialitäten, die Waltraud und Karl Ottet in ihrem Programm haben, kommen überdies immer wieder neue, schließlich ist der Betrieb flexibel. Waltraud Ottet: „Wenn eine Kundin eine lustige, originelle Idee hat, wie man eine Torte gestalten kann, setzen wir diese süße Idee gerne in die Realität um. Das gehört bei uns zur Gastfreundschaft, die wir sehr ernst nehmen. Und es ist uns ganz besonders wichtig, das Vertrauen unserer Kunden nicht zu enttäuschen.“
Deshalb ist bei der Produktion höchste Sorgfalt angesagt. Die meisten Produkte, die im „Konditorei-Café“ verkauft werden, werden mit großem handwerklichen Geschick und Können in der eigenen Backstube hergestellt. Die Rohstoffe, die Tag für Tag verarbeitet werden, sind frisch, naturbelassen und von bester Qualität. Das schmeckt man bei den Pralinen, die Stück für Stück in liebevoller Handarbeit hergestellt werden, oder auch bei den Eisspezialitäten, für die sich Alt und Jung begeistert.

BRAUEREI ZIPF

Brauerei Zipf

A-4871 Zipf

Telefon 00 43 (0) 76 82 / 3 60 00
Telefax 00 43 (0) 76 82 / 36 00 53 29

www.zipfer.at

Kaum jemand außerhalb der Ortsgrenzen würde das kleine Dorf Zipf im oberösterreichischen Hausruckviertel kennen, wäre dort, in einer weitgehend unberührten Landschaft, nicht eine Brauerei zu Hause, deren Bier zu den beliebtesten Getränken des Landes zählt. Der Werbeslogan der „Brauerei Zipf" „Ein Glas heller Freude" bestätigt sich bei jedem Schluck. Begonnen hat alles vor 150 Jahren, als 1858 der Wiener Bankier Franz Schaup in einem kleinen Brauhaus mit dem Betrieb begann. Im ersten Jahr wurden 1542 Hektoliter Bier gebraut und von durstigen Kehlen so geschätzt, dass sich die Produktion innerhalb von fünf Jahren verzehnfachte. Für den Aufschwung mitverantwortlich war die Bereitschaft zu Innovationen, die in der Brauerei bis heute hoch gehalten wird.
1923 kam die „Brauerei Wörgl" zu „Zipf" und der weitere Aufstieg schien vorgezeichnet zu sein. Die Wirren der 30er-Jahre und des Zweiten Weltkrieges stoppten den Erfolgslauf allerdings, es kam in der Kriegszeit sogar zum Stillstand des Braubetriebes.
Dr. Fritz Kretz, einem Urenkel des Firmengründers, gelang es nach Kriegsende, die Brauerei wieder zu aktivieren und als 1958 das 100-Jahr-Jubiläum gefeiert wurde, war erfreulich klar, dass die Krise endgültig überwunden war.
1967 wurde erstmals das „Zipfer Urtyp" gebraut, das einen unverwechselbaren hopfenherben Geschmack aufweist, Freunde in ganz Österreich gewann und bis heute das Spitzenbier der „Zipfer Brauerei" ist. 1970 fusionierte „Zipf" mit der damaligen „Brau AG", die inzwischen zur „Brau Union Österreich" gehört, und im Jahr darauf wurde erstmals eine halbe Million Hektoliter Bier erzeugt. Damit war der Gipfel des

Erfolgs freilich noch lange nicht erreicht: Heutzutage verlassen Jahr für Jahr knapp eine Million Hektoliter besten Gerstensaftes das Haus, Braumeister Dipl. Ing. Dr. Günther Seeleitner und sein Team können auf die Qualität stolz sein.

Ein Grund zur Freude für das Unternehmen und noch viel mehr für Bierfreunde im ganzen Land ist die Vielfalt der Produkte aus der „Zipfer Brauerei". Der große Renner ist nach wie vor das würzige, feinherbe „Zipfer Urtyp". Es bestätigt das gute alte Sprichwort, wonach Bier den Durst erst so richtig schön macht. Für viele Biertrinker, die den leichteren Genuss bevorzugen, kam „Zipfer Medium" als ideales Bier für den Sommer ins Produktionsprogramm. Es ist erfrischend, wird am besten kalt serviert und ist absolut promille-freundlich: Es hat den vollen Geschmack, aber nur 3,0 Prozent Alkohol und damit rund 40 Prozent weniger als das „Urtyp". Besonders die Damenwelt zeigt sich von „Zipfer Sparkling" angetan, das prickelt und erfrischend schmeckt. Voll im Trend liegt nach wie vor das „Märzenbier", dessen Name daher rührt, dass früher Bier nur bis März eingebraut wurde, weil man für den Brauvorgang das Eis der gefrorenen Seen zur Kühlung benötigte. Das besonders zart gehopfte „Märzen" wurde bei einem Test von 622 Bieren von 171 Brauereien aus sieben Nationen mit dem „Goldenen Preis" ausgezeichnet. Heutzutage ist es natürlich ganzjährig erhältlich, ebenso die neueste Kreation „Zipfer Lemon", ein Bier mit einem erfrischenden Schuss Lemon oder das naturtrübe „Kellerbier". Zu besonderen Anlässen gibt's auch noch andere Spezialitäten wie „Zipfer Pils", „Doppelgold" mit doppeltem Malz und die stärkeren „Stefani- und Josefibockbiere". Wer bei der Entstehung des Bieres vom Rohstoff bis zum fertigen Getränk und bei der Herstellung der Köstlichkeiten aus Hopfen und Malz zusehen möchte, hat bei einer Brauereiführung die Gelegenheit dazu. Gerne wird dabei das eine oder andere Geheimnis der Braukunst preisgegeben.

GASTHAUS STEEGWIRT

Der „Steegwirt" bietet landesübliche Kost und Kombinationen heimischer und exotischer Produkte an wie „Kessel-Gulasch vom Goiserer Almochsen mit Zitronengras" oder „Reinanke mit Verbene und aztekischem Süßkraut". Außerdem finden rund ums Bier oft Veranstaltungen statt.

Brigitte und Fritz Grampelhuber
Au 12
A-4822 Steeg
Telefon 00 43 (0) 61 35 / 83 02
Telefax 00 43 (0) 61 35 / 8 30 23
office@steegwirt.at
www.steegwirt.at

HOTEL GOLDENER OCHS

GASTHAUS RETTENBACHMÜHLE

In der „Rettenbachmühle" genießt man traditionelle österreichische Küche wie fangfrische Forellen, Backhendl und Rostbraten sowie saisonale Gerichte, gute österreichische Weine, kühles Bier und hausgemachte Mehlspeisen wie den feinen Kaiserschmarrn, für den das Haus besonders bekannt ist.

Familie Vierthaler
Hinterstein 6
A-4820 Bad Ischl
Telefon 00 43 (0) 61 32 / 2 35 86
Telefax 00 43 (0) 61 32 / 2 11 07
rettenbachmuehle@aon.at

SEEHOTEL SCHWAN

LANDHOTEL HUBERTUSHOF

Das „Landhotel Hubertushof" ist das einzige Haus im Ort, das über einen eigenen Soleheilstollen verfügt. Ein Betrieb zum Wohlfühlen. Dem Motto des Restaurants „Die einen essen, andere speisen, Gäste genießen" wird die Küche mit in- und ausländischen Spezialitäten gerecht.

Familie Panhuber
Götzstraße 1
A-4820 Bad Ischl
Telefon 00 43 (0) 61 32 / 2 44 45
Telefax 00 43 (0) 61 32 / 24 44 51 04
hotel@hubertushof.co.at
www.hubertushof.co.at

HACKLWIRT

Der „Goldene Ochs“ in Bad Ischl war seinerzeit das Lieblingslokal des Operettenkomponisten Franz Lehár. Schon er schätzte, sowie auch die Gäste von heute, die fangfrischen Fische, die pikanten Wildgerichte und die traditionelle österreichische Küche.

Inge und Klaus Schweiger
Grazer Straße 4
A-4820 Bad Ischl
Telefon 00 43 (0) 61 32 / 2 35 29
Telefax 00 43 (0) 61 32 / 2 35 29 50
info@goldenerochs.at
www.goldenerochs.at

K.U.K. LANDGASTHOF „ZUR POST“

Stilgerecht ist im „K.u.K. Landgasthof ‚Zur Post‘“ das Kaiser-Menü mit „Kaiserschöberlsuppe“, „Alt-Wiener Tafelspitz“ und „Apfelstrudel mit Vanillesauce“. Dazu sitzt auf Wunsch eine lebensgroße Puppe am Tisch, die aussieht wie Kaiser Franz Joseph.

Familie Monika und Georg Eichhorn
Weyregger Str. 75
A-4852 Weyregg am Attersee
Telefon 00 43 (0) 76 64 / 22 02
Telefax 00 43 (0) 76 64 / 26 53 55
info@kaisergasthof.at
www.kaisergasthof.at

Das Restaurant im komfortablen „Seehotel Schwan“ am Ufer des Traunsees zeichnet sich durch die hervorragende Küche aus, die Gäste mit regionalen Köstlichkeiten und Fischspezialitäten verwöhnt. Vom Hotel aus genießt man einen traumhaften Panoramablick über den See.

Familie Nöstlinger
Rathausplatz 8
A-4810 Gmunden
Telefon 00 43 (0) 76 12 / 63 39 10
Telefax 00 43 (0) 76 12 / 63 39 18
noestlingerschwan@direkt.at
www.seehotel-schwan.at

GASTHOF-HOTEL BRAMOSEN

Kulinarische Köstlichkeiten und erlesene Weine werden im „Gasthof Bramosen“ im gemütlichen Stüberl, in der alten Gaststube mit Kachelofen oder im Jagdstüberl serviert. Besonders gut schmeckt es auf der Terrasse mit dem Blick über den Attersee bis hin zum Schafberg.

Familie Ecker
Alexenau 8
A-4852 Weyregg am Attersee
Telefon 00 43 (0) 76 64 / 22 91
Telefax 00 43 (0) 76 64 / 22 91 44
ecker@hotel-bramosen.at
www.hotel-bramosen.at

Auf bodenständige Kost ist der mitten in der Stadt gelegene „Hacklwirt“ mit der schönen Terrasse und dem gemütlichen Gastgarten spezialisiert. Jeden Freitag gibt es ofenfrische Ripperl und jeden Samstag „Bratl in der Rein“. Dazu gepflegtes Bier, auf das achtet Hausherr Benjamin Blaha besonders.

Benjamin Blaha
Am Graben 10
A-4810 Gmunden
Telefon 00 43 (0) 76 12 / 7 30 16
willkommen@hacklwirt.com

HOTEL GASTHOF FÖTTINGER

Vom frischen Fisch aus den heimischen Gewässern über regionale, österreichische und internationale Spezialitäten bis zu vegetarischer, Vollwert- und Biokost bietet die Küche im „Gasthof Föttinger“, dem Urlaubsquartier Gustav Mahlers, alles, was Herz und Magen begehren.

Seefeld 14
A-Steinbach am Attersee
Telefon 00 43 (0) 76 63 / 81 00
Telefax 00 43 (0) 76 63 / 81 00 42
hotel.foettinger@salzkammergut.at
www.foettinger.at

DER GLÜCKLICHE SEE

Traditionsschiff Gisela am Traunsee

Die Region Traunsee war schon für die alten Römer ein attraktives Erholungsgebiet, sie genossen die Freizeit am „Lacus Felix", wie sie den Traunsee nannten. Übersetzt heißt das „glücklicher See" und solche Glücksgefühle haben die Urlauber bis heute. Mit 197 Metern Tiefe ist der Traunsee der tiefste See Österreichs und zugleich ein Wassersportzentrum erster Güte. Besonders beliebt ist er bei Schwimmern, Seglern und Tauchern und auch Anhänger von Trendsportarten wie Wasserski, Wakeboarden, Surfen oder Kiten können dort ihren zum Teil ziemlich waghalsigen Hobbys nachgehen. Womöglich noch wilder geht es auf der Mountainbikestrecke vom Feuerkogel ins Langbathtal zu. Die 5600 Meter lange Abfahrtsstrecke ist selbst für geübte Fahrer selektiv und anspruchsvoll.

Für geruhsamere Typen stehen der Traunsee, die Traun, der Langbathsee und der Offensee als Anglerparadiese zur Verfügung. Herrlich entspannend sind auch eine Partie Minigolf oder eine gemütliche Radtour entlang von Seen und Flüssen und Hügeln mit der Möglichkeit, zwischendurch in einem Gasthaus oder einer Mostschenke einzukehren.

Wer Kraft auftanken möchte, tut dies an einem der zahlreichen Glücksplätze in der Urlaubsregion. Solche Stellen gibt es überall. In Gmunden zum Beispiel die Sternwarte Kalvarienberg, in Altmünster die Pfarrkirche St. Benedikt, in Traunkirchen der Druidenplatz „Weißenbichl" oder in Ebensee die Kalvarienbergkirche. Selbst Skeptiker können sich dem eigenartigen Reiz, der von diesen Orten ausgeht, kaum entziehen, die Besucher fühlen sich nachher tatsächlich gestärkt.

Die neu gewonnene Kraft investiert man am besten in einen Ausflug zu einer der Sehenswürdigkeiten. Zu empfehlen sind die „Gassel-Tropfsteinhöhle" in Ebensee, der „Naturpark Feuerkogel", den man mit der Seilbahn bequem erreicht, oder das Oldtimermuseum „Rund ums Rad" in Altmünster.

Traunsee

Gmunden

In Gmunden darf man sich eine Fahrt mit der Nostalgie-Straßenbahn keinesfalls entgehen lassen. Bei einem Besuch in der „Gmundner Keramik Manufaktur" kann man an Ort und Stelle besonders schöne Stücke erstehen. Sehenswert ist auch das „Filmstudio Schlosshotel Orth". Dort wurden auf circa 1500 Quadratmetern die original Drehplätze der Fernsehserie „Schlosshotel Orth" wieder aufgebaut, wo neun Jahre lang Folgen dieser erfolgreichen Serie gedreht wurden.

Auch den Winterurlaubern hat die Region Traunsee viel zu bieten. Den Alpinskifahrern zum Beispiel die Skigebiete Feuerkogel, Hochlecken und Grünberg und für Langläufer eine gespurte Langlaufloipe mit einer Gesamtlänge von 8 bis 14 Kilometern (je nach Einstieg) beim Vorderen Langbathsee.

Für Freunde echter Volkskultur ist der Winter in der Region Traunsee besonders schön, denn dort wird das vielfältige Brauchtum mit Hingabe gepflegt.

Anfang Dezember ziehen die Perchten, das sind zottelige Gestalten mit großen geschnitzten Holzmasken, durch den Ort. Bald darauf erklingen beim Gmundener Adventsingen weihnachtliche Lieder. Bei der „Krip-

Seeschloss Orth

perlroas" in Ebensee kann man bei einem gemütlichen Spaziergang Krippen sowohl in den Kirchen als auch in Privathäusern besichtigen.
Jedes Jahr findet am 5. Jänner der traditionelle Glöcklerlauf in der Ferienregion statt. Er entstand ursprünglich in Ebensee und sollte die Geister vertreiben. Sehr bekannt ist im Karneval der „Fetzenumzug" in Ebensee, bei dem sich Männer und Frauen mit einem alten ausgefransten Kleidungsstück („Fetzen") und einer geschnitzten Holzmaske verkleiden, durch den Ort ziehen und über alle Bewohner, die sie treffen, lästerliche Bemerkungen machen. Am letzten Tag des Karnevals wird der Fasching in Ebensee und in Traunkirchen zu Grabe getragen und verbrannt.

Ein besonders liebenswerter Brauch ist der Liebstattsonntag in Gmunden. Der Name kommt von „Liebe abstatten" und erinnert daran, dass vor rund 300 Jahren am vierten Fastensonntag die Armen von einer frommen Bruderschaft bewirtet wurden. Heute schenkt man sich an diesem Tag gegenseitig aus Zuneigung, Liebe oder Freundschaft ein Lebkuchenherz.

PETER AHAMER

Peter Ahamer
Fachgeschäft für Lederbekleidung
und Lederwaren

Marktgasse 22
A-4802 Ebensee

Telefon 00 43 (0) 61 33 / 66 93
Telefax 00 43 (0) 61 33 / 66 93

www.leder-ahamer.at

„Die Hosen, die wir anfertigen, liefern wir in die ganze Welt!", sagt Peter Ahamer, und in seinen Worten schwingt leiser Stolz mit. Verständlich, denn Lederhosen aus seinem Fachgeschäft in Ebensee sind für modebewusste Leute das, was ein Ferrari oder ein Rolls Royce für Autoliebhaber sind: das Beste vom Besten.
Gegründet wurde der Betrieb 1932 von Peter Ahamer senior, der bei seinem Lehrherren alles über Lederhosen gelernt hatte und dieses Wissen an seinen Sohn weitergab, der den Betrieb 1976 übernommen hat.
Glanzstück der Produktion ist die original Erzherzog Johann-Hose in drei-, fünf- oder siebennähtiger Ausführung, die bis ins Detail jener Lederhose entspricht, die der große Habsburger selbst gerne getragen hat. Die Stickereien auf der Hose – deren ursprüngliche Muster bis ins 17. Jahrhundert zurückreichen – sehen gleich aus und werden heute noch genau gleich angefertigt wie früher,

nämlich in präziser Handarbeit. Mehr als 80 Stunden dauert es, bis die Stickereien auf dem hochwertigen sämisch gegerbten Hirschleder aufgebracht sind.
Hochwertig – das ist das Erfolgsgeheimnis Ahamers. Gemeinsam mit seinem Gesellen Rudolf Daxner legt er nicht nur Wert auf sorgfältigste Handarbeit, sondern auch auf die Qualität des Leders. Verwendet wird nur sämisch gegerbtes, weiches Wildleder von Hirsch, Hirschtier, Hirschkalb, Gams und Rehleder. Bei den feinsten Modellen besteht das Oberteil aus Hirschleder und das Futter aus Gamsleder. „Wir könnten innen, wo man es nicht sieht, auch Schafleder nehmen“, sagt Ahamer, „aber das kommt mir nicht ins Haus, für unsere Hose ist das Beste gerade gut genug.“
Es ist diese Liebe zum Detail, die ihm in Fachkreisen Weltruf eingebracht hat – und Weltruf ist nicht übertrieben. Erst unlängst war ein Modefotograf aus New York in Ebensee, um an Ort und Stelle Bilder für eine Reportage über den Lederhosenmacher aus dem Salzkammergut zu schießen und immer wieder holen sich Reporter bei ihm Informationen zum Thema. Sie hören zum Beispiel, dass Lederhose nicht gleich Lederhose ist. Da gibt es die Latz- oder Türlhose, bei der sowohl Form als auch Machart und Gestaltung der alten Stickereien streng der langen Tradition entsprechen müssen. Die Schlitzhose dagegen ist schlichter und unauffälliger, sie wird eher in den Städten getragen als auf dem Land. Unterschieden wird auch zwischen der bodenständigen kurzen Salzkammergut-Hirschlederhose und der Hirschleder-Kniebundhose. Gemeinsam haben die Wunderwerke aus Leder aber alle, dass sie viele Jahre halten, ja eigentlich unverwüstlich sind, weil Leder extrem widerstandsfähig ist.
„Wer eine echte Lederhose hat, trägt sie sein Leben lang und hat damit viel Freude, sie wird mit den Jahren immer schöner, viele werden sogar vererbt“, versichert Ahamer und tröstet damit Kunden darüber hinweg, dass man auf das gute Stück ziemlich lange warten muss. Wer heute eine einfachere

Lederhose bestellt, bekommt sie frühestens in drei Jahren; bei einer aufwändigen siebennähtigen Erzherzog Johann-Hose muss man sich sogar fünf Jahre gedulden. Die Kunden wissen es und stellen sich darauf ein, sie akzeptieren, dass es kein Vordrängen in der Warteliste gibt und sie murren auch nicht, dass eine drei-, fünf oder siebennähtige Lederhose aus dem Haus „Ahamer“ von 3500 Euro aufwärts kostet, einfache handgemachte Hosen sind ab 1300 Euro zu haben. Sie wissen, dass die Hose jeden Cent wert ist, weil dort nicht nur bestes Material, sondern auch unglaublich viel Erfahrung und vor allem viel Liebe zum selten gewordenen Handwerk mitverarbeitet werden.

Wer den Wunsch nach einem Kleidungsstück von Peter Ahamer rascher verwirklichen will, hat im Geschäft in Ebensee eine reiche Auswahl. Neben den maßgeschneiderten Hosen finden sich dort auch Konfektions-Trachtenbekleidung, Damenlederröcke und -jacken, Kinderhosen und auch Blusen und Hemden, die in die Region passen.

WILDPARK HOCHKREUT

Wildpark Hochkreut

Aurachberg 60
A-4814 Neukirchen

www.wildpark.co.at

„Wir wollen bei den Besuchern die Lust auf Natur pur wecken", sagt Mag. Douglas Graf O'Donell, der gemeinsam mit seinem Cousin Ing. Rory Graf O'Donell den „Wildpark Hochkreut" führt, der mitten im Salzkammergut auf einer Bergkuppe zwischen Attersee und Traunsee auf 960 Metern Seehöhe liegt. Der Wildpark ist alter Familienbesitz und hat eine wechselvolle Geschichte hinter sich. Seinerzeit lag das Gelände direkt neben dem Jagdrevier von Kaiser Franz Joseph, das prachtvolle Jagdhaus beherbergte viele Gäste aus dem Hochadel. Im Zug der Wirren des Ersten und Zweiten Weltkrieges verlor das Areal an Bedeutung, bis 1972 die Vorfahren der heutigen Besitzer die Idee hatten, dort einen Wildpark einzurichten. Die Absicht war und ist, den Kontakt zwischen Mensch und Tier in den Vordergrund zu stellen, aber nicht in Form eines künstlichen Erlebnisparks, sondern als echtes, unverfälschtes Naturerlebnis. Die Tiere leben das ganze Jahr in großen, artgerechten Gehegen, aber im Freien. Sie sind Wind und Wetter ausgesetzt und sie haben Rückzugsmöglichkeiten in Form von Höhlen und wetterfesten Unterständen. Manche Besucher sind deshalb gelegentlich enttäuscht, weil sie nicht alle Tiere auf den ersten Blick sehen können, aber das entspricht der Philosophie. „Wir wollen keine virtuelle Welt schaffen, in der

Tiere als Effekt eingesetzt werden", sagt Douglas O'Donell. „Die Besucher sollen lernen, wieder die Augen zu öffnen und die Natur zu genießen. Das schafft Erholungswert." Zur Erholung kommt auch der pädagogische Effekt, denn im „Wildpark Hochkreut" wurden ein Vogelstimmenlehrpfad und ein Froschlehrtümpel mit heimischen Singvögeln und Froschlurchen eingerichtet sowie ein Panoramamuseum das viele wissenswerte Details über die gesamte Region vermittelt.

Im Zentrum des Parks stehen aber selbstverständlich die Tiere. Ausgewählt wurden sie nach ihrer Anpassungsfähigkeit an das Alpenklima, zum Teil kommen sie aus Regionen, die geografische Ähnlichkeiten mit dem Salzkammergut aufweisen. Zu den heimischen Tieren zählen Wildschweine, Mufflons, Rot-, Dam- und Sikahirsche. Alpensteinböcke sowie verschiedene Arten von Tag- und Nachtgreifvögeln können beobachtet werden, aus dem fernen Atlasgebirge kommen die Mähnenspringer, aus dem Himalayamassiv die Tahre und die Grunzochsen (Yaks). Damit der Ausflug in den „Wildpark Hochkreut" für die ganze Familie ein Erfolg wird, gibt es auch domestizierte Tiere wie die afrikanischen Kamerunschafe, ungarische Zackelschafe, afrikanische Zwergziegen, südamerikanische Meerschweinchen, Zwerghasen, Shetlandponys, Zwergesel und die rückgezüchteten europäischen Tarpane.

Jubelstimmung herrscht, wenn es im Wildpark Nachwuchs gibt und das ist so gut wie jedes Jahr der Fall. Die Besucher sind dann beim Anblick der Jungtiere, welche von Anfang Mai bis Ende Juni auf die Welt kommen, ganz verzückt und können sich vom Anblick der possierlichen Tierbabys kaum losreißen. Spätestens wenn sie nach einem Rundgang, für den man eine gute Stunde auf kinderwagentauglichen Wegen einkalkulieren sollte, und auf den Hunde an der Leine mitgenommen werden dürfen, der Hunger übermannt, sollten sie sich auf den Weg zum jagdlich-rustikalen Gasthaus in der Mitte des Parks machen, das zum gemütlichen Zusammensitzen inklusive herrlichem Rundblick einlädt. Im Selbstbedienungs-Restaurant finden 100 Personen Platz, an sonnigen Tagen können weitere 250 im Gastgarten verköstigt werden und sich an typisch österreichischen Spezialitäten wie Schweinsbraten mit Serviettenknödel und Stöckelkraut, Innviertler Fleischknödel oder Wienerschnitzel laben. Für die Kinder oder besonders Eilige gibt es natürlich auch Eis oder Snacks. Gerne wird der „Wildpark Hochkreut" auch für besondere Anlässe wie Kindergeburtstage, Betriebsausflüge oder Hochzeiten genützt.

SCHWEIZERHOF AM SEE

Schweizerhof am See
Gästehaus – Restaurant – Camping

Hauptstraße 17
A-4813 Altmünster

Telefon 00 43 (0) 76 12 / 8 72 76
Telefax 00 43 (0) 76 12 / 87 27 64

www.schweizerhof.cc

Ob im Zelt, im Wohnwagen oder in einem der gemütlichen, komfortablen Zimmer, welche über einen Internetanschluss verfügen – im Gästehaus „Schweizerhof am See" in Altmünster an der Seepromenade des Traunsees kann jeder Urlaub nach seiner Fasson machen.
Den Betrieb gibt es seit der Mitte des vorigen Jahrhunderts, er wurde seinerzeit von den Eltern der jetzigen Besitzerin Hannelore Simmer gegründet, die das attraktive Grundstück am See optimal nutzen wollten. Es war ein schmuckes, eher einfaches Haus, das gegen Ende des 20. Jahrhunderts umgebaut und liebevoll eingerichtet wurde. Der Umbau ist perfekt gelungen und die Stimmung so heimelig, dass das Gästehaus und das Restaurant „Schweizerhof am See" sogar zum Schauplatz für einige Lokalszenen der erfolgreichen TV-Serie „Schlosshotel Orth" wurde. Dem Ruf des Hauses hat das natürlich gut getan, es war eine hervorragende Werbung, die die Mundpropaganda der zufriedenen Gäste unterstützt.
Und zufrieden sind die Urlauber dort allemal. Im Gästehaus warten auf sie gut ausgestattete Zimmer, die so romantische Namen tragen wie Toscana, Salettl, Bergblick, Seeblick oder Gmundnerberg und die über Balkone verfügen, von denen aus man nach dem Aufwachen den See und die schöne Landschaft bewundern kann – da macht das Aufstehen richtig Spaß. Auch die Urlauber auf dem hauseigenen Campingplatz leben mitten in der Natur, an einem Platz im Salzkammergut, der keinen Vergleich mit anderen scheuen muss.
Die Urlaubsfreude setzt sich beim ausgiebigen Frühstück fort, bei dem die Gäste Kraft und Energie für die Unternehmungen des Tages tanken. Und unternehmen kann man sehr viel in der Region. Das Haus ist Aus-

gangspunkt erholsamer Wanderungen, unmittelbar daneben stehen ein großzügiger Kinderspielplatz, ein geheiztes Schwimmbecken direkt am See, Tennisplätze, ein Beachvolleyballplatz und eine Minigolfanlage bereit, dazu gibt es auch noch die Möglichkeit, Wasserski zu fahren oder eine herausfordernde Mountainbike-Tour zu unternehmen. In nächster Umgebung kann man Reiten und Golfspielen und wer mit dem Unterhaltungsangebot auf der Erde noch nicht genug hat, fährt auf dem Traunsee Boot oder wagt sich gar in die Lüfte, mit einer Ballonfahrt oder bei einem Rundflug über dem Salzkammergut, die atemberaubende Perspektiven liefern.
So viele Aktivitäten machen hungrig – und da sind die Urlauber im Restaurant „Schweizerhof am See" bestens aufgehoben. Im gemütlichen Lokal essen sie typisch österreichische Gerichte und kosten die variantenreichen Fischspezialitäten mit Fischen aus dem heimischen See. Unschlüssige halten sich an die Tagesempfehlungen mit Salzkammergut-Schmankerln, die vom Koch mit viel Liebe zum kulinarischen Detail zusammengestellt werden.
Die vorzüglichen Speisen erfreuen nicht nur die Urlauber und Camper, die im „Schweizerhof" Quartier genommen haben, sondern auch viele andere Gäste. Weil sich die Qualität des Lokals im Lauf der Jahre herumgesprochen hat, kommen auch die Einheimischen gerne und veranstalten dort Familienfeiern und Hochzeiten, bei denen in bester Tradition aufgetischt wird, was Küche und Keller zu bieten haben.

Carpaccio von der Lachsforelle und Reinanke

Zutaten
2 Stück Lachsforellenfilets, ca. 200 g
2 Stück Reinankenfilets entgrätet und enthäutet, ca. 200 g
Petersilie, Basilikum und frischer Dill, fein geschnitten
Weißer Pfeffer aus der Mühle
Ursalz
Olivenöl

Zubereitung
Ein Lachsforellenfilet auf eine Frischhaltefolie legen, mit den Kräutern, Salz und Pfeffer würzen, einige Tropfen Olivenöl darauf, dann die zwei Reinankenfilets darauflegen, ebenfalls würzen und zum Abschluss das zweite Lachsforellenfilet darauflegen und in die Folie einrollen.
24 Stunden ins Tiefkühlfach geben. Vor dem Anschneiden mit der Aufschnittmaschine circa 15 bis 20 Minuten antauen lassen, in dünne Scheiben schneiden.

LANDGASTHOF ZUR SALZKAMMERGUTBAHN

Landgasthof zur Salzkammergutbahn

Eben 1
A-4813 Altmünster

Telefon 00 43 (0) 76 12 / 87 01 30
Telefax 00 43 (0) 76 12 / 8 70 13 33

www.salzkammergutbahn.at

Seit 1878 ist der „Landgasthof zur Salzkammergutbahn" in Altmünster im Besitz der Familie Höller. Das nach dem Bau der Salzkammergutbahn, die zwischen 1875 und 1877 von der „Kronprinz Rudolfbahn-Gesellschaft" errichtet wurde, entstandene Gasthaus hat sich im Laufe der Zeit zu einem hervorragenden Restaurant mit regionalen Spezialitäten und internationaler Küche entwickelt..
„Wir sind ein typisches Salzkammergut-Lokal", hält der heutige Chef Markus Höller fest. „Wir holen uns die Zutaten für die Speisen aus der Region und achten darauf, welche Landwirte jeweils die beste Ware anbieten."

In dem gepflegten Landgasthof kann man neben anderen traditionellen Speisen auch kreative moderne Gerichte genießen. „Tradition braucht Innovation, Innovation braucht Tradition!" Diesem Leitspruch hat sich das gesamte Küchenteam verschrieben und so werden behutsam die klassischen Rezepte des Salzkammerguts in die heutige Zeit getragen und zu modern interpretierten Klassikern!
Immer wieder veranstaltet der Küchenchef Spezialitätenwochen, bei denen im kulinarischen Jahreskreis mit den delikaten Rindfleischwochen begonnen wird. Der genussvolle Spannungsbogen reicht weiter von den Fischtagen über die Kräutertage bis zu

Lamm und Wild und endet im kulinarischen Advent.
Einer der Saisonhöhepunkte sind die herbstlichen Wildtage im „Landgasthof zur Salzkammergutbahn“ – ein Ereignis, auf das sich nicht nur die zahlreichen Stammgäste freuen.
Dabei kann man köstliche Wildgerichte verkosten, die Höller mit besonderer Sorgfalt und Liebe zubereitet. Vom Wildragout über die geschmorte Hirschschulter mit Orangenkruste bis zu Gamsrücken im Moccaduft hat jedes Gericht seine individuelle Note, die nicht zuletzt wegen der hervorragenden Qualität des Wildbrets begeistert.
Die Gäste speisen in der gemütlichen Stube, in der 110 Personen Platz haben, oder in dem einladenden Gastgarten mit 45 Sitzplätzen und trinken erlesene Weine aus dem bestens sortierten Keller des Hauses. Von der Qualität der erlesenen Tropfen kann sich jeder bei den regelmäßig stattfindenden Weinevents überzeugen, bei denen die Stars unter den heimischen Winzern ihre Weine präsentieren.
Wer die kulinarischen Köstlichkeiten aus dem Landgasthof genießen möchte, muss

dies im Übrigen nicht unbedingt im Lokal tun, so gemütlich es dort auch ist: Die Familie Höller und ihr Team betreiben auch ein Catering und liefern die besten Speisen gerne nach Hause.

Rosa Hirschkalbsrücken mit Räucheraromen, gratiniertem Steinpilz-Sellerie-Püree und Latschenschaum

Zutaten

4 Stück Hirschkalbsrückenfilet à 140 g
Salz, Pfeffer
Räuchermehl
Wacholderbeeren
1 Bd. Thymian
Olivenöl
1 Sellerieknolle, geschält und gewürfelt
1/4 l Obers
125 g Butter
10 g getrocknete Steinpilze, am Vortag eingeweicht
1 Pkg. Strudelteig
1 TL Semmelbrösel
4 EL Wildjus
1 EL Latschenbutter
1/8 l Wildfond
1 EL Weißwein
1/8 l Obers
1 EL Schalotten

Zubereitung

Sellerie mit Obers weich kochen, Flüssigkeit ableeren und mit Butter zu feinem Püree mixen. Steinpilze klein hacken, in Butter kurz anschwenken und unter das Püree heben. Aus dem Strudelteig Ringe mit 7 cm Durchmesser und 4 cm Höhe backen. Püree einfüllen, mit Thymianbröseln bestreuen und im Rohr bei extremer Oberhitze 7 Minuten überbacken.
Hirschrückenfilets würzen und auf beiden Seiten in Olivenöl kurz anbraten. Räuchermehl, Wacholderbeeren und Thymian in einen Topf mit Gittereinsatz geben und auf den Herd stellen bis Rauch aufsteigt. Das Fleisch auf das Gitter legen, mit Deckel zudecken und im Rohr bei 160 °C 9 Minuten fertig räuchern.
Schalotten würfeln, in Butter anschwitzen, mit Wildfond, Weißwein und Obers aufgießen und ein wenig reduzieren. Würzen und mit der Latschenbutter schaumig aufmixen. Das geräucherte Hirschrückenfilet mit Wildjus, Latschenschaum und dem gratinierten Püree anrichten.

GASTHOF ENGELHOF

„Allen Menschen Recht getan, ist eine Kunst, die niemand kann!“ Dieses Sprichwort hört man im Salzkammergut ziemlich oft, nur vor den Toren des bekannten „Gasthauses Engelhof“ in Gmunden hat es Pause: Dort ist es den Wirtsleuten Wolfgang und Christine Bergthaler gelungen, auf die unterschiedlichsten Bedürfnisse ihrer Gäste einzugehen und für umfassende Zufriedenheit zu sorgen.

Das schmucke Restaurant liegt etwa einen Kilometer vom Stadtzentrum Gmunden an der „Romantikstraße“ Richtung Almtal und ist seit 1900 im Familienbesitz. Die jetzigen Eigentümer führen es seit 25 Jahren und da hat sich natürlich die Notwendigkeit ergeben, das Haus zu modernisieren. Als es so weit war, haben die Wirtsleute zwei Fliegen mit einer Klappe geschlagen, erzählt Wolfgang Bergthaler: „Beim Umbau ist es uns darum gegangen, die internen Abläufe zu verbessern, außerdem aber auch das Problem zu lösen, wie man Konflikte zwischen Rauchern und Nichtrauchern im Lokal vermeidet. Deshalb haben wir zum Beispiel eine neue Bar und ein eigenes Stüberl für Raucher gemacht und dort eine ordentliche Abluft- und Umluftanlage eingebaut. Das ganze übrige Lokal, auch die alte Gaststube, ist rauchfrei – damit sind alle einverstanden.“

In dieser harmonischen Atmosphäre schmeckt das Essen besonders gut, für das der „Engelhof“ weithin bekannt ist. Die Chefin kocht persönlich und wer einmal ihre gratinierten Zucchini auf Tomatensoße mit Petersilienkartofferl oder die Tagliatelle mit

Gasthof Engelhof

Engelhofstraße 1
A-4810 Gmunden

Telefon 00 43 (0) 76 12 / 6 48 92
Telefax 00 43 (0) 76 12 / 6 48 92 33

www.engelhof.at

Lauch und Räucherlachs-Streifen verzehrt hat, kommt aus dem Schwärmen nicht heraus. Auch Paprikageschnetzeltes mit Basmatireis, der gerollte Kalbsbraten oder heimische Köstlichkeiten wie Brat'l in der Rein mit Knödel, Kartofferl und Salat, Schnitzl mit Erdäpfelsalat oder Backhenderl sind unwiderstehlich.

Die Qualität der Küche hat sich schon lange herumgesprochen, sagt Wolfgang Bergthaler: „Zu uns kommen viele Stammgäste aus Gmunden und der näheren und weiteren Umgebung. In der Gegend sind einige größere Unternehmen angesiedelt und da haben wir immer wieder auch Geschäftsessen. Dazu gibt's sehr oft fröhliche Familienfeiern, für Abwechslung ist bei uns jedenfalls gesorgt." Für Gemütlichkeit auch: Das schätzen nicht nur die Gäste im Restaurant, die sich mit gutem Essen und ausgewählten Getränken verwöhnen lassen, sondern auch die Urlauber, die sich für ein paar Tage in einem der elf Zimmer oder den beiden Apartments einquartieren. Sie genießen dort nicht nur zeitgemäßen Komfort, sondern vor allem auch die sehr persönliche Betreuung. Das Team ist sichtlich bemüht, den Gästen den Aufenthalt im Hause so angenehm wie möglich zu gestalten und dem Wahlspruch des traditionsreichen Betriebes gerecht zu werden: „Engel leisten mehr – nur fliegen können wir nicht!"

Geschmortes Lammragout mit provenzalischem Gemüse und Risottobällchen

Zutaten

800 g Lammfleisch, aus Schulter oder Schlegel
400 g Wurzelgemüse, würfelig geschnitten: Karotten, gelbe Rüben, Sellerie und Zwiebeln
1 EL Olivenöl
1 EL Butter
1 TL Tomatenmark
1/4 l Rotwein
1/2 l Rindsuppe oder brauner Lammfond
Salz, Pfeffer
3 Zehen Knoblauch
Rosmarin
Thymian
1 Lorbeerblatt
1/8 l Obers (Schlagsahne)
1 EL Mehl

Zubereitung

Das Lammfleisch in nicht zu kleine Würfel schneiden und in Olivenöl und Butter scharf anbraten. Dann das würfelig geschnittene Gemüse dazugeben, ebenfalls anrösten, das Tomatenmark kurz mitrösten, mit Rotwein ablöschen und mit Suppe oder Fond aufgießen. Salz, Pfeffer, Knoblauch, Rosmarin, Thymian und das Lorbeerblatt hinzugeben und zugedeckt weich dünsten lassen.

Nun das Fleisch herausheben und die Soße durch ein feines Sieb passieren. Den Obers mit dem Mehl verrühren und im Bratenfond gut verkochen lassen und das Fleisch zurück in die Soße geben.

Mit provenzalischem Gemüse und Risottobällchen servieren.

STADLERS

Eine kulinarische Rundreise durch Europa, bei der man erlesene Köstlichkeiten aus den verschiedensten Ländern genießen kann, ohne Österreich zu verlassen? Im Salzkammergut ist das problemlos möglich und zwar in „Stadlers Feinkostladen“ in der Austria Passage in Gmunden.

„Ich bin ein Geschäft, wo man essen und trinken kann!“ Mit dieser originellen Beschreibung erklärt der gelernte Koch Helmut Stadler kurz und bündig, was die Kunden bei „Stadlers“ erwartet: ein Feinkostgeschäft mit Gastronomie. Vorbild für das im November 2005 eröffnete Geschäft waren die Enotecas in Italien, eine Kombination aus gehobenem Weinhandel, Feinkostgeschäft und Gastronomiebetrieb.

Das Konzept ist ebenso einfach wie genussvoll: Man geht ins Geschäft, trinkt zum Einstimmen ein Glas Prosecco oder auch einen Espresso, verkostet den Wein und die Feinkostspezialitäten – oft zum reinen Ladenpreis oder zu einer geringfügig höheren Probierpauschale – und nimmt dann die Delikatessen entweder gleich mit oder bestellt sie nach Belieben und Bedarf.

Delikatessen trifft den Kern der Sache, denn Stadler legt größten Wert auf die Qualität seiner Lieferanten. Die Waren kommen aus dem In- und Ausland, von Großhändlern ebenso wie von Weinbauern oder Landwirten aus dem Salzkammergut.

Das Sortiment umfasst vorwiegend Spezialitäten aus Österreich, Italien, Frankreich, aber auch aus anderen Ländern. Dabei befolgt Stadler ein klares Prinzip: „Ich suche die Spezialitäten nicht nach dem Land aus, sondern nach dem Geschmack.“

Das Resultat dieser wohlüberlegten Auswahl kann man sich etwa beim Käse auf der Zunge zergehen lassen. Der Feinkostladen bietet beispielsweise eine spezielle Käsesorte an, die nur in Spanien erzeugt und von dort importiert wird. „Beim Weichkäse kommt man am französischen Käse nicht vorbei“, sagt der Kenner, „einen Bergkäse aber nehme ich aus Österreich, den muss ich nicht aus Frankreich holen, den gibt es bei uns in bester Qualität.“ Andere Sorten wiederum können nur aus Italien kommen und aus dieser internationalen Zusammensetzung ergibt sich ein Genuss-Programm, das auch die verwöhntesten Gaumen überzeugt.

Bei den Köstlichkeiten aus Fleisch ist Stadler besonders sensibel und geht mit seinen eigenen Landsleuten kritisch ins Gericht: „Da

Stadlers
Feinkost

Austria Passage
Sparkassengasse 10
A-4810 Gmunden

Telefon 00 43 (0) 6 99 / 81 98 65 93

www.austria-passage.at/stadlers

gibt es in Österreich Betriebe, die glauben, sie müssen unbedingt einen Prosciutto erzeugen, aber der kommt mir nicht ins Geschäft. Denn ein Prosciutto muss aus San Daniele kommen oder meinetwegen auch aus Parma, aber nicht aus Österreich. Hierzulande bekommt man wiederum einen exzellenten Speck, da brauche ich nicht weit zu fahren, den gibt es auch in Oberösterreich."

Auch bei den Getränken ist Qualität das oberste Gebot, davon kann man sich auch bei den Weinverkostungen überzeugen, die in dem Geschäft mehrmals jährlich auf der Tagesordnung stehen. „Stadlers" ist mehr als nur ein Feinkostladen, denn in der Gmundener Enoteca finden immer wieder Veran-

staltungen statt. Besonders beliebt ist das Carpacciofest, bei dem man viele feine Carpaccio-Variationen (zum Beispiel Thunfisch oder Rind) mit dem dazu passenden Gläschen Wein genießen kann. Dass der Chef seinen ursprünglichen Beruf keineswegs verlernt hat, beweist er bei der Komposition leckerer Antipasti. Allseits gerühmt werden der delikate Thunfischsalat und viele andere Köstlichkeiten, die er sich oft spontan einfallen lässt.

In Gmunden und Umgebung ist „Stadlers" bekannt und beliebt, einige Hotels veranstalten für ihre Gäste sogar eigene Besichtigungs- und Verkostungstouren in das Geschäft, die bei den Touristen sehr gut ankommen. Hauptsächlich beliefert Stadler aber Einheimische, sie bilden seine Stammkundschaft, die durch Mundpropaganda ständig größer wird.

Geöffnet ist „Stadlers" Dienstag von 8 bis 19 Uhr, Mittwoch, Donnerstag und Freitag von 10 bis 19 Uhr und Samstag von 9 bis 17 Uhr. Genügend Gelegenheiten also, sich selbst einmal nach Herzenslust mit delikaten Köstlichkeiten zu verwöhnen.

Traunsee Touristik GmbH Nfg. & Co KG

Toscanapark 6
A-4810 Gmunden

Telefon 00 43 (0) 76 12 / 66 01 40
Telefax 00 43 (0) 76 12 / 6 68 43

www.traunsee-touristik.at

Im Salzkammergut findet der Urlauber alles, was den Aufenthalt zum Erlebnis macht, nur eines nicht: Eintönigkeit! Allein das Angebot rund um den sonnenumkränzten Traunsee reicht locker aus, um Gedanken an Langeweile erst gar nicht aufkommen zu lassen. Vieles von dem, was man in der Region erleben kann, ist echte Volkskultur und urwüchsiges Brauchtum. Zum Beispiel der „Glöcklerlauf", der jedes Jahr am 5. Januar stattfindet, der „Liebstattsonntag" in Gmunden, der immer am 4. Fastensonntag begangen wird und bei dem nach einem feierlichen Kirchgang mit den Trachtenvereinen am Rathausplatz Lebzeltherzen an Einheimische und Gäste verschenkt werden oder die „Kripperlroas" in Ebensee, wo die schönsten Weihnachtskrippen nicht nur in Kirchen und Museen, sondern auch in privaten Haushalten besichtigt werden können. Und dass im fröhlichen Salzkammergut der Fasching besonders ausgelassen gefeiert wird, ist selbstverständlich. Der „Fetzenumzug" in Ebensee ist einer der gern gepflegten Bräuche, mit denen die Wintergeister vertrieben oder milde gestimmt werden sollen.
Zuschauen und mitmachen lohnt sich bei den Festen, aber unternehmungslustige Gäste sind nicht auf Veranstaltungen angewiesen, um Erholung und Abwechslung zu finden. Sie nützen einfach die Natur mit ihren Schönheiten aus, die rund um den Traunsee besonders vielfältig sind.
Die Gegend und viele interessante Ausflugsziele und Museen in der Region lassen sich mit dem Auto erkunden, besonders empfehlenswert sind aber ausgedehnte Wanderungen auf den Bergen rund um den See. Keine Sorge: Man muss kein Reinhold Messner sein, um die Gipfel zu bezwingen, denn in der Traunseeregion stehen zwei traditionsreiche Seilbahnen bereit, um Urlauber in luftige Höhen zu bringen.
Die „Grünberg Seilbahn", die auf den Gmundner Hausberg führt, transportiert die Gäste in einer knappen Viertelstunde von 432 auf 1 004 Meter Seehöhe. Von dort aus kann man Wanderungen in verschiedensten Schwierigkeitsstufen unternehmen und auch das eigene Verständnis für die Umwelt vertiefen. Gelegenheit dazu bietet sich auf dem Waldlehrweg oder dem Pilzlehrpfad.
Sehr beliebt ist die Wanderung zum Laudachsee, die auch Familien mit Kindern samt Kinderwagen problemlos bewältigen können. Je nach Lust, Laune und Kondition stehen verschiedene Wanderwege zur Verfügung, die gut markiert sind. Etwa zwei Stunden braucht man für die Strecke Grünberg Bergstation – Laudachsee – Grünberg Bergsta-

tion. Etwas mehr Zeit muss man einkalkulieren, wenn man von der Grünberg Bergstation zum Laudachsee, weiter zum Franzl im Holz und dann nach Gmunden marschiert. Zu Wasser, zu Lande und in der Luft ist unterwegs, wer die Route Grünberg – Laudachsee – Hois'n oder Ramsau wählt: Da geht's nämlich zuerst mit der Seilbahn auf den Grünberg und dann zu Fuß hinunter zum Traunsee, wo man mit dem Schiff weiter nach Gmunden fährt.

Gern begangen werden auch die Routen Grünberg – Radmoos – Mitterweg – Ortnersteig – Gmunden (Gehzeit circa 2 Stunden) und Grünberg – Radmoos – Mitterweg – Grünbergbauer – Gmunden (Gehzeit etwa 2,5 Stunden).

Wandern macht hungrig und durstig, aber dafür ist auf dem Hausberg der Gmundener bestens vorgesorgt. Der „Gasthof Grünbergalm" ist nur fünf Minuten von der Bergstation der Seilbahn entfernt, liegt auf rund 1 000 Metern Seehöhe und bietet alles, was Magen und Kehle sich nach einer ausgiebigen Tour wünschen. Etwas tiefer gelegen, auf einem Hügel über dem Laudachsee am Fuße des Traunsteins, liegt in 881 Metern Seehöhe die „Ramsauer-Alm", wo man Gelegenheit hat, die müde gewordenen Beine ausrasten zu lassen und sich mitten im kühlen Hochwald zu stärken.

Ein anderes Paradies für Wanderer ist der Feuerkogel in Ebensee, wo schon die Seilbahn selbst eine ausgesprochene Sehenswürdigkeit ist. Sie wurde nämlich im Jahr 1927 vom Ebenseer Pionier, Kommerzialrat Rudolf Ippisch als erste Seilschwebebahn Österreichs errichtet. Heute noch bringt sie zahlreiche Erholungssuchende in circa 8 Minuten von der Talstation auf 475 Meter Seehöhe zur Bergstation, die in 1 584 Metern Höhe liegt. Wer auf dem Berg angelangt ist, bedauert, dass die Fahrt schon vorüber ist: Von der Seilbahn aus hat man nämlich einen wahrhaft imposanten Ausblick auf Ebensee, den Traunsee und große Teile des Salzkammerguts mit der eindrucksvollen Berglandschaft. Der Feuerkogel zählt zu den beliebtesten Wandergebieten des Salzkammergutes und bietet mit zehn Kilometern Höhenwegen und 40 Kilometern markierten Wandersteigen jede Menge Möglichkeiten, bergan zu steigen und von oben aus die einzigartige Aussicht zu genießen. An klaren Tagen reicht der Blick bis zum Böhmerwald und zum König der Berge dieser Region, dem Dachstein. Wer die farbenfrohe und vielfältige Pflanzenwelt besser kennenlernen oder etwas über den geologischen Aufbau des Berges wissen möchte, nimmt am besten an einer der

naturkundlichen Führungen teil, wo fachkundige Einheimische alle offenen Fragen beantworten.
Keinesfalls entgehen lassen sollte man sich das symbolträchtige Europakreuz am Feuerkogel, das aus einzelnen Würfeln zusammengebaut ist, die alle mit ihren Namen in der jeweils landesspezifischen Schreibweise gekennzeichnet sind. Jeder Würfel stellt einen EU-Mitgliedstaat dar und hat die gleiche Form und Größe, ein Hinweis auf den Grundsatz der Gleichheit und Einheit der einzelnen Staaten in der Europäischen Union. Kreisrunde Löcher, die an den Würfelflächen ausgeschnitten sind, stehen für die Öffnung des jeweiligen Landes nach allen Seiten und ermöglichen den Einblick in das Innere. Dort befindet sich ein Stein aus dem betreffenden Staat, mit dem es eine besondere Bewandtnis hat. So stammt der Stein aus Lettland aus dem Podest des ehemaligen Lenin-Denkmals in Riga, das in der Nacht vom 23. zum 24. August 1991 demontiert wurde. Der Stein aus Spanien kommt aus der Gegend des Palastes „El Escorial", der vom spanischen Habsburgermonarchen Philipp II. (1527-1598) errichtet wurde. Der Stein aus Deutschland ist ein Stück aus der Berliner Mauer, der österreichische Stein wiederum wurde im Steinbruch St. Margarethen im Burgenland – wo heutzutage alljährlich große Opernwerke aufgeführt werden – herausgehauen, beim Bau des berühmten Stephansdomes in Wien verwendet und später von dort in das Salzkammergut gebracht.
Wer nach so viel lebendigem Geschichtsunterricht Erholung braucht, findet sie in unmittelbarer Nähe. Nicht weniger als fünf Berggasthöfe stehen zur Verfügung, um müde Wanderer zu verwöhnen. Jeder für sich hat seine eigenen Attraktionen.
In der „Christophorushütte" bekommt man in drei Stuben und auf den zwei Aussichtsterrassen ausgezeichnete Hausmannskost. Das „Feuerkogelhaus", das „Haus Dachsteinblick" und das „Naturfreundehaus" heißen die Gäste gleichfalls willkommen. Im „Berggasthof Edelweiß" der Familie Neubacher entdeckt man den höchstgelegenen Weinkeller Österreichs und genießt exzellente Weinverkostungen im gemütlichen Gastzimmer und auch in der etwa zwei Gehstunden von der Bergstation entfernten „Riederhütte" fühlt man sich auf Anhieb geborgen.
Das Berggebiet ist sowohl im Sommer als auch im Winter ein ideales Ferienziel, das schätzen besonders auch die Urlaubsgäste im 1988 errichteten autofreien Almhüttendorf. 13 Hütten für je zwölf Personen stehen zur Verfügung, im Dorf gibt es Sauna, Sat-TV und Telefon, Haustiere sind erlaubt.
Für Liebespaare mit einem Hang zur Romantik ebnet der Feuerkogel gerne den Weg in die Zweisamkeit: Wenn sich die zwei Verliebten das Ja-Wort geben wollen, können sie das bei der Trauung in der Christophoruskapelle neben der Christophorushütte auf 1600 Metern Seehöhe tun – und bei so einem Höhenflug steht dem gemeinsamen Glück sicher nichts im Wege!

RUDOLF WAGNER

Im Salzkammergut leidet man nirgendwo Durst, ganz im Gegenteil: In allen Teilen dieser schönen Region werden durstige Kehlen mit flüssigen Köstlichkeiten verwöhnt. Das ist zu einem guten Teil das Verdienst der Familie Wagner, die mit ihrem Getränkegroßhandel von Gmunden aus an die 2500 Gastronomiebetriebe mit alkoholfreien Getränken, geschmackvollen Kaffeesorten – das Unternehmen hat die Generalvertretung für die italienische Marke Nannini –, edlen Weinen und Bierspezialitäten aus aller Welt versorgt.

Dass die Wagners die Durstlöscher der Region sind, hat Tradition, schließlich hat Firmengründer Josef Wagner schon 1924 in Gmunden mit dem Getränkehandel begonnen. Der Durchbruch gelang dann Ende der 30er-Jahre, als es dem Unternehmen gelang, die berühmte Rezeptur von Coca Cola an den Traunsee zu holen. Als Partner des weltberühmten Konzerns sorgt die Firma „Wagner" Jahrzehnte lang für die Abfüllung und den Vertrieb des nicht minder berühmten Getränkes.

Der heutige Firmenchef Rudolf Wagner, der im Jahr 1978 in das Unternehmen einstieg und es heute zusammen mit seinem Bruder Erich führt, baute die Firma zu einem Getränkegroßhandel der Oberklasse aus. „Wir wollen einfach für jeden Geschmack etwas bieten", beschreibt Rudolf Wagner die Unternehmensphilosophie, zu der es gehört,

Rudolf Wagner KG
Getränkegroßhandel

Scharnsteinerstraße 1
A-4810 Gmunden

Telefon 00 43 (0) 76 12 / 7 84
Telefax 00 43 (0) 76 12 / 7 84 11

www.wagnerweb.at

immer wieder Spezialitäten ins Programm zu nehmen, die nicht jeder kennt. Das beginnt schon bei den alkoholfreien Getränken: Vom puren Fruchtsaft über Energy Drinks, Lemon Soda, „Libella“, „Bitters“, dem „Montes“-Mineralwasser aus Tirol oder einem spanischen Mineralwasser, das leicht salzhaltig ist, bis zur isotonisch wirkenden „Bionade“ in den Geschmacksrichtungen Holunder, Litschi, Kräuter und Ingwer/Orange steht alles zur Verfügung, was durstige Seelen wünschen könnten.

Auch beim Bier kommen Genießer nicht zu kurz, denn die bekanntesten Brauereien sind im Sortiment vertreten: „Trumer“, „Stiegl“, „Hirter“, „Zipfer“, „Veltins“, „Budweiser“ oder „Heineken“, die Weißbiere „Gmachl“, „Maisel“ und „Weizengold“ und auch die promillelosen Sorten „Schloßgold“, „Null Komma Josef“ und „Clausthaler“. Und wer es ein bisschen exotischer möchte, greift zu „Anheuser Busch“, „Foster's Lager“ oder „Desperados“.

In der vor einigen Jahren eröffneten Vinothek finden Privatpersonen und interessierte Firmen mehr als 1400 verschiedene Weine aus den bekanntesten Weinregionen Österreichs sowie aus Deutschland, Italien, der Schweiz, Frankreich, Spanien und Portugal. Weil selbst Experten bei der Fülle des Angebotes leicht überfordert sein könnten, legt die Firma „Wagner“ großen Wert auf Beratung. Eigene Sommeliers informieren die Kunden über die Raffinesse der einzelnen Weinsorten – da kann kein echter Weingenießer widerstehen.

Beim Bier sind gleichfalls geschulte Gaumenkünstler zur Stelle, um offene Fragen fachkundig zu beantworten. Zum Beratungsteam gehören auch speziell ausgebildete Kaffeekenner, die genau darüber Bescheid wissen, wie das Wasser für den idealen Kaffee beschaffen sein muss und wie fein man die Bohnen mahlen soll, damit das „schwarze Gold“ optimal schmeckt.

„Mit dem Verkauf der Getränke ist es bei uns nicht getan“, sagt Rudolf Wagner. „Wir laden immer wieder Gastronomen zu uns in den Betrieb, wo sie vor Ort Tipps zu Spezialitäten, zur Getränkeaufbereitung und zur gepflegten Trinkkultur mit den passenden Gläsern erhalten, wir kommen aber auch zu ihnen in die Betriebe.“

Ständig informiert werden die Wirtsleute auch über die neuesten Trends, etwa darüber, dass bei Limonaden der Trend in Richtung zuckerfrei geht, stille Mineralwasser immer mehr Zustimmung finden und leichtere Biere beliebter sind als Promille schwere.

LANDHOTEL GASTHOF GRÜNBERG AM SEE

Landhotel Gasthof Grünberg am See

Traunsteinstraße 109
A-4810 Gmunden

Telefon 00 43 (0) 76 12 / 7 77 00
Telefax 00 43 (0) 76 12 / 7 77 00 33

www.gruenberg.at

Egal, ob die Gäste Saiblinge, Reinanken oder Forellen aus dem Traunsee direkt vor der Haustüre speisen, ob sie sich für das Kirchhamer Junglamm oder für Wildspezialitäten entscheiden – eine Beilage ist immer dabei, wenn die köstlichen Menüs auf der Panorama-Seeterrasse im „Landhotel Gasthof Grünberg am See" in Gmunden serviert werden: der Blick auf den See mit dem prachtvollen Schloss Orth!

Wer in dem Drei-Sterne-Haus am Fuße des Traunsteins, direkt am Ufer des Traunsees, Urlaub macht, wird von früh bis spät kulinarisch verwöhnt. Das beginnt beim reichhaltigen Frühstücksbüffet mit Müsliecke und knusprigem frischem Gebäck, das bei Schönwetter im Gastgarten serviert wird. Und das setzt sich bei den Speisen fort, die samt und sonders frisch zubereitet werden. Dank der großen Auswahl ist für jeden Geschmack etwas dabei, auch für Vegetarier. Für die Küche verantwortlich ist die Chefin Ingrid Pernkopf, die den Betrieb gemeinsam mit ihrem Mann Franz führt und – ein Geheimtipp! – rund um die Adventzeit gerne selbst gemachte Kekse auftischt, wie sie nicht einmal der Weihnachtsmann besser backen könnte.

Urlauber schätzen die Küche und auch den Komfort des Hauses mit seinen 30 Zimmern und den drei Familien-Appartements, die mit Selbstwähltelefon, Bad, Dusche und WC, Farb-Kabel-TV, Zimmersafe und Mini-Bar ausgestattet sind. Manche verfügen über Seeblick – und da wird das Aufwachen zu einem ganz besonderen Vergnügen: Wenn der erste Blick am Morgen auf den tiefblauen See und die sonnenbestrahlten Berge fällt, wird auch ein passionierter Langschläfer gerne munter. Freilich nicht nur der schönen Aussicht wegen, sondern weil es schade wäre, den Tag zu verschlafen, schließlich kann man rund um das Landhotel wandern, rudern, mit dem Elektroboot den See erkunden oder das Fliegenfischen versuchen. Ein paar Gehminuten vom Landhotel entfernt lehren gute Trainer Wasserski fahren, segeln oder surfen. Sportliche radeln mit dem Bike auf der „Salzkammergut Radstrecke", wer es geruhsamer liebt, erholt sich einfach in der familiären Atmosphäre, die den Wirtsleuten sehr am Herzen liegt.

Im „Landhotel Grünberg" wird sogar die Arbeit zu Erholung, schließlich ist das Haus ein gern besuchter Tagungsort mit Seminarräumen für 10 bis 50 Personen, die mit der modernsten Technik ausgestattet sind. Während der Seminare müssen die Teilnehmer hoch konzentriert sein, aber eine gute Tasse Kaffee

oder Tee, in einer Pause auf der Panorama-Terrasse getrunken, machen den Stress leichter erträglich. Und das Rahmenprogramm, das auf Wunsch angeboten wird, sorgt erst recht dafür, dass sich Manager und solche, die es werden wollen, in dem Haus am See entspannen: bei einer Weindegustation vom Sommelier persönlich im hauseigenen Weinkeller, einer Massage im Haus, einer Stadtführung oder einer Rundfahrt zu den Schlössern am Traunsee. Schließlich gibt's noch Spezialprogramme für Hochzeiten. Der schönste Tag im Leben der Brautleute wird im „Landhotel Grünberg" zum besonderen Erlebnis, mit Hochzeitscocktail auf der Seeterrasse, festlichem Hochzeitsmenü mit Blumenschmuck, Musik und Hochzeitstorte – und mit der Hochzeitsnacht in der romantischen Suite, Wasserbett inklusive.

Reinankenfilet auf Eierschwammerlsauce

Zutaten

8 Reinankenfilets à ca. 90 g (o. a. Fischfilets)
Öl zum Anbraten
Salz
Mehl zum Eintauchen
300 g geputzte Eierschwammerl
(oder andere Pilze)
40 g Butterschmalz oder Öl
30 g Schalotten, fein würfelig
2 Knoblauchzehen
100 ml Rindsuppe oder Fond
ca. 150 ml Sahne
3 EL geschlagene Sahne
1 EL Petersilie, fein gehackt
je nach Geschmack Salz, Pfeffer aus der Mühle

Zubereitung

Die Reinankenfilets leicht salzen, auf der Hautseite in Mehl tauchen und in einer Pfanne mit wenig Öl auf beiden Seiten sanft braten.
Für die Eierschwammerlsauce Schalotten in Butterschmalz ansautieren, Pilze dazu und kurz mitbraten, mit Rindsuppe ablöschen und mit Sahne aufgießen, sämig einkochen, würzig abschmecken, eventuell mit etwas Mehlbutter oder angerührter Maizena eindicken, zuletzt nach Geschmack noch Petersilie untermengen.
Eierschwammerlsauce auf Tellern anrichten und die Fische darauf platzieren.

ORTHER STUB'N

„Schlosshotel Orth" war eine der beliebtesten TV-Serien und viele Gäste, die nach Gmunden kommen, wollen den Schauplatz des Geschehens besichtigen, das festliche

Seeschloss. Sie finden dort prächtige Säle vor, die an die wechselvolle Geschichte des Hauses erinnern, das im Besitz von Grafen, Erzherzögen und Kaisern war und seit 1995 der Stadtgemeinde Gmunden gehört. Und sie entdecken ein Kleinod mit kulinarischen Genüssen: das À-la-carte-Restaurant „Orther Stub'n", einen klassischen Familienbetrieb. Johann Parzer ist der Chef des Hauses, seine Gattin Brigitte ist als gute Fee für alles zuständig, vor allem für gute Laune und Herzlichkeit, Sohn Christoph ist der kreative Küchenchef.

Gemeinsam setzen sie in dem historischen Gebäude ein originelles Konzept um: In den Mittagsstunden werden Schlossbesucher und Urlaubsgäste mit preisgünstigen Menüs und Tagesspeisen aus der bodenständigen Küche, also mit Schnitzel, Braten, Fisch & Co. verwöhnt. Am Abend darf es dann auch exotischer sein, da stehen Delikatessen auf dem Programm, die das kulinarische Angebot erweitern und ergänzen.

Dabei bleiben fremdländische Köstlichkeiten

Restaurant Orther Stub'n
Seeschloss Orth

Orth 1
A-4810 Gmunden

Telefon 00 43 (0) 76 12 / 6 24 99
Telefax 00 43 (0) 76 12 / 6 37 24

www.schlossorth.com

freilich die Ausnahme, denn Johann Parzer sagt zu recht: „In unserer Gegend bekommt man bei den Bauern und Fischern so hervorragende Produkte, dass man daraus die leckersten Menüs zusammenstellen kann.“ Die Spezialität des Hauses sind fangfrische Fische, die Forellen und Reinanken aus dem Traunsee schmecken allen Gästen. Und der Chef und sein Sohn haben etwas ganz Neues kreiert: die gebratene Leber vom Alpenlachs, eine Delikatesse, die man sonst nirgends bekommt. Zwar wird sie nicht als Hauptspeise angeboten, aber sie wird am Abend als Amuse bouche gereicht, also als Appetithappen, der Genuss auf mehr macht. Serviert wird die Leber auf Gemüse oder Erdäpfelpürree, sie zergeht unglaublich zart auf dem Gaumen.

Abgerundet wird das genießerische Erlebnis mit einer guten Flasche Wein aus dem vielseitig und gut sortierten Weinkeller, für den Sommelier und Maître Stefan Mühlbachler verantwortlich zeichnet. Gelagert werden ausschließlich Weine aus Österreich und zwar ausgewählte Sorten von Winzern, die besonders auf gute Qualität achten.

Das Lokal selbst bietet 85 Personen Platz, im ebenerdig gelegenen, stimmungsvollen Weinkeller können weitere 36 Gäste die Atmos-

phäre des Schlosses auf sich einwirken lassen, er eignet sich auch sehr gut für kleine Firmenfeiern und Weinverkostungen. Im Sommer steht der Innenhof als Gastgarten zur Verfügung, in dem man nachempfinden kann, wie wohl sich seinerzeit die fürstlichen Hausherren gefühlt haben müssen – ein Vergnügen, das heute jedermann genießen kann.

Traunsee-Riedlingsroulade mit ausgelösten Flusskrebsen

Zutaten

6 Riedlinge à ca. 200 g (bei Bedarf auch Reinanke verwendbar)
70 g Blattspinat
1/4 l Sahne
2 Eiweiß
Pfeffer aus der Mühle
1 EL Zitronensaft
1/2 l Fischfond (aus dem Glas)
2 EL Crème fraîche
3 EL Bärlauchpesto (wilder Knoblauch)
100 g Saiblingsfilet
12 Flusskrebse
Dillstengel
Salz
Zitrone
1 EL Kümmel ganz

Zubereitung

Die Riedlinge filetieren und mit einer Pinzette die Rückengräten auszupfen. Von den Filets nur etwa 10 cm verwenden, den Rest beiseite legen. Den Blattspinat in kochendem Salzwasser kurz blanchieren und in Eiswasser abschrecken. Für die Fischfarce das Saiblingsfilet von Gräten und Häuten befreien, mit der Hälfte der Sahne und dem Eiweiß in einer Moulinette pürieren und mit Salz, Pfeffer und Zitronensaft würzen. Die Farce durch ein Haarsieb streichen.

Je 3 Riedlingsfilets leicht salzen und pfeffern. Nebeneinander auf ein Stück gebutterte Alufolie legen. Die Filets mit Fischfarce bestreichen und mit Blattspinat belegen. Die Folie einrollen und zu einer Roulade formen. Den Fischfond bis knapp unter dem Siedepunkt erhitzen und die Roulade darin bei 80 °C etwa 10 Minuten garen. Für die Bärlauchsauce die restliche Sahne mit der Crème fraîche und etwas Fischfond mit dem Bärlauchpesto, Salz und Pfeffer aufkochen und mit einem Stabmixer durchmixen. Krebse in stark gesalzenem Wasser mit Dill, Kümmel und Zitrone etwa 2 Minuten kochen. Die Krebse auslösen und mit der Riedlingsroulade und etwas Bärlauchsauce anrichten. Als Beilage reichen wir feine schwarze Nudeln und kleine Gemüseperlen. Als Garnitur verwenden wir Dill und einen Flusskrebs.

Den Traum vom eigenen Boot können sich Seebären und solche, die es werden wollen, in der „Frauscher Bootswerft" in Gmunden erfüllen. Sie erzeugt sportliche Segelboote ebenso wie umweltfreundliche Elektroboote oder luxuriöse Motoryachten.
Gegründet wurde das Unternehmen von Engelbert Frauscher, der 1927 an der alten Donau in Wien eine Bootswerft errichtete, sich rasch einen exzellenten Ruf als Bootsbauer erwarb und sogar Segelboote für deutsche Olympioniken des Jahres 1936 erzeugte. Im Krieg wurde die Bootswerft zerstört, nach Kriegsende flüchtete Frauscher aus der russischen Besatzungszone in das Salzkammergut nach Gmunden. Dort startete er ein zweites Mal als Bootsbauer, und seine Motor- und Segelboote wurden bald weithin geschätzt. Als Engelberts Söhne Ernst und Hans in der Werft anfingen, setzten sie neue Projekte um, etwa den Bau von Bootshäusern und einer Hafenanlage, die Gründung einer Segelschule und die Entwicklung neuer Motor-, Segel- und später auch Elektroboote. Sie werden bis heute im Anfang der 70er-Jahre errichteten Werk in Gschwandt produziert. Ein Schwerpunkt der 80er-Jahre war die Erzeugung von H-Booten für Segelregatten, mit denen Hans und Stefan Frauscher je einen Weltmeistertitel erringen konnten. Mittlerweile ist mit Michael, Andrea und Stefan die dritte Frauscher-Generation im Unternehmen, das weiter expandiert. Frauscher-Händler sind in 14 Nationen vertreten, darunter in den USA, Russland und Korea. Frauscher-Boote haben ihren Wert. Ein neues Elektroboot der oberen Kategorie bekommt man für etwa 25 000 Euro. Für das Glanzstück der Produktion, die extravagante Neun-Meter-Yacht mit zwei Motoren und 640 PS, muss man 250 000 Euro auf den Tisch legen. Es gibt Kunden, die bei solchen Beträgen nur lächeln: Unter den Käufern von Frauscher-Booten finden sich nämlich nicht nur bootsbegeisterte Durchschnittsverdiener, sondern auch Mitglieder von Königshäusern, die auf Qualität aus Österreich setzen.

Frauscher Bootswerft

Traunsteinstraße 10–14
A-4810 Gmunden

Telefon 00 43 (0) 76 12 / 63 65 50
Telefax 00 43 (0) 76 12 / 6 36 55 11

www.frauscherboats.com

SCHLOSSHOTEL FREISITZ ROITH

Das schöne alte Gebäude schaut aus wie ein Zauberschloss und irgendwie wartet man als Besucher darauf, dass plötzlich eine gute Fee erscheint, die den Urlaubern Wünsche erfüllt. Mit einer richtigen Fee kann das „Schlosshotel Freisitz Roith“ in Gmunden zwar nicht dienen, aber es gibt dort jede Menge guter Geister, die sich, angeführt von Hotelchefin Susanne Lehner, mit Freude und Freundlichkeit um die Gäste kümmern.
Man fühlt sich in dem Haus, das erstmals im 16. Jahrhundert urkundlich erwähnt wurde und zu den ältesten Anwesen rund um den Traunsee zählt, sofort wohl. Das beginnt im romantischen Schlossgarten und das setzt sich in den geschmackvoll eingerichteten Doppel- und Einzelzimmern fort, ganz besonders in den Schloss-Suiten „Traunstein“, „Sonnstein“ und „Erlakogel“. Glanzstück des Hauses ist die Suite „Freisitz Roith“, die auch Hochzeitssuite genannt wird, über zwei Balkone verfügt und über einen Whirlpool, der groß genug für zwei Verliebte ist. Von nahezu allen Räumen aus hat man einen herrlichen Ausblick auf den Garten und auf den Traunsee.
Das Hotel eignet sich bestens für Hochzeiten, Feiern und exklusive Firmenveranstaltungen. Die Festräume – der „Rittersaal“, das „Mozartzimmer“ und das „Jägerstüberl“ – sind ideale Räumlichkeiten für Tagungen, denn in der noblen und doch legeren Atmosphäre blüht die Kreativität förmlich auf. Sich ins-

Schlosshotel Freisitz Roith
GmbH & Co KG

Traunsteinstraße 87
A-4810 Gmunden

Telefon 00 43 (0) 76 12 / 6 49 05
Telefax 00 43 (0) 76 12 / 6 49 05 17

www.schlosshotel.at

pirieren lassen, Kraft tanken und genießen können Gäste des „Schlosshotels Freisitz Roith“ auf der Freiterrasse mit Blick über den Traunsee, im Schlossgarten oder in der Wellnessoase des Hotels. Ein Geheimtipp ist eine Schifffahrt mit dem hoteleigenen, liebevoll restaurierten Mahagoniboot „MS Hochlecken“, das von Kapitän Sepp Vockenhuber gesteuert wird.
Ein Aufenthalt auf „Freisitz Roith“ ist auch ein kulinarisches Erlebnis, versichert Susanne Lehner: „Unsere Küche ist eine modern-kreative Schlossküche, welche die Region und die Saisonen stark mit einbezieht. Wir achten auf höchste Qualität: Die Bauern und Fischer aus der Umgebung beliefern uns täglich mit den besten und ganz frischen Produkten und bei Fleisch legen wir höchsten Wert auf natürlich-biologische Zucht.“
Der Küchenchef Reinhard Sommereder ist jung und kreativ, hat Erfahrungen in exzellenten Häusern gesammelt und schnuppert immer wieder bei Sterne-Köchen rein, um sich Anregungen zu holen.
Das Ergebnis sind exquisite Gaumenfreuden: Die Gäste haben die Wahl zwischen zwei Gourmetdiners mit den Themen „Tradition & Klassik“ sowie „Genuss & Lebensfreude“ und einem exklusiven Überraschungsmenü, dem „Schlossgeheimnis“.
Unbedingt besuchen sollte man den „Freisitz Roith“ Weinkeller: Dort finden Weinverkostungen hervorragender österreichischer und internationaler Weine statt. Auf Wunsch tranchiert der Sommelier im Anschluss noch ein Chateaubriand.

Geräucherter Rücken vom Salzkammergut-Reh im Tramezzinimantel

Für den Rehrücken
400 g Rehrückenstränge
Salz, Pfeffer
200 g Rehfleischfarce
Tramezzinibrot
Butterschmalz
100 g Mirepoix
6 Wacholderbeeren
1 Lorbeerblatt, 1 Thymianzweig
Zimtstange, Nelken
ca. 200 g Räucherspähne
1 Orange
100 g Rehparüren
60 ml Portwein rot
200 ml Wild- oder Gemüsefond

Für die Rehfarce
100 g Rehfleisch (Schulter)
30 g Gänsestopfleber
Salz, Pfeffer
100 ml Sahne, 2 cl Portwein

Zubereitung
Für die Rehfarce Rehfleisch und Gänsestopfleber fein schneiden, mit Salz und Pfeffer würzen. Kaltes Fleisch und Sahne im Mixer zu einer glatten, glänzenden Farce verarbeiten, 15 Minuten kühl stellen und passieren. Mit Portwein und einer Prise Salz abschmecken.
Den Rehrückenstrang halbieren, ca. 10 Minuten bei max. 30–40 °C leicht räuchern, anschließend kühlen. Dünn aufgeschnittenes, fertiges Tramezzini mit der Rehfarce bestreichen, das mit Salz und Pfeffer gewürzte, kurz angebratene und wieder abgekühlte Fleisch auf die Farce legen und kompakt einrollen. Bei schwacher Hitze im Butterschmalz anbraten und ca. 7–8 Minuten bei 180 °C ins Rohr geben, danach warm stellen.
Für die Sauce die Rehparüren in Butterschmalz anbraten, Mirepoix, Wacholderbeeren, Lorbeerblatt, Thymianzweig, Zimtstange, Nelken, Orange dazugeben und weiter schwitzen. Mit Portwein ablöschen, mit etwas Wild- oder Gemüsefond aufgießen, um die Hälfte reduzieren und leicht binden. Mit Salz, Pfeffer und Zucker nochmals abschmecken.

SEEGASTHOF HOIS'N WIRT

Schwer zu sagen, wohin man den Blick zuerst richten soll, wenn man im „Seegasthof Hois'n Wirt" in Gmunden auf der Terrasse sitzt: auf den See, der einem zu Füßen liegt, auf die herrlichen alten Bäume rund um das Haus oder auf die beeindruckende Bergwelt, die das Panorama im Salzkammergut prägt. Das Auge kann sich jedenfalls kaum satt sehen.

Keine Frage: Das Restaurant direkt am Ostufer des Traunsees liegt an einem der schönsten Plätze der gesamten Region, das hat der Urgroßvater des heutigen Wirtes frühzeitig erkannt, als er den Gasthof im ausklingenden 19. Jahrhundert gründete. „Er hat das Haus 1896 gekauft und den Betrieb aufgebaut. Es war ursprünglich eine Landwirtschaft mit einem kleinen Wirtshaus, er hat dann eine Schiffsanlagestelle errichtet und von da an war das Lokal bald in der ganzen Gegend bekannt", erzählt der Wirt Hans Schallmeiner, der den Betrieb gemeinsam mit seiner Gattin Rosi mittlerweile in der vierten Generation führt. Tochter Johanna besucht die Tourismusschule in Salzburg-Klessheim, arbeitet aber schon jetzt im Betrieb mit und wird die Familientradition wohl fortsetzen, schmunzelt der stolze Vater: „Unserer Familie liegt die Gastronomie eben im Blut!"

Hois'n Wirt GmbH

Traunsteinstraße 277
A-4810 Gmunden

Telefon 00 43 (0) 76 12 / 7 73 33
Telefax 00 43 (0) 76 12 / 7 73 33 95

www.hoisnwirt.at

Als Besucher in dem traditionsreichen Haus genießt man die Annehmlichkeiten eines komfortablen Restaurant- und Pensionsbetriebes mit den einladenden Gästezimmern und zugleich die familiäre Atmosphäre, die von der Familie Schallmeiner ebenso gepflegt wird wie von allen Mitarbeitern. Sie ist ein Markenzeichen des Hauses, betont der Wirt: „Wir haben ein gutes Verhältnis zu unseren Gästen. Das sind nicht nur die Urlauber, denn der Grundstock kommt aus Gmunden und Umgebung und kehrt bei uns auch dann ein, wenn noch keine Urlaubssaison ist. Die Leute machen bei uns immer wieder ihre Familienfeiern, Taufen, Hochzeiten, Geburtstagsfeiern oder auch das Sonntagsessen. Die Urlauber wiederum schauen, wo die Einheimischen hingehen – und auf die Art gewinnen wir immer neue Gäste."
Diese werden ebenso wie die Stammkunden mit kulinarischen Köstlichkeiten verwöhnt, wobei die endgültige Speisekarte des Tages meist erst kurz vor Mittag feststeht, erzählt der Wirt: „Weil wir am See sind, zählen die frischen Traunseefische zu den beliebtesten Spezialitäten. Wir haben drei Fischer, die uns täglich um 11 Uhr beliefern, und es ist immer spannend abzuwarten, was sie diesmal gefangen haben." Die Gäste essen die Reinanken und Saiblinge aus dem Traunsee besonders gerne und das freundliche Personal sagt ihnen bereitwillig, wie sie zubereitet werden: gesalzen und gebraten, ohne weitere Zutaten. Hans Schallmeiner: „Beim frischen Traunseefisch ist es schade, wenn man zu viel künstelt. Mir tut es schon weh, wenn ein Gast unbedingt Knoblauchbutter dazu haben möchte – aber wenn es sein Herzenswunsch ist, bekommt er sie natürlich."
Ein Bauer aus der Umgebung liefert jede Woche frisches Lamm, dann gibt es würzige Lammkoteletts, delikate Lammschulter oder pikante Lammleber. Vom Nachbarn bekommen die Wirtsleute unter anderem den Schaffrischkäse – sie achten eben darauf, dass möglichst Produkte aus der Region verwendet werden. Das gilt auch für eine Spezialität, die beim „Hois'n Wirt" besonders gerne gegessen wird, die weithin gerühmten

Krautwickler, zu denen am besten ein kühles „Zipfer" Bier passt. Zu anderen Schmankerln wie der traditionellen Blunz'n, dem Schweinsbraten, dem sautierten Maishendlbrüsterl oder den zarten Beiriedschnitten nehmen die Gäste auch gerne einen der ausgezeichnete Weine aus österreichischen Lagen.

Krautwickler

Zutaten

600 g faschiertes Rind- und Schweinefleisch
8 Weißkrautblätter, blanchiert
100 g in Milch eingeweichtes Knödelbrot
100 g durchzogenen Bauchspeck, dünn geschnitten
1/4 l Sahne
1/8 l Rindsbouillon
2 Eier
1 mittlere Zwiebel, fein geschnitten und hellbraun geröstet
Salz, Pfeffer, etwas Majoran, etwas geschnittener Frühlingsbärlauch

Zubereitung

Faschiertes, Knödelbrot, Eier, Zwiebel, Salz, Pfeffer, Majoran und Bärlauch locker vermengen. Acht Portionen der Masse auf die Weißkrautblätter verteilen und einrollen. Eine Auflaufform mit dem Bauchspeck auslegen, die Krautwickler einlegen und mit Alufolie abdecken. Im vorgeheizten Backofen bei ca. 220 °C eine 3/4 Stunde braten, dann die Folie entfernen, mit Sahne und Rindsbouillon aufgießen und ca. 1/4 Stunde fertig garen, bis die Oberfläche hellbraun ist.
Die Krautwickler mit Petersilerdäpfeln anrichten.

KERAMIKHOTEL GOLDENER BRUNNEN

Keramikhotel Goldener Brunnen

Traungasse 10
A-4810 Gmunden

Telefon 00 43 (0) 76 12 / 64 43 10
Telefax 00 43 (0) 76 12 / 6 44 31 55

www.goldenerbrunnen.at

Keine Frage: Gmunden, das schon im 17. Jahrhundert als Hochburg der Fein- und Zierkeramik galt, ist bis heute die Keramik-Hauptstadt Österreichs geblieben. Dort finden sich die berühmte „Gmundner Keramik Manufaktur", das Keramikmuseum, die Keramikwerkstätten in der Altstadt, das Keramikglockenspiel am Rathaus und auch der Keramikbrunnen. Nur konsequent, dass es auch ein Keramikhotel gibt, das „Hotel Goldener Brunnen".

„Unser Haus mitten in der Altstadt von Gmunden besteht seit 1545", erzählt Hotelchef Thomas Krapfenbauer, „es ist ein sehr traditionsreicher Betrieb, der durch die Keramik mit neuem Leben erfüllt wird. Zusätzlich zum Komfort, den die Gäste selbstverständlich erwarten dürfen, bieten wir ihnen anregende Kunst." Und das auf hohem Niveau. Das „Keramikhotel Goldener Brunnen" zeigt in Form einer Dauerausstellung Kunstwerke, die bei dem alle zwei Jahre stattfindenden Keramiksymposium präsentiert werden, an dem arrivierte Künstler ebenso teilnehmen wie jüngere, denen die Fachleute eine große Zukunft vorhersagen. Die Zusammenstellung der Kunstwerke geschieht in Kooperation mit dem Keramikmuseum der Stadt, die Exponate wechseln, sodass den Besuchern und Gästen immer wieder neue Eindrücke geboten werden.

Dieses Kunsterlebnis ist ein besonderer Service in dem historischen Gebäude, in dem schon viele prominente Gäste genächtigt haben, zum Beispiel der Komponist Johannes Brahms und der Literat Peter Altenberg. Nach Altenberg ist ein Zimmer benannt, ein weiteres trägt den Namen des Dichters Thomas Bernhard. Das sind zwei von insgesamt 29 Zimmern, die zeitgemäßen Komfort bieten wie Bad/Dusche, WC, Haarfön, Kabel-TV und Direktwahltelefon. Von den Zimmern mit Balkon bzw. Terrasse aus hat man einen schönen Ausblick auf Gmunden, die Traun oder den Traunsee. Zwei Business-Zimmer verfügen über eine erweiterte Ausstattung mit einem großen Schreibtisch, Internet-Zugang und einem eigenen Besprechungsraum – da wird die Arbeit zum Vergnügen.

Und gearbeitet wird in dem Haus gar nicht so selten, im „Keramikhotel Goldener Brunnen“ finden immer wieder Tagungen statt, die in dem angenehmen Ambiente besonders Erfolg versprechend verlaufen. Dazu tragen nicht zuletzt die kleinen Imbisse bei, die in den Sitzungspausen gereicht werden. Je nach Wunsch reicht das Angebot bis zum kompletten Menü, für zwischendurch werden gerne Gebäck, Aufstriche, Wiener Apfelstrudel mit Vanillesauce, Sacherschnitten, Nusskipferl, verschiedene mit Lachs, Schinken,

Käse oder Aufstrich belegte Brötchen gereicht. Wer es etwas leichter möchte, greift zu Gemüsestangen mit Dips, frischem Fruchtsalat, Joghurt, Milch oder Cornflakes und tankt so neue Energie.
Entspannen kann man sich in der Sauna und im Wellnesscenter mit Dampfbad, Thermospa Infrarot-Wärmekabine und Solarium, die den Hotel- und Seminargästen kostenlos zur Verfügung stehen. Besonders reizvoll ist an der Sauna, dass man sich nach dem Schwitzen mit einem Sprung in die Traun abkühlen kann, denn vom Ruheraum aus gibt es einen direkten Zugang zum Fluss. Die Küche des Hauses bietet bodenständige, raffiniert verfeinerte Köstlichkeiten und regionale Spezialitäten, zum Beispiel delikaten fangfrischen Fisch aus dem Traunsee. Genießen kann man die Speisen im historischen Brunnenstüberl mit dem Brunnen aus Traunstein-Marmor, im eleganten, großen Speisesaal mit Blick auf den Traunstein oder im Sommer auf der Terrasse über der Traun.

Keramikschnitzerl

Zutaten

4 Schweinsrückenschnitzerl
100 g Champignons
1 Zwiebel
100 g Bauchspeck
frische Petersilie
grobes Meersalz und Pfeffer aus der Mühle
1 Ei
Mehl und Weißbrotbrösel für die Panier
Butterschmalz

Zubereitung

Schnitzel plattieren und für die Fülle Zwiebel und Speck würfelig schneiden. Champignons blättrig schneiden. Zwiebel in Butter anschwitzen, gedämpften Bauchspeck, Champignons und frische Petersilie dazugeben und kurz durchschwenken, mit grobem Meersalz und Pfeffer aus der Mühle abschmecken. Die Füllung überkühlen und das Schnitzerl mit Champignon-Speck-Fülle füllen. In Mehl, gesalzenem Ei und Weißbrotbröseln panieren und in Butterschmalz goldbraun braten. Reis und frisches Saisongemüse dazu servieren.

TRAUNSEESCHIFFFAHRT

„Gisela" ist ein Wahrzeichen des Traunsees, die Dame wird von allen Gästen bewundert, obwohl sie schon etliche Jahresringe angelegt hat. Freilich ist sie nicht aus Fleisch und Blut, sondern aus Holz und Stahl, denn die „Gisela" ist ein Schaufelraddampfer und das Flaggschiff der Traunseeflotte.

Gegründet wurde die Traunseeschifffahrt im Jahr 1839 von dem jungen englischen Schiffsbauer Joseph John Ruston, seit 1951 ist sie im Besitz der Familie Eder. Die Schiffe werden traditionell im Linienverkehr von Gmunden nach Ebensee und wieder zurück eingesetzt, aber das ist längst nicht mehr ihre Hauptaufgabe. Karlheinz Eder, der jetzige Chef des Unternehmens, hat das Angebot beträchtlich ausgeweitet, sodass die Schiffe nicht nur Verkehrsmittel, sondern auch schwimmende Unterhaltungszentren sind.

Das gilt nicht nur für die „Gisela", die zu romantischen Rundfahrten einlädt, das erste schwimmende Postamt Österreichs beherbergt und sogar ein Schiff ist, auf dem Brautpaare heiraten können. Sportlich-elegant präsentiert sich die „MS Poseidon" mit einem seminartauglichen Salon auf dem Sonnendeck und dem italienischen Flair der Einrichtung. Auf dem Motorschiff „Karl Eder", das auch ein idealer Platz zum Heiraten ist, warten kulinarische Freuden vom Sektempfang mit Canapés bis hin zum mehrgängigen Menü auf die Passagiere. Ein

Traunseeschifffahrt GmbH

Sparkassegasse 3
A-4810 Gmunden

Telefon 00 43 (0) 76 12 / 6 67 00
Telefax 00 43 (0) 76 12 / 6 67 00 41

www.traunseeschifffahrt.at

modernes Allroundschiff für kleinere Gesellschaften ist die „MS Maria Theresia“ und mit der „MS Rudolf Ippisch“ erlebt man Schiffnostalgie pur, immerhin ist das wunderschöne Motorschiff aus Holland 80 Jahre alt. Die Fahrten mit den Schiffen sind abwechslungsreich, weil das Angebot ausgesprochen originell ist. Vom „Pastaschiff“, auf dem Nudeln serviert werden, über Abendfahrten am Freitag mit köstlichen gegrillten Traunseefischen, stimmungsvollen Adventfahrten und der fröhlichen Silvestergala bis zur Mutter- und Vatertagsfahrt ist für jeden Geschmack etwas dabei. Besonders beliebt sind im Sommer die Jazzfahrten mit der flotten „Gisela“ oder der eleganten „Poseidon“, bei der die heißen Rhythmen an Bord die Stimmung in die Höhe treiben.

VINOTHEK UND GENUSSZENTRUM LAMUHR

Wenn es um die Organisation und die kulinarische Betreuung von Veranstaltungen geht, hat der Oberösterreicher Karl Muhr ein Wort aus seiner Firma verbannt: „Unmöglich" ist in seinem „Genusszentrum LaMuhr" in Gmunden so gut wie nichts, auch umfangreiche und komplizierte Wünsche werden von dem kompetenten Team anstandslos erfüllt.

Die Vinothek und das Genusszentrum wurden im Jahr 2007 in einem neuen Gebäude eröffnet, das nicht nur eine Bereicherung für die kulinarische Szene im Salzkammergut ist, sondern auch ein optischer Genuss: Bei dem Ausbau wurde viel Holz verwendet, das mit seinen dezenten Farben und dem noblen Eichenholz an Boden und Decke eine Stimmung von Wärme und Behaglichkeit erzeugt. Die Idee, ein Geschäft für Weinhandel und Catering zu einem architektonischen Schmuckstück zu machen, wurde mit dem „Oberösterreichischen Holzbaupreis 2007" honoriert.

Die Anerkennung freut den dynamischen Unternehmer, der immer schon viel Innovationsgeist bewiesen hat. So war er einer der Ersten, der sich der Aktion „Genussland Oberösterreich" angeschlossen hat, mit der besonders die Verarbeitung regionaler Produkte forciert werden soll, denn für diese

Vinothek und Genusszentrum LaMuhr

Linzerstraße 142
A-4810 Gmunden

Telefon 00 43 (0) 76 12 / 7 71 93
Telefax 00 43 (0) 76 12 / 7 71 93 14

www.la-muhr.at

Philosophie konnte sich der Gastronom schon immer begeistern. Gemüse, Fleischprodukte, Käse, Brot und Getränke bezieht er seit dem Beginn seiner Karriere nach Möglichkeit von Produzenten, die im Salzkammergut heimisch sind. Die Qualität muss stimmen, aber das ist bei den Lieferanten, die Muhr zum Teil schon jahrelang kennt, selbstverständlich.

Seine neueste Kreation ist die „Salzkammergut-Genuss-Box", die schmackhafte Grüße aus der Region beinhaltet und sich bestens als Geschenk eignet. Die Auswahl reicht von deftig – Zwiebelschmalz, Speck, Käse – über Süßes wie Marmelade, Nussschnitte, Zaunerstollen, Schloss Orth-Trüffel, Fruchtschokolade und Klimt-Pralinen, bis zu edlen Getränken wie Obstschaumwein und Dörrzwetschkenlikör. Die große „Genussbox" hat besonders viel süßen wie auch herzhaften Inhalt.

Neuheiten wie diese sind Teil des Konzepts, das Muhr mit dem klingenden Grundsatz beschreibt: „Essen ist ein Teil unserer kulturellen Identität! Wer möchte, bekommt bei uns auch Meeresfrüchte oder andere exotische Spezialitäten. Aber wenn ich gefragt werde, empfehle ich den meisten lokale Schmankerl – die kommen erfahrungsgemäß sehr gut an!"

Damit alles stilecht wirkt, tragen die Mitarbeiterinnen und Mitarbeiter von „LaMuhr" beim Service heimische Tracht, auf diese Art ergänzt der optische Reiz des Salzkammerguts den kulinarischen. Manche von „LaMuhr" zubereitete Speisen sind ausge-

sprochen traditionelle Gerichte wie das „Blunzengröst'l", eine geröstete Blutwurst, die mit Kartoffeln vermischt wird. Es gibt aber auch raffinierte Eigenkreationen wie zum Beispiel das hausgemachte Chutney mit Gemüse von Bauern aus der Umgebung. Besondere Gustostückerl sind die hausgemachte Marmelade, die „Grammelpogatscherl" (Hefegebäck mit Grieben, die in Österreich Grammeln genannt werden) oder das „Forellenmousse".

Natürlich ist das Angebot noch viel umfangreicher. Es beginnt in der Früh mit einem Sektfrühstück mit allem, was dazu gehört. Für Stehempfänge werden zusammen mit den passenden Getränken köstliche Feinschmeckerbrötchen und diverses Fingerfood vorbereitet, die je nach Wunsch deftig, locker-leicht oder raffiniert-ausgefallen sind. Bei den Buffets reicht die Auswahl vom eleganten bis zum rustikalen, vom Salzkammergut-Buffet bis zu diversen Nationalitäten-Buffets. Natürlich sind auch Kombinationen jeder Art möglich. Die Zutaten kommen aus der Region, ebenso bei den Komplett-Menüs, bei denen das „Genusshaus" gerne Vorschläge für Feinschmecker macht.

Wie wäre es zum Beispiel mit einer Kürbiskernterrine, dazu Ohlsdorfer Rehschinken auf Apfel-Lauchsauce oder auch Ziegenfrischkäse mit Rote-Rüben-Marmelade und Sonnenblumenbrot. Anschließend eine kräftige Rindsuppe mit Dinkelgrießnockerl und als Hauptspeise ein Filet vom Jungstier, im Ganzen gebraten, mit Spinat-Erdäpfelroulade und sautierten Paradeisern. Und für Naschkatzen gibt es dunkles und helles Schokoladenmousse mit Mandelcracker und Waldbeergelee.

„LaMuhr" hat für jeden Geschmack etwas zu bieten und deshalb ist auch die Palette der Veranstaltungen so umfangreich: Hochzeiten, Geburtstage, private Feste, Jubiläen, Weihnachtsfeiern, Cocktail-Empfänge, Seminare, Hausmessen, Firmentagungen, Pressekonferenzen, Messen, Meetings, Präsentationen, Kunden-Events oder auch zünftige Grillpartys. Auf die fachkundige Beratung kann man sich in jedem Fall verlassen.

Wenn Musik, Unterhaltung oder eine attraktive Dekoration gewünscht wird, wird auch das erledigt, denn „LaMuhr" stellt zur Verfügung, was immer benötigt wird: Von Besteck und Tellern für Tausend Besucher über großzügige Partyzelte, Stehtische, Öfen und Warmhaltegeräte, Griller, Gartenbar und Riesen-Sonnenschirmen bis zur fahrbaren sanitären Einrichtung wird alles an Ort und Stelle gebracht.

Und wenn jemand nicht genügend Platz für ein Super-Fest hat? „Kein Problem“, versichert Karl Muhr, „wir stellen für Konferenzen, festliche Galadiners, Empfänge oder Privatfeiern gerne unsere Event-Location, die Vinothek zur Verfügung. Bis zu 60 Personen können hier in einem attraktiven Rahmen feiern.“

Zur perfekten Feier gehört natürlich die Auswahl an erlesenen Weinen und dafür ist „LaMuhr“ bei Kennern in ganz Österreich bekannt. In der Vinothek, die dem Chef ein Herzensanliegen ist, finden sich auf 220 Quadratmetern mehr als 500 Sorten ausgesuchter Weine. Sie kommen hauptsächlich aus Österreich, aber auch ausländische Spitzenweine sind vertreten. Verkosten kann man sie an Ort und Stelle bei den monatlich stattfindenden Weindegustationen, bei denen erfahrene Sommeliers Fragen rund um den Weinanbau und die Charakteristik der einzelnen Weinsorten beantworten. Das Sortiment wird Jahr für Jahr neu erstellt, Bestellungen sind über das Internet rund um die Uhr möglich.

STERN & HAFFERL

In Oberösterreich sorgt die „Stern & Hafferl Verkehrsgesellschaft“ seit vielen Jahren für pünktliche Verbindungen per Straßenbahn, Eisenbahn, Autobus oder Schiff. Mit den eleganten Schiffen der Atterseeflotte, den romantischen Kleinbahnen im Salzkammergut und mit der nostalgischen Straßenbahn in Gmunden bietet sie ein vielseitiges Erlebnisprogramm.

Das Unternehmen hat sich der Tradition verschrieben, setzt aber auch Visionen um und sorgt buchstäblich für „bewegende“ Momente in privatem oder beruflichem Rahmen. Mit den drei Schiffen, die für „Stern & Hafferl“ auf dem Attersee unterwegs sind, lässt sich der mit 47 Quadratkilometern größte Binnensee Österreichs wunderbar erkunden, denn die riesigen Panoramafenster bieten rundherum einen wunderschönen Ausblick. Das mit 36 Metern Länge größte Schiff kann 280 Personen aufnehmen und ist dem großen Künstler Gustav Klimt gewidmet, der viele Jahre hindurch seine Sommerfrische am Attersee verbracht hat. Man merkt dem Boot seinen Namensgeber an: Die Außen-

Stern & Hafferl
Verkehrsgesellschaft m.b.H.

Kuferzeile 32
A-4810 Gmunden

Telefon 00 43 (0) 76 12 / 79 52 51
Telefax 00 43 (0) 76 12 / 79 52 02

www.stern-verkehr.at

seiten sind mit Ausschnitten und Details aus berühmten Werken des Malers gestaltet. Alle drei Schiffe eignen sich bestens für Firmenfeiern, Betriebsausflüge, Seminare, Familienfeste, Geburtstagsfeiern, Taufen und vieles mehr. Besonders beliebt sind die Hochzeitsfahrten, denn der funkelnde See und die atemberaubende Kulisse bieten den besten Rahmen dafür. An Bord können die Brautpaare standesamtlich heiraten und ausgiebig feiern, mit Musik und Tanz, erlesenen Speisen und köstlichen Getränken. Auch bei anderen Anlässen werden die Passagiere mit Leckerbissen verwöhnt, von der Kaffeejause mit Kuchen und Torten bis zum exquisiten Buffet mit regionalen oder mediterranen Spezialitäten.

Die Freuden der Seefahrt genießt man am besten schon bei einer Morgenfahrt, wenn der Attersee verführerisch funkelt und das reichhaltige Frühstücks-Buffet besonders gut schmeckt. Sehr zu empfehlen ist auch die Panoramafahrt mit dem Blick auf das imposante Höllengebirge, auf den Schafberg und die zahlreichen großzügigen Sommervillen. Absolut sehenswert ist die zweistündige Fahrt auf den Spuren Gustav Klimts, die zu den Schauplätzen seiner Sommerfrische führt, die er von 1900 bis 1916 am Attersee verbrachte. Dort entstanden auch die meisten seiner Landschaftsbilder. Auf der Fahrt erzählt ein Experte aus dem Leben des Künstlers und zeigt die Motive und die Domizile Klimts am See. Dass der große Künstler kein Kostverächter war, merkt man spätestens bei der Bierverkostung, die fixer und beliebter Bestandteil der Fahrt ist. Getrunken wird das original „Litzlberger Bier“, das schon Klimt sehr gut geschmeckt hat und in einem mit Eis gefüllten alten Holzfass präsentiert wird.

Die ganze Vielfalt und Schönheit der Landschaft zeigt sich bei einer Fahrt in das oft „Klein-Venedig“ genannte Unterach, einem der Lieblingsorte Gustav Klimts, an den der Klimt-Platz und die „Klimtstele“ erinnern. Jeden Donnerstag von Anfang Mai bis Ende September ist auf dem Attersee Geselligkeit Trumpf, denn die von vielen Einheimischen und Urlaubern geschätzten Abendfahrten sind eine Mischung aus Unterhaltung, Gaudi und Romantik. Das Musikprogramm reicht von Volksmusik und Schlagern bis zu internationalen Hits.

Apropos Musik, eine Fahrt mit dem Schiff folgt den Spuren des Komponisten Gustav Mahler, der seine Sommerfrische von 1893 bis 1896 in Steinbach am Attersee verbracht und dort großartige Werke geschaffen hat. Zwischendurch ist Gelegenheit zu einem kurzen Ausflug an Land, wo man auf dem Friedhof in Steinbach eines weiteren großen Musikers gedenkt, des dort beigesetzten begnadeten Pianisten Friedrich Gulda.

Natürlich kann eine Atterseeschiffahrt mit Wandern und Radfahren kombiniert werden, viele Urlauber unternehmen aber auch Erlebnisfahrten mit dem Schiff und der „Attergaubahn“, einer elektrischen Schmalspur-

bahn, welche die Westbahnstrecke der „Österreichischen Bundesbahnen" mit dem Attersee verbindet. Die Fahrt ist mit dem Blick auf die nördlichen Kalkalpen, auf den Dachstein und den türkisfarbenen See die reinste Augenweide und die Oldtimer-Zuggarnitur zählt zu den beliebtesten Fotoobjekten der Region.
Sowohl auf der „Attergaubahn" als auch auf der von „Stern & Hafferl" betriebenen „Traunseebahn" kann sich jedermann einen Jugendtraum erfüllen und Lokomotivführer werden. Die Fahrt dauert etwa eineinhalb Stunden, am Beginn stehen eine kurze Einschulung und Erklärung der Schalter- und Hebelstellungen, dann geht es los. Zur Auswahl stehen zwei historische Züge, die man selbst steuern kann: die zweiachsigen, zweimotorigen und elektrischen Schmalspurtriebwagen ET 23 103 (Baujahr 1921) oder der Schmalspurtriebwagen der berühmten „Pressburgerbahn" ET 20 104 (Baujahr 1914).
Der Hobbylokführer ist verantwortlich für die Bedienung des Fahrschalters, der Vakuumbremse und des Signalhornes. Das hört sich einfacher an als es ist, denn es erfordert hohe Konzentration. Immerhin ist der Bremsweg von Schienenfahrzeugen üblicherweise fast zehnmal so lang wie bei Autos, da heißt es vorausschauend zu fahren. Bis man die Fahrt, bei der sicherheitshalber ein Zug-Profi dabei ist, hinter sich gebracht hat, muss man jedenfalls einiges leisten, dafür gibt es zum Abschluss eine schöne Urkunde – und das muss natürlich gefeiert werden!
Die „Traunseebahn" bietet mit dem „Bratlzug" auch die Chance auf deftige Gaumenfreuden. Die romantische Schmalspurbahn fährt vom Gmundner Seebahnhof bis zum „Bratlwirt" nach Kirchham am Fuße des Traunsteins, wo die Fahrgäste eine zünftige Portion Schweinsbratl mit Knödel sowie einen Bauernschnaps serviert bekommen. Dazu werden verschiedene Spiele, Musik oder Brauchtumsvorführungen organisiert. Für Gruppen stellt der örtliche Schützenverein seine Räumlichkeiten im Gasthaus zur Verfügung, dort lernt man unter fachkundiger Anleitung das Schießen mit dem Luftgewehr. Der beste Schütze erhält eine Freifahrt für zwei Personen auf der „Attersee-Schifffahrt".
Mit der Schmalspurbahn ist auch Österreichs größte Zinnmanufaktur erreichbar, die Firma „Artina" in Kirchham, die seit mehr als 30 Jahren mit der Herstellung von hochwertigen Zinnartikeln vertraut ist. Bei einer

Führung lernt man die Kunst der Zinnverarbeitung zu edlen Figurationen kennen. Wer ein wertvolles Souvenir aus dem Salzkammergut mitnehmen möchte, findet dort eine reiche Auswahl vor.
Bierliebhaber haben die „Traunseebahn“ besonders deswegen ins Herz geschlossen, weil eine Strecke vom Gmundner Seebahnhof zur Haltestelle Schloss Eggenberg kurz vor Vorchdorf führt. Von dort aus erreicht man nach einem kurzen Fußmarsch die „Brauerei Schloss Eggenberg“, wo freundliche Brauleute die Besucher gerne durch den Betrieb führen und ihnen vom uralten Handwerk des Bierbrauens erzählen. Natürlich bleibt es nicht bei der Theorie, anschließend werden die Spezialitäten des Hauses verkostet, darunter das „Naturtrüb“, ein unfiltriertes Bier mit vielen natürlichen Inhaltsstoffen, hergestellt nach einem 200 Jahre alten Geheimrezept.
Nach der Rückkehr nach Gmunden sollte man sich eine Fahrt mit der kleinsten Straßenbahn der Welt nicht entgehen lassen, die zu den großen Attraktionen des Salzkammerguts zählt. Die erste Fahrt fand am 13. August 1894 statt und dabei zeigte sich, dass der Bau der Strecke wie auch der Triebwagen technische Meisterleistungen waren. Die kleine Bahn muss immerhin einen Höhenunterschied von 60 Metern überwinden, die Steigung macht exakt 10 Prozent aus und damit ist die Straßenbahn eine der steilsten der Welt.
Das macht die Fahrt zu einem prickelnden Erlebnis, das noch schöner wird, weil die 2,3 Kilometer lange Straßenbahnstrecke durch das Gmundner Villenviertel zur wunderschönen Uferpromenade und ins Stadtzentrum führt.
Mit der Mini-Straßenbahn kommt man auch zur weltberühmten „Gmundner Keramikmanufaktur“, wo man sich in die Geheimnisse der Erzeugung des hochwertigen Geschirrs einweihen und besonders schöne Stücke erstehen kann.

WALDHOTEL MARIENBRÜCKE

Waldhotel Marienbrücke

An der Marienbrücke 5
A-4810 Gmunden

Telefon 00 43 (0) 76 12 / 64 01 10
Telefax 00 43 (0) 76 12 / 6 40 11 54

www.marienbruecke.at

Wahrscheinlich gibt es kaum ein Hotel, das so viele, so treue und so zufriedene Stammgäste hat wie das „Hotel Marienbrücke“ in Gmunden. Kein Wunder, denn in dem großen Gasthof im Fachwerkstil wird den Urlaubern jeder Wunsch von den Augen abgelesen.
Verantwortlich dafür ist die Chefin, Erna Lebeda, die das Haus vor zehn Jahren übernommen hat und es gemeinsam mit ihrem Mann Herbert und unter tatkräftiger Mitarbeit ihrer Tochter Sylvia führt. Von sich selbst sagt sie: „Ich bin ein typisches Wirtshauskind, meine ersten Worte waren vermutlich nicht Papa und Mama, sondern Gösser- und Hirterbier ...“
Diese Begeisterung für die Gastronomie und die Hotellerie hat sie auf die zehn Mitarbeiter übertragen, sodass das gesamte Team dem Wahlspruch des Hotels entsprechen will, mit dem die Gäste begrüßt werden: „Sie kommen als Gast und gehen als Freund!“
Das Motto bewährt sich, weil der Betrieb klein und familiär ist und weil Erna Lebeda ein eigenes Notizbuch führt, in dem spezielle Kundenwünsche notiert sind. So werden in jedem Zimmer Schalen mit frischen Äpfeln und Schokolade kostenlos aufgestellt. Ein bestimmter Gast will aber immer das Zimmer Nummer 9 bewohnen und in dem darf es dann keine Äpfel geben, weil er das Obst nicht mag. Ein anderer wünscht ausschließlich rote Handtücher und bekommt sie natürlich auch. Andere wieder haben spezielle Vorlieben beim Essen, für sie werden sogar eigene Speisekarten erstellt. Manche gehen gerne angeln, für sie steht Erna Lebeda gerne auf und serviert um fünf Uhr früh ein kräftiges Frühstück.
Herumgesprochen hat sich auch, dass das „Hotel Marienbrücke“ ein idealer Ort für Verliebte ist. Für diese Turteltauben werden Blüten auf dem Bett verstreut, auf Wunsch

wird das Frühstück ans Zimmer serviert.
Es gibt viele größere und kleinere Vorlieben, die von den Wirtsleuten berücksichtigt werden und das macht den Reiz des Hotels aus, in das manche Stammgäste, darunter Prominenz aus Kunst und Kultur, bis zu sechsmal im Jahr kommen.
Sie fühlen sich wohl in einem der zwölf Doppel- und vier Einzelzimmer im Landhausstil, die ebenso komfortabel wie gemütlich sind und sie genießen die hervorragende Küche, die von heimisch bis international alles bietet, was verwöhnte Gaumen wünschen, selbstverständlich auch vegetarische Kost und Vollwertkost. Küchenchef Bernd Brenner hat sich in den besten Gourmet-Tempeln im Ausland das Know-how geholt, das er jetzt zur Freude der Gäste in Gmunden umsetzt. Verarbeitet werden frische Produkte und Zutaten aus der Region.
Im kulinarischen Jahresplan gibt es in jedem Monat ein anderes Schwerpunktthema. Im Oktober herrscht beispielsweise die Devise „Wild auf Wild" oder „Endlich Ente und Gans", in der Herbstzeit dominieren Kürbis, Kartoffel- oder Pilzgerichte und zu besonderen Anlässen zaubert Brenner Menüs, bei denen jedem Feinschmecker das Herz aufgeht. Ein Beispiel gefällig? Bitte sehr: Räucherfischtatar im Kaviarmantel, Kürbisschaumsuppe im Kürbis serviert, Bio-Gansleber in rosarotem Öl, gefüllte Wachtel, Birnenknödel mit Zwetschken-Sliwowitzröster.

Räucherfischtatar

Zutaten
200 g Räucherfisch
1 EL Sauerrrahm
1 kl. rote Zwiebel
Petersilie, gehackt
Dillspitzen
Salz, Pfeffer
1 Limette
4 Salatblätter zum Anrichten
Kaviar als Garnitur

Zubereitung
Räucherfische klein hacken. Sauerrahm, die in feine Würfel geschnittene Zwiebel, Petersilie und Dill beimischen und mit Salz, Pfeffer und ein paar Tropfen Limettensaft verfeinern. Auf Blattsalat anrichten und mit Kaviar garnieren.

Guten Appetit!

WIRT AM BACH

„Ausspannen, genießen, einfach wohlfühlen!“ – das verspricht der „Wirt am Bach“ in Oberweis bei Laakirchen seinen Gästen. Die Wirtsleute Claudia und Josef Naderer haben das Haus im Dezember 1992 von Claudias Eltern – die Mutter arbeitet heute noch im Betrieb mit – übernommen, und tun seither alles, um dieses Versprechen zu erfüllen. Die zufriedenen Gäste bestätigen gerne, dass es ihnen tadellos gelingt.

Ganze Familien urlauben dort, und auch Geschäftsleute oder Durchreisende schätzen das Haus mit seiner familiären Atmosphäre. Komfort hat Vorrang beim „Wirt am Bach“, die einladenden Doppelzimmer verfügen über Bad oder Dusche, WC, Satelliten-TV, Radio, Telefon, Safe, Internetanschluss und größtenteils auch über einen Balkon, von dem aus man den herrlichen Ausblick auf die Berge genießen kann.
Schon das Wohnen ist ein Vergnügen, die Krönung aber ist die abwechslungsreiche gutbürgerliche Küche. Claudia Naderer: „Die Produkte beziehen wir frisch aus der Region und zu einem beachtlichen Teil von Biobauern, wir achten absolut auf beste Qualität.“ Das schmeckt man auch, denn die Schmankerln, wie die regionalen Spezialitäten heißen, sind im wahrsten Sinne des Wortes zum Anbeißen. Auf der mehrsprachigen Speisenkarte finden sich deftige oder auch leichte Küche, traditionelle Hausmannskost oder Grillspezialitäten und einige kulinarische Highlights mit Produkten, die in der jeweiligen Jahreszeit Saison haben.
Gegessen wird in der gemütlichen Gaststube oder im großen Gastgarten mit seinen Lauben und Kastanienbäumen. Weil die alte Weisheit stimmt, dass Essen und Trinken Leib und Seele zusammenhalten, gibt es dazu erlesene Spezialitäten aus dem gut sor-

Wirt am Bach

Am Bach 13
A-4664 Oberweis

Telefon 00 43 (0) 76 12 / 7 45 03
Telefax 00 43 (0) 76 12 / 7 45 03 24

www.wirtambach.at

Oberweis

tierten Weinkeller, auf den der Chef Josef Naderer ein ganz besonderes Auge hat.
Die reizvolle Gegend lädt zu ausgedehnten Wanderungen zu Fuß oder mit dem Fahrrad ein, aber viele der Gäste beim „Wirt am Bach" wollen in ihrem wohlverdienten Urlaub nicht wandern, sondern – fischen! Die Spezialität des Hauses ist nämlich der Aktivurlaub für Fliegenfischer.
„Wirt am Bach" – heißt das, dass man im Bach direkt neben der Haustüre angeln kann? „Nein", lacht die Chefin Claudia Naderer, „unser Bach ist nichts für die Fliegenfischer, der ist so klein, dass er nicht einmal einen Namen hat. Fliegenfischen ist ja die Hohe Schule des Fischens, da sind die Leute dementsprechend anspruchsvoll. Wir können ihnen aber auch einiges bieten, nämlich nicht weniger als 30 Kilometer Fließgewässer mit verschiedenen Fischen wie Äschen, See-, Bach- oder Regenbogenforellen." Fliegenfischen können die Gäste in der Gmundner Traun, der Ebenseer Traun, der Steyr-Grünburg und der Steyr-Pichlern. Die Fischerkarten erhält man praktischerweise gleich bei den Wirtsleuten, sodass dem beschaulichen Angelurlaub nichts im Wege steht.
Für fortgeschrittene Fliegenfischer organisiert der „Wirt am Bach" einwöchige Intensivkurse, in denen verschiedene Flüsse unterschiedlicher Größe und Beschaffenheit befischt werden. Die Gäste sind dabei unter sich und können unter fachkundiger Anleitung neue Techniken erlernen oder ihre gewohnte Fischertechnik perfektionieren.

Gefüllte Kalbsbrust

Zutaten

1 kg Kalbsbrust (ohne Knochen und Knorpel)
2 alte Brötchen oder Knödelbrot
100 ml Milch
1 Bund Petersilie
1 Zwiebel, fein gewürfelt
1 Ei
200 g Wurzelgemüse
200 ml Brühe
Salz, Pfeffer, Muskat, Öl, Butter, Metallspieß

Zubereitung

Der Kalbsbrust vorsichtig eine Tasche schneiden. Das Knödelbrot bzw. die gewürfelten Brötchen in eine Schüssel geben und mit warmer Milch überbrühen. Fein geschnittene Zwiebel in Butter anschwitzen, dann zu den Brötchenwürfeln geben. Ei und Petersilie mit Salz, Pfeffer und Muskat würzen und gut vermischen. Diese Masse in die Tasche der Kalbsbrust füllen und mit dem Metallspieß schließen. Die Brust mit Salz und Pfeffer würzen und in heißem Fett rundherum kräftig anbraten. Das gewürfelte Wurzelgemüse dazugeben, mit anbraten und mit Brühe ablöschen. Bei 170 °C (Umluft) die Kalbsbrust im Ofen ca. 60 Minuten schmoren lassen. Anschließend 15 Minuten ruhen lassen. Die entstandene Flüssigkeit durch ein Sieb passieren und mit etwas kalter Butter aufschlagen.

FRIEDRICH PÖLL FLEISCHHANDEL

Wer hätte das gedacht: Lupenreiner Parmaschinken bester Qualität kommt ursprünglich aus dem Salzkammergut! Lieferant ist das traditionsreiche Vieh- und Fleischhandelsunternehmen „Friedrich Pöll" im oberösterreichischen Vorchdorf.

Das Unternehmen ist schwerpunktmäßig ein Schlacht- und Zerlegebetrieb, in dem Schweine, Rinder und Kälber verarbeitet werden. Sie stammen ausschließlich von Bauern aus der Region, mit denen der 1954 gegründete Betrieb einen guten Kontakt hat. Firmenchef Friedrich Pöll weiß deshalb genau, woher die Tiere kommen und wie sie gehalten werden, er kann sich darauf verlassen, dass seine Firma daraus Ware bester Qualität herstellen kann.

Der Betrieb, in dem Hygiene selbstverständlich oberstes Gebot ist, verfügt über modernste Technik, die es den 35 Beschäftigten ermöglicht, die knappen Terminpläne einzuhalten, schließlich ist es der Ehrgeiz des Unternehmens, die Ware so frisch wie irgendwie möglich an die Kunden zu liefern. In den Vormittagsstunden werden die Schlachttiere von den Landwirten geliefert oder bei ihnen abgeholt, dann werden sie geschlachtet, von Experten begutachtet und vorgekühlt. Daraufhin wird das Fleisch grob und fein zerlegt, vakuumverpackt, noch einmal kommissioniert und zuletzt umgehend verschickt, so dass es am nächsten Morgen ab 5 Uhr früh bei den Kunden angelangt ist. Alles spielt sich fünfmal in der Woche ab, viermal mit Schweinen und einmal mit Rindern und Kälbern.

Friedrich Pöll GesmbH & Co KG
EU Schlachthof

Bahnhofstraße 27
A-4655 Vorchdorf

Telefon 00 43 (0) 76 14 / 6 25 90
Telefax 00 43 (0) 76 14 / 62 59 17

www.poell-vorchdorf.at

Die Frische der Ware ist ebenso ein Markenzeichen des Betriebes wie die Fähigkeit und Bereitschaft, spontan auf Kundenwünsche zu reagieren. Nachbestellungen werden zum Beispiel prompt erledigt: Wenn ein Gastronomiebetrieb eine Feier ausrichtet und dafür ein paar Dutzend Schnitzel mehr braucht als sonst, ist das kein Problem. Das hängt unter anderem damit zusammen, dass das Vorchdorfer Unternehmen bei den Endkunden einen guten Ruf hat und deshalb die Ware sehr rasch zur Gänze verkaufen kann. Wenn ein Käufer Schweineschnitzel bestellt, bleiben ja Innereien und andere Fleischteile über, die dann anderen Kunden angeboten und von ihnen gerne genommen werden, weil sie sich auf die Qualität verlassen können.

Diese Endkunden sind einerseits die Gastronomiebetriebe in der Umgebung, aber auch Metzger, die selbst nicht mehr schlachten, sowie Fleisch verarbeitende Industrien in Österreich wie die Firmen „Sorger" oder „Ablinger", die große Lebensmittelketten beliefern, oder auch Zulieferer für Großmärkte.

Die Zufriedenheit mit dem Fleisch aus dem Salzkammergut ist allgemein groß, nicht nur bei den Abnehmern in Österreich, sondern auch im benachbarten Ausland. Immerhin liefert „Pöll" seine Ware auch nach Slowenien und Italien und der gute Ruf macht nicht an der Grenze halt. Schließlich kommt sogar echter Parmaschinken aus Oberösterreich, denn in der oberitalienischen Stadt werden Schweineschlögel aus Vorchdorf zu dieser berühmten Spezialität verarbeitet. Die Auflagen sind dort sehr streng, die Italiener achten auf höchste Qualität beim Rohmaterial. Dass „Pöll" als Zulieferer gern gesehen und geschätzt ist, stellt seinem Betrieb das beste Zeugnis aus.

Das tun auch die Kunden in der Metzgerei, dem Detailgeschäft in Vorchdorf, das an den Schlacht- und Verarbeitungsbetrieb angeschlossen ist. Die hauseigenen Wurstspezialitäten, die auch an Gasthäuser und Restaurants in der Umgebung geliefert werden, sind bei Kennern und Feinschmeckern beliebt. Und eine Spezialität läuft allen anderen den Rang ab – der Leberkäse, der nur mit einem Begriff zu beschreiben ist: lecker, lecker, lecker! Das Rezept dafür stammt vom Großvater des heutigen Chefs und wurde von Generation zu Generation unverändert weitergegeben. Wie der Leberkäse genau produziert wird und welche Gewürze er enthält, ist und bleibt ein wohlgehütetes Familiengeheimnis – und das ist eines der wenigen Geheimnisse auf der Welt, von dem man sagen kann, dass es in aller Munde ist.

KAISERLICHE FREUDEN

Wanderer, kommst Du nach Bad Ischl, vergiss nicht, auf Deinen Kalender zu schauen, denn in diesem mondänsten Ort des Salzkammergutes ergibt sich leicht der Eindruck, die Zeit wäre stehen geblieben! Das hängt damit zusammen, dass in Bad Ischl allerorten Kaiser Franz Joseph gegenwärtig ist, der dort 60 Jahre lang seinen Sommerurlaub verbracht hat. Noch romantischer: Der damals blutjunge Monarch hat sich in Ischl in seine Sisi, die spätere Kaiserin Elisabeth, verliebt und sich mit ihr an Ort und Stelle verlobt. In den Wäldern der Umgebung hat er seiner großen Leidenschaft, der Jagd, gefrönt und in Ischl selbst bei seiner Seelenfreundin Katharina Schratt Trost und Kraft gefunden.
Heute noch wird der Geburtstag des Monarchen gefeiert und zwar nicht an jenem Tag, an dem er zur Welt kam, dem 18. August, sondern so wie zu seinen Lebzeiten am 15. August, dem Feiertag Mariae Himmelfahrt. Alljährlich findet aus diesem Anlass auf der Esplanade ein Volksfest statt mit volkstümlicher Musik, Operettenmelodien, Tanz, kulinarischen Schmankerln und einem fulminanten Feuerwerk als krönendem Abschluss.
In der Stadt deutet vieles auf die Monarchie hin, zum Beispiel die Kaiservilla, wo Sisi und Franz Joseph ihre Sommer verbrachten. So wie die Kaiserin können Urlauber heute auf dem „Elisabethwaldweg" Erholung suchen, der am Ischler Kalvarienberg beginnt. Dass die Wellnessanlage in dem Kurbad „Kaiser Therme" heißt, überrascht niemanden und selbstverständlich bietet sie alles, was man von einem kaiserlichen Urlaub erwarten darf: Solebecken, Whirlpool, Unter-

Bad Ischl, Pfarrgasse

Bad Ischl

wassermassagedüsen, Sprudelliegen, Aquarobic, Aquajogging und demnächst auch die neue attraktive Wasserwelt mit dem „Lazy River", bei der sich alles um das Thema Salz und Sole drehen wird.
Zweiter „Regent" des Ortes ist der berühmte Operettenkomponist Franz Lehár, der im Jahr 1912 in Bad Ischl die Villa der Herzogin von Sabran kaufte. Bis zu seinem Tod 1948 verbrachte er dort fast alle Sommer und holte sich Ideen für seine unsterblichen Meisterwerke. Die Villa ist heute eine der wichtigsten Sehenswürdigkeiten der Stadt, sie wurde weitestgehend so belassen wie Lehár sie damals eingerichtet und bewohnt hat.
Dem großen Musiker ist auch das „Lehár Festival Bad Ischl" gewidmet, über das Kritiker im ganzen deutschsprachigen Raum wahre Lobeshymnen verfasst haben. Tatsächlich werden kaum anderswo Operetten so schwungvoll präsentiert wie in der Kaiserstadt. Bad Ischl ist zudem Schauplatz von Musical- und Theaterproduktionen, Ballett und Kabarett, vor allem aber auch ein idealer Boden für die Erhaltung von Tradition. Viele Brauchtumsveranstaltungen prägen den Jahreslauf der Stadt. Besonders berührend ist der Advent, wenn in der Pfarrkirche die Weihnachtskrippe des berühmten Südtiroler Schnitzers Leopold Moroder ausgestellt wird. Einmalig ist die Stimmung beim „Artvent", einem Christkindlmarkt, bei dem Aussteller aus halb Europa die Handwerkskunst und das Brauchtum anderer Länder vorstellen.

Bad Ischl Esplanade

WEINHAUS ATTWENGER

Gemütlichkeit und Tradition – es ist selten, dass diese beiden Eckpunkte gepflegter Gastronomie so harmonisch vereinigt werden wie im „Weinhaus Attwenger“ in Bad Ischl. Irgendwie scheint es, als wäre in dem Haus, dessen Grundmauern aus dem 12. Jahrhundert stammen, die Zeit stehen geblieben. Das Gewölbe, die dicken Mauern und die dunkel getäfelten Stuben, dazu das Kaiserbildnis an der Wand – all das erinnert an die Vergangenheit, an die viel gerühmte gute alte Zeit. Spätestens beim Studium der Speisekarte merken die Gäste allerdings, dass auch die Gegenwart ihre guten Seiten hat. Dafür sorgen die Wirtsleute Ute und Ernst Siegesleitner, die das renommierte Haus seit 1998 führen.

„Bei uns steht eine verfeinerte österreichische Küche im Mittelpunkt, mit Schnitzel, Backhendl oder Tafelspitz“, sagt Ernst Siegesleitner. „Je nach Saison servieren wir außerdem immer wieder ausgewählte Spezialitäten, deren Zutaten aus der Region kommen.“ Gekrönt wird das kulinarische Erlebnis mit einem guten Tropfen aus dem bestens sortierten Weinkeller.

Es ist romantisch beim Attwenger, gleichgültig ob man in der Heurigenstube, Bürgerstube, Attwengerstube oder Brucknerstube speist oder an einem lauen Sommerabend im Gastgarten, der dem Auge Erholung bietet und jeden Stress vertreibt.

Apropos Brucknerstube: Sie erinnert an den großen Komponisten Anton Bruckner, der seinerzeit Stammgast im „Weinhaus Attwenger“ war und sich von den Köstlichkeiten aus Küche und Keller zu der einen oder anderen Symphonie inspirieren ließ, die heute zu den größten Kostbarkeiten der Musikgeschichte zählen.

Die Atmosphäre wird von Touristen genauso geschätzt wie von den Einheimischen, von denen viele Stammgäste im „Weinhaus Attwenger“ sind. Ihnen fühlen sich die Wirtsleute besonders verbunden, versichern Ute und Ernst Siegesleitner: „Wir freuen uns über diesen persönlichen Kontakt, denn der menschliche Faktor darf in der Gastronomie nie verloren gehen!“

Weinhaus Attwenger

Lehárkai 12
A-4820 Bad Ischl

Telefon C0 43 (0) 61 32 / 2 33 27
Telefax 00 43 (0) 61 32 / 2 33 27

www.weinhaus-attwenger.com

CAFE-BAR-RESTAURANT SISSY

König Edward VII. von England war in dem prunkvollen Haus zu Gast, der eiserne Kanzler Bismarck bewohnte dort eine eigene Suite und Kaiser Franz Josef hat in dem geschichtsträchtigen Gebäude seiner Sisi, der späteren Kaiserin Elisabeth von Österreich, den Heiratsantrag gemacht: Kein Wunder, dass die Residenz Elisabeth in Bad Ischl bis heute von einem Hauch kaiserlich-königlicher Romantik umgeben ist.

Das spüren auch die Gäste, die das „Cafe-Restaurant Sissy" in der Residenz besuchen, das von Michael und Helga Mühlbacher geführt wird. Gemeinsam mit zwölf Angestellten bemühen sich die Wirtsleute um das Wohl der Gäste – und das so diskret, dass auch Stars aus der Film- und Fernsehszene gerne in das traditionsreiche Kaffeehaus kommen und sich dort ausgesprochen wohl fühlen.

Cafe-Bar-Restaurant Sissy

Pfarrgasse 2
A-4820 Bad Ischl

Telefon 00 43 (0) 61 32 / 2 41 73
Telefax 00 43 (0) 61 32 / 8 93 52

www.cafe-sissy.at

Man muss freilich kein Star sein, um im „Cafe Sissy“ als Very Important Person behandelt zu werden. Auch Touristen, die durch die Kaiserstadt Bad Ischl spazieren, hungrige Einheimische oder Geschäftsleute, die im noblen Ambiente den Stress des Alltags abschütteln wollen, genießen das Angebot, egal, ob es ein delikater Cocktail, ein kühles Bier, einer der erlesenen Weine oder das vorzügliche Essen ist.

Was die Küche auf den Tisch zaubert, kann sich in dem Cafe-Restaurant sehen – und schmecken! – lassen. Natürlich wird auch auf der Speisekarte die Erinnerung an die Monarchie gepflegt, mit Speisen wie dem Sissy-Teller, dem Kaiser Franz Josef-Teller, dem Kaiserspitz oder der Sissy-Torte, einer Schokotorte mit Parisercreme, – und die ist einfach ein Gedicht! Dazu gibt es immer wieder auch Tagesspezialitäten, auf die der Ober eigens aufmerksam macht. Besonders gerne gegessen werden die frischen Fische, zum Beispiel ein köstliches Saiblingsfilet oder der Riedling, eine Spezialität aus der Gegend. Es ist eine kleine Reinankenart, die oft als gegrillter Steckerlfisch angeboten, im „Cafe-Restaurant Sissy“ aber in der Pfanne gebraten wird.

Die Wirtsleute wissen, was die Gäste wünschen, und legen deshalb besonderes Gewicht auf Qualität. Das beginnt bei den Nahrungsmitteln, die in der Küche verarbeitet werden und zum Großteil von Lieferanten aus der Region stammen. Es gibt nur eine Kaffeesorte – aber das ist die Topmarke, die in verschiedenen Variationen zubereitet wird. Ein Cola wird nicht aus dem Container abgefüllt, sondern in der Flasche serviert. Und das Angebot aus dem Weinkeller braucht keinen Vergleich zu scheuen.

Es sind diese stilvollen Kleinigkeiten, die den Aufenthalt im „Cafe Sissy“ angenehm machen, es ist aber auch die prachtvolle Aussicht, die man bei jeder Wetterlage genießen kann. Michael Mühlbacher: „Wir haben zwar keinen Gastgarten, dafür aber im Cafe große Panoramafenster. Da sieht man sehr gut auf die Katrin, also auf die Katrinenalm, und die ganze Bergwelt, man sitzt dort wie im Freien, nur eben mit einem Dach über dem Kopf.“ Das übrigens eine Sehenswürdigkeit für sich ist, denn die vor 150 Jahren handgemalte Decke wurde vor kurzem mit großem Aufwand künstlerisch restauriert.

Hauptsaison im „Cafe Sissy“ sind die Herbst- und Wintermonate, wo nicht nur Reisebusse willkommen geheißen werden, sondern auch viele Familien aus Bad Ischl und Umgebung, die dort gerne Hochzeiten, Taufen und andere Festlichkeiten feiern – in kaiserlicher Qualität, aber zu erfreulich bürgerlichen Preisen.

Kaiserspitz (Tafelspitz in Rahmgemüse mit Röstkartoffeln und Apfelkren)

Zutaten

2 kg Tafelspitz (zartes Schwanzstück vom Rind)
frisches Wurzelgemüse
Mohrrüben, gelbe Rüben, Sellerie, Paprika, Zucchini
1/4 l Sahne
2 EL saure Sahne
1/2 kg Kartoffeln
5 säuerliche Äpfel
1 Msp. Zimt
1 TL Zucker
Meerrettich (Kren)

Zubereitung

Tafelspitz mit frischem Wurzelgemüse in kochendes Wasser geben und dann leicht kochen lassen. Fein geschnittene Karotten, gelbe Rüben, Sellerie, Paprika, Zucchini im Tafelspitz-Sud kochen, gekochtes Wurzelgemüse passieren, Sahne und saure Sahne dazu geben und mit Salz und Pfeffer würzen.

Für die Röstkartoffeln Kartoffeln in Scheiben schneiden und in Butter anbraten.

Für den Apfelkren Äpfel kochen, passieren, Zimt und Zucker dazugeben. Abkühlen lassen und dann frisch geriebenen Meerrettich untermischen.

KAFFEE-KONDITOREI ZAUNER

Kaffee-Konditorei Zauner
Gesellschaft mbH & Co KG

Pfarrgasse 7
A-4820 Bad Ischl

Telefon 00 43 (0) 61 32 / 2 33 10
Telefax 00 43 (0) 61 32 / 2 33 10 30

www.zauner.at

Die 1832 gegründete „Kaffee-Konditorei Zauner" in Bad Ischl heißt für alle Welt schlicht „der Zauner". Der Name ist ein Markenzeichen – und das ist für einen Gastronomiebetrieb die größte erreichbare Auszeichnung, wertvoller als alle Sterne und Hauben. Gegründet wurde das Unternehmen von Johann Zauner, einem Wiener Weinschenker und Zuckerbäcker, der in das Salzkammergut übersiedelte und dort das Stammhaus in der Pfarrgasse eröffnete. 1927 kam in dem Familienbetrieb das „Café Esplanade" dazu und heute bemüht sich das Team um die Besitzer Hildegard und Josef Zauner darum, die Tradition zu pflegen und trotzdem dem Modernen aufgeschlossen zu sein.

„Unser Name ist seit der Zeit der k.u.k.-Monarchie weltbekannt. Das können nicht viele Unternehmen von sich sagen, für uns ist diese stolze Geschichte natürlich eine besondere Verpflichtung", sagt Josef Zauner, der zahlreiche Auslandsaufenthalte absolviert hat und dessen Können international gefragt ist, er unterrichtet sogar in Japan.

Mit besonders viel Engagement arbeitet er natürlich im eigenen Betrieb und da ist mehr als genug zu tun. Immerhin gibt es beim „Zauner" keine Fremdware, alles kommt aus eigener Produktion: Konfekt, Pralinen, Eis und Schokoladetafeln und selbstverständlich die legendären Mehlspeisen.

Dazu zählt der Gugelhupf, der heute noch nach dem Originalrezept der Schauspielerin Katharina Schratt gebacken wird, der die besondere Gunst von Kaiser Franz Joseph galt. Sie hat ihn gerne selbst für den Monarchen gebacken, aber sicherheitshalber auch täglich einen beim „Zauner" geordert, sollten ihre eigenen Backkünste einmal versagen.

Geschichtsträchtig ist auch die Erinnerung an den Ursprung des weltberühmten „Zauner-Stollens", der seinerzeit von dem im Kaffeehaus beschäftigten Patissier Josef Nickerl gemeinsam mit dem damaligen Chef Viktor Zauner kreiert wurde. Sie verwerteten Reste der kaum weniger berühmten „Ischler Oblaten", die sie mit einer nougatartigen Haselnuss-Schokolade-Masse mischten. Das Ganze wurde in eine längliche Kuchenform

gepresst und getrocknet. Fertig war der Stollen, der heute nicht nur an Ort und Stelle genossen, sondern auch in alle Welt verschickt wird.
Selbstverständlich gibt's diese Köstlichkeiten von gestern immer noch, aber beim „Zauner" geht man mit der Zeit. Unter den rund 200 Mehlspeisen, die in der Konditorei angeboten werden, sind zunehmend auch leichtere Speisen wie fettarme Torten oder lockere, leichte Cremes. Josef Zauner: „Früher einmal haben die Leute gerne eine schwere Buttercremetorte gegessen und waren dann gesättigt. Heute aber geht es den meisten nicht mehr darum, sich satt zu essen, sondern sie wollen einfach genießen – und dafür sind leichte Süßspeisen ideal."

Germgugelhupf Franz Joseph

Zutaten

1/4 l Milch
30 g Hefe (Germ)
500 g glattes Weizenmehl
150 g Butter
180 g Kristallzucker
6 Eidotter
Prise Salz
abgeriebene Schale einer Zitrone
Zimt
Rosinen
Butter für die Form
gehobelte Mandeln

Zubereitung

Germ in lauwarmer Milch auflösen und mit einem Teil des Mehls zu einem weichen Dampfl (Vorteig) abmischen. Das restliche Mehl über das Dampfl geben und dieses warm stellen. Butter mit Kristallzucker gut schaumig rühren, dann die Dotter unterrühren. Das reife Dampfl mit Salz und Zitronenschale zur Butter-Dotter-Masse geben und das Ganze zu einem etwas weich gehaltenen Germteig abmischen.
Der Teig so lange schlagen, bis er sich seidig anfühlt und vom Kesselrand löst. Germteig zugedeckt 30 Minuten rasten lassen. Danach auf dem Nudelbrett ca. 1/2 cm dick im Quadrat ausrollen, gleichmäßig mit Zimt und Rosinen bestreuen. Teig zusammenrollen, in die mit Butter ausgestrichene und mit gehobelten Mandeln ausgestreute große Gugelhupfform legen und mit Butter bestreichen.
Den Teig in der Gugelhupfform warm stellen und bis knapp unter den Rand aufgehen lassen. Bei 180 °C etwa 40 Minuten backen.

OBERÖSTERREICHISCHES HEIMATWERK

Oberösterreichisches Heimatwerk

Kreuzplatz 17
A-4820 Bad Ischl

Telefon 00 43 (0) 61 32 / 2 65 35
Telefax 00 43 (0) 61 32 / 2 45 57

www.ooe.heimatwerk.at

Wer das Salzkammergut als Gast kennengelernt hat, möchte am liebsten ein Stück davon mit nach Hause nehmen, so schön ist es. Diesen Wunsch kann man sich ganz leicht erfüllen! Und zwar beim „Oberösterreichischen Heimatwerk" in Bad Ischl, das heimisches Kulturgut erhalten und vermitteln will und dafür sorgt, dass traditionelle Werte und Bräuche nicht vergessen werden.
Ein anschauliches Beispiel sind die prächtigen Trachten, die man bewundern und auch kaufen kann. Sabine Einböck vom „Heimatwerk" beschreibt ihren Eindruck so: „Das Interesse an diesem traditionsreichen Gewand nimmt deutlich zu, gerade auch bei den jüngeren Leuten. Erst kürzlich waren drei 16- bis 17-jährige Mädchen bei uns und haben sich Trachtenkleider gekauft, weil sie die örtliche Blasmusikkapelle als Marketenderinnen begleiten. Da ist ein Dirndl obligatorisch."
Die Auswahl ist groß. In Oberösterreich gibt es 370 registrierte Trachten, die zwar leicht modernisiert wurden, im Wesentlichen aber dem Originalgewand von früher entsprechen. Die Vielzahl hängt damit zusammen, dass fast jede Gemeinde ihre eigene Tracht hat. Hier den Überblick zu behalten und die Ursprünge der jeweiligen Gewänder in die Vergangenheit zurück zu verfolgen ist eine Aufgabe für eine eigene Wissenschaft, die Volkskunde.
Die Einheimischen kümmern sich freilich nicht sehr um theoretische Überlegungen, für sie ist die Tracht einfach praktisch, sagt Sabine Einböck: „Bei uns im Salzkammergut

wird sie ja immer getragen, für uns ist das ein schönes Alltagsgewand. Ich habe selbst jeden Tag ein Dirndl an, von Ostern bis Allerheiligen, ich fahre in der Kleidung auch überall hin. Erst unlängst war ich damit in Wien in der Staatsoper – und es hat genau gepasst."

Beim „Heimatwerk" kann man übrigens auch lernen, wie man ein Dirndl anfertigt. Interessierte Frauen bekommen individuelle Dirndlpakete, in denen alle Bestandteile des Kleides zusammengestellt sind und die dann nur noch vernäht werden müssen. Wie man das macht, erfährt man bei Nähkursen, die einmal im Frühjahr und einmal im Herbst unter Leitung einer erfahrenen Schneiderin angeboten werden. Wenn man weiß, wie es geht, ist es übrigens gar nicht so schwierig, das eigene Dirndl zu schneidern – und das auf den Leib geschneiderte Prachtgewand macht dann viel mehr Freude als das kostspieligste Stück aus der Nobelboutique. Dazu gibt es noch viele passende Accessoires, jede Kundin wird individuell beraten, was ihr am besten steht und wie man es kombiniert.

Die Trachten sind einer der Schwerpunkte im Angebot des „Heimatwerkes", aber es gibt in dem ebenso umfangreichen wie außergewöhnlichen Sortiment noch vieles andere zum Anschauen und Mitnehmen. Die Verantwortlichen im „Heimatwerk" versichern: „Wir bieten nur Ware an, die in Österreich erzeugt wird. Das Geschirrtuch, das man bei uns bekommt, wird zum Beispiel in Hall in Tirol nach einem alten Verfahren gewebt – schließlich bemühen wir uns, österreichische Handwerkstradition am Leben zu erhalten. Bei uns kann man auch Geschirr aus Bunzlauer Keramik kaufen, das wird sowohl von den Gästen aus dem Ausland als auch von den eigenen Landsleuten gerne genommen."

Wer ein echtes hochwertiges Souvenir aus

dem Salzkammergut mitnehmen will, hat jedenfalls beim „Heimatwerk" die Qual der Wahl, erhält aber zum Glück fachkundige Hilfe, denn kompetente Beratung ist selbstverständlich.

Kunden mit Musik in den Adern freuen sich über echte Volksmusik auf CD, dazu gibt es auch Noten zum selbst Spielen. Wer sich dagegen vor allem optische Erinnerungen sichern will, wird sich für traditionelles und modernes Kunsthandwerk aus Zinn, Keramik oder Glas entscheiden, das von heimischen Handwerkern und Künstlern hergestellt wird. Beliebt sind auch die edlen Stoffe, Teppiche oder Polster und auf Wunsch erhält man sogar originalgetreue Möbel aus dem Salzkammergut, die in jedes Heim eine angenehme Urlaubserinnerung zaubern.

BÄCKEREI E. A. MAISLINGER

Bäckerei E. A. Maislinger

Auböckplatz 11
A-4820 Bad Ischl

Telefon 00 43 (0) 61 32 / 2 37 28

www.baeckerei-maislinger.at

Wer die „Bäckerei Maislinger" in Bad Ischl betritt, merkt schon an der charakteristischen Holzverkleidung des Geschäftes, dass dort die Natur zu Hause ist. Und der Eindruck täuscht nicht: In der Bäckerei, die von Anneliese und Ernst Maislinger seit 1989 geführt wird, werden nur natürliche Rohstoffe verarbeitet und daraus entstehen Brot und Gebäck vom Feinsten.
Neukunden sind manchmal verwirrt, denn beim Ehepaar Maislinger gibt es Brotspezialitäten, von denen viele noch nie gehört haben, zum Beispiel das Kamutbrot. Die Chefin klärt Neugierige gerne auf: „Kamutweizen ist ein aus Ägypten stammendes Getreide, das schon vor viertausend Jahren zum Backen verwendet wurde und sehr gesund ist." In der Neuzeit ist Kamutmehl in Vergessenheit geraten, seit einigen Jahren wird es in guten Backstuben aber wieder häufiger verwendet, weil es besonders gut verträglich ist.

Es ist typisch für die „Bäckerei Maislinger", dass sie Brot aus diesem Mehl anbietet, denn die Eheleute haben sich von Anfang an einem Prinzip verschrieben: „Die Ernährung ist die Grundlage unseres Lebens." Und selbstverständlich soll diese Ernährung möglichst gesund und bekömmlich sein. Das Korn, das in der Backstube verwendet wird, wird im Ganzen an die Bäckerei geliefert und erst dort gemahlen. Die Zutaten stammen alle aus der Region, chemische Zusatzmittel sind strikt verpönt, das würde nicht zur Philosophie des Ehepaares passen. „Wir sind nun einmal Vollkornbäcker, bei uns ist alles aus Vollmehl und das überzeugt unsere Kunden", sagt Anneliese Maislinger. Diese Form des Backens ist zeitaufwendiger als die industrielle Produktion, aber es zahlt sich aus. Was immer man isst, es schmeckt: das Kamutbrot mit Kürbis- und Sonnenblumenkernen, das Vollwertbauernbrot aus Roggen- und Weizenvollmehl, Vollmehlsauerteig, Hefe, Salz und Gewürzen, das hefefreie Roggensauerbrot aus reinem Roggenvollmehl, Vollmehlsauerteig, Salz und Wasser oder das Dinkelvollkornbrot mit den Ingredienzien Dinkelvollmehl, Roggenflocken, Sonnenblumenkerne, Salz, Wasser und Vollmehlsauerteig. Ein „Renner" bei den Kunden ist das Vollkornhausbrot aus Roggen- und Weizenvollmehl, Vollmehlsauerteig, Salz, Hefe, Wasser und Gewürzen. Sehr gerne nehmen Kenner auch das Vollwertweißbrot aus Dinkelvollkornmehl, Hefe, Salz und Wasser. Dazu gibt es noch Brötchen, Salzstangerl, Weckerl und andere Köstlichkeiten für jede Tageszeit. Die Qualität hat sich durchgesetzt, die ursprünglich kleine Bäckerei am Auböckplatz in Bad Ischl hat in der Kaiserstadt mittlerweile zwei Filialen, darunter einen Bauernladen, in dem nicht nur die eigene Ware verkauft wird, sondern auch Milch, Joghurt, Butter, Eier, Obst, Gemüse, Fleisch, Wurst und Biokäse von benachbarten Bauern erhältlich sind. Auf Wunsch zaubert das Ehepaar Maislinger aus all diesen Köstlichkeiten belegte Brote für Partys und dergleichen – aber das ist sozusagen ein Nebenjob, das Herz der beiden gehört der Liebe zur Backkunst.

Guten Kunden geben sie gerne das Geheimnis preis, warum ihr Brot und Gebäck den charakteristischen guten Geschmack hat: „Wir verwenden nur bestes Getreide, wir haben das Glück, dass es in unserer Gegend ein sehr gutes Wasser gibt und wir haben eine Besonderheit, die sonst keiner hat: Als einzige Bäckerei im Salzkammergut würzen wir unsere Backwaren nicht mit getrocknetem Salz, sondern mit Sole aus der Maria Louisens-Quelle, die in der Nähe von Bad Ischl sprudelt."

Ein kleiner Trick mit großer Wirkung: Weil das Salz schon gelöst ist, entzieht es dem Gebäck weniger Feuchtigkeit. Dazu enthält es wertvolle Mineralstoffe und Spurenelemente und sorgt für ein volles und frisches Geschmackserlebnis. Die Sole wird nicht nur zum Würzen und Backen verwendet, sie ist auch gut für Trinkkuren und Bäder geeignet. Ein Naturprodukt eben, das gerade deswegen so gut in die „Bäckerei Maislinger" passt.

RESTAURANT SCHRATT

„Ich will aus besten Zutaten perfekt aufeinander abgestimmte Gerichte kreieren und die klassische Küche zu einem innovativen Geschmackserlebnis werden lassen!“ So selbstbewusst erläutert Rudi Hanke, der Chef im „Restaurant Schratt“ in Bad Ischl, sein kulinarisches Konzept. Und der begeisterte Koch, der im In- und Ausland Erfahrung gesammelt hat, ehe er im November 2006 das renommierte Haubenrestaurant übernahm, hat damit gemeinsam mit seiner Frau Isabella Hohensinn Erfolg.

In dem Lokal erinnert vieles an die berühmte Namensgeberin, zum Beispiel die „Kaiserstube“ und die „Schrattstube“. Beides erzählt von der Schauspielerin Katharina Schratt, der diese Villa gehört hat. Dort hat sie Kaiser Franz Joseph, mit dem sie innig verbunden war, in seinen Urlauben in Bad Ischl empfangen. Jeden Morgen kam der Kaiser zu ihr, um ein paar Stunden Privatleben zu genießen und die Schauspielerin tat das ihre, um es ihm zu versüßen: unter anderem mit einem frisch gebackenen Guglhupf, den sie selbst zubereitete.

In der wunderschönen Villa hat sich nicht nur der Kaiser sehr wohl gefühlt, auch weltberühmte Künstler wie Johann Strauß, Richard Tauber, Franz Lehár und Alexander Girardi waren dort gern zu Gast. Im Lauf der Zeit hat das Haus mehrmals den Besitzer gewechselt und wurde zu einem Restaurant, in dem man heute speisen kann wie ein Kaiser. Dafür sorgt Rudi Hanke, der, so sagt er selbst, „ständig den Kopf voller Gourmet-Kreationen“ hat. Zur Freude der Gäste, die

Restaurant Schratt

Steinbruch 43
A-4820 Bad Ischl

Telefon 00 43 (0) 61 32 / 2 76 47
Telefax 00 43 (0) 61 32 / 27 64 74

www.villaschratt.at

wöchentlich mit einer neuen Speisekarte überrascht werden. Die Gerichte sind bestens aufeinander abgestimmt, verwendet werden nur die allerbesten Zutaten und frische Produkte der Saison. Das meiste kommt aus dem Salzkammergut selbst, erlesene Delikatessen wie Hummer oder Gänseleber müssen natürlich importiert werden.
Ähnlich wie die Speisen werden auch die Weine ausgewählt. In der Hauptsache handelt es sich um exquisite österreichische Weine, wer Lust hat, kann sich auch für ausgesuchte internationale Weine entscheiden. Natürlich schmeckt es in dem Ambiente der geschichtsträchtigen Villa noch einmal so gut. Schon beim Eingang verrät die dort aufgestellte Speisekarte, was es diesmal an kulinarischen Besonderheiten gibt und das macht das Haus mit seinen charakteristischen Holzbalkonen besonders einladend. Innen ist es mit jenem Mix aus Geschmack und Gemütlichkeit eingerichtet, der Restaurants der gehobenen Kategorie auszeichnet. Wenn es das Wetter zulässt, kann man sich den Gaumenfreuden auch im Gastgarten widmen, wo ein Sonnendach dafür sorgt, dass das Klima auch an heißen Tagen angenehm ist.

Knödellasagne mit Entenbrüstchen und schwarzen Berglinsen

Zutaten
2 Stück Entenbrust
80 g Gänsestopfleber
100 g schwarze Berglinsen
je 1 kl. Schalotte, Karotte und gelbe Rübe
Gemüsefond
8 cl Schlagobers
2 cl alter Balsamico
1/2 Weißbrot
3 Eier
10 cl Milch
etwas Butter, Salz, Muskatnuss, Pfeffer aus der Mühle

Zubereitung
Linsen aufkochen und 15 Minuten ziehen lassen, abseihen. Würfelig geschnittene Schalotten, Karotten, gelbe Rüben in Olivenöl anschwitzen, mit Gemüsefond ablöschen, wenig Schlagobers beigeben, einkochen lassen, Linsen unterrühren und mit Balsamico abschmecken.
Weißbrot entrinden, würfelig schneiden, in Milch, Eiern und zerlassener Butter einweichen. Mit Salz und Muskatnuss würzen und in eine befettete Serviette einrollen. Fest zubinden und in gesalzenem Wasser 15 Minuten kochen. Mit der Wurstmaschine in dünne Scheiben schneiden. Entenbrust mit der Hautseite scharf anbraten, wenden und im Heißluftherd bei 170 °C ca. 6 Minuten fertig braten.
Gänseleber in Tranchen schneiden und in der Pfanne scharf anbraten. Zur Fertigstellung die Knödelscheiben in Butterschmalz anbraten, die Entenbrust, Linsen und Gänseleber übereinander stapeln. Mit Entensauce und Kräutern garnieren.

EDELBRÄNDE GASTEIGER

Edelbrände Gasteiger

Sulzbach 147
A-4820 Bad Ischl

Telefon 00 43 (0) 61 32 / 2 33 63

Matthias Gasteiger aus Bad Ischl ist einer der besten Schnapsbrenner Österreichs, doch Schnaps ist eine viel zu derbe Bezeichnung für das, was er produziert. Er selbst nennt die hochprozentigen Getränke schlicht „Edelbrände", tatsächlich aber sind es Gedichte in Promille, die man nicht einfach trinkt, sondern deren Genuss man stilecht zelebrieren sollte.

Man merkt bei jedem Schluck, dass Gasteiger das Brennen der hochwertigen Alkoholika Freude macht, ja, dass es seine Lieblingsbeschäftigung ist. Tatsächlich hat er die Erzeugung nie hauptberuflich betrieben, sondern neben seiner schweren Arbeit als Bergmann. Er hat sich einschlägig weitergebildet und als er im Jahr 2000 bei einem Wettbewerb für seinen Apfelschnaps eine Goldmedaille bekam, war sein Ehrgeiz endgültig geweckt: In jeder freien Stunde widmete er sich dem Brennen.

Die Sache ist mühsam und zeitaufwendig. So müssen etwa Unmengen von Vogelbeeren gesammelt werden, bis daraus 100 Kilo Maische hergestellt werden können – und die ergeben dann gerade einmal eineinhalb Liter Vogelbeerschnaps, freilich einen Edelbrand allererster Güte.

Und darauf legt Gasteiger größten Wert: „Ich verwende nur Maische von besten Früchten, in meine Brände kommen keine Chemie, kein Weingeist und keine Aromastoffe, da ist alles Natur pur!" Natürlich hat er auch ein paar Tricks und zwei davon verrät er bereitwillig: „Wenn ich einen Zwetschkenschnaps mache, werden die Pflaumen erst entkernt, weil dann die Maische besser wird. Vor dem Brennen aber mische ich ein paar Kerne dazu, das gibt dem Schnaps dann einen ganz feinen Mandelgeschmack." Oder: „Manche Brände werden ein halbes Jahr in Eichen- oder Akazienfässern gelagert, dann bekommen sie eine besonders edle Farbe und schmecken noch besser."

Das Obst kommt aus dem eigenen Obstgarten und aus zwei gepachteten Obstplantagen in der Steiermark, wo er die Früchte eigenhändig pflückt. Die Beeren werden von Freunden in der Umgebung von Gmunden gesammelt und so gewinnt Gasteiger jene Rohstoffe, die er braucht. Zwischen 20 und 25 hochprozentige Produkte stellt er her, das ist von Jahr zu Jahr verschieden und hängt von der Ernte ab. Was gleich bleibt, ist die Qualität, die mehrmals mit Auszeichnungen bedacht wurde, unter anderem mit vier „goldenen Stamperln", einer in Fachkreisen höchst begehrten Ehrung für Spitzenware. Für Interessenten veranstaltet er immer wieder Schaubrennen und einmal lud ihn sogar der berühmte „Stanglwirt" in Going dazu ein, seinen Gästen die Schnapsbrennerkunst vorzuführen. Dem handverlesenen Publikum hat das Brennen sehr zugesagt, das Nobelrestaurant hätte auch gerne die Brände Gasteigers in sein Angebot aufgenommen – aber daraus ist letztlich nichts geworden: „Ich hab' einfach nicht genügend Menge und das, was ich produziere, muss ich meinen Abnehmern im Salzkammergut geben, dort gehören meine Erzeugnisse einfach hin." Zu diesen Erzeugnissen zählen auch Essigspezialitäten, die aus 100 Prozent Fruchtsaft hergestellt werden. Zehn verschiedene Sorten hat er im Programm, darunter Tomaten-, Aprikosen-, Apfel-, Birnen-, Zwetschken- und Himbeeressig und noch einige andere. Gasteiger gibt auch gerne Tipps, welcher Essig sich wofür am besten eignet: „Nehmen Sie Brombeeressig für einen Thunfischsalat, Sie werden staunen, wie gut das schmeckt. Oder geben Sie ein paar Spritzer Himbeeressig auf ein Vanilleeis, Sie werden sehen, das ist ein ganz neues Geschmackserlebnis!" Der passionierte Schnapsbrenner gibt sein Wissen gerne weiter, unter anderem bei Sensorik-Kursen für Feinschmecker, die dann beispielsweise erfahren, dass ein wirklich guter Marillen(Aprikosen)schnaps zwar herrlich schmeckt, aber kein Aroma verströmt, oder dass man Edelbrände keinesfalls kühlen darf, sondern bei Zimmertemperatur trinkt, wenn man den vollen Genuss haben will.

STEHBEISL

Als im Jahr 1982 das „Stehbeisl" eröffnet wurde, war es das erste Lokal seiner Art in Bad Ischl, der traditionsbewussten Kaiserstadt. Das Konzept hat sich durchgesetzt, das „Stehbeisl", zu dem deutsche Gäste „Kneipe" sagen würden, ist mittlerweile ein Kultlokal, das fast rund um die Uhr geöffnet ist und von dem viele Stammgäste behaupten: „Das ist mein zweites Wohnzimmer!"
Trinken, essen, miteinander reden oder auch einmal eine geschäftliche Besprechung vereinbaren – das „Stehbeisl", in dem man selbstverständlich auch gemütlich sitzen kann, ist ein Treffpunkt für alle, die eine ungezwungene Atmosphäre mögen.
Der Tag im „Beisl" beginnt am Vormittag, wenn die ersten Gäste kommen, um zu frühstücken, die Zeitungen zu lesen und ihren Kaffee – einen Caffè Latte, einen Cappuccino oder eine Melange – trinken, nach bester österreichischer Tradition natürlich mit einem Glas Wasser. Von dann weg geht es durch bis spät in die Nacht und manchmal auch bis in die frühen Morgenstunden.

Die Gästeschar ist bunt gemischt, da kann es schon einmal vorkommen, dass der Bürgermeister neben dem Arbeiter oder der Urlauber neben dem Einheimischen steht und alle gemütlich Bier trinken. Die Auswahl ist groß, schließlich gibt es neben ausgewählten österreichischen Bieren auch Spezialitäten aus Australien, aus der bekannten tschechischen Bierstadt Budweis, aus Bayern und vor allem aus Irland: Das berühmte Guinness vom Fass gehört zu den beliebtesten Getränken im „Stehbeisl".
Kein Wunder, denn der Chef Joe Ahrer achtet sehr darauf, dass die „Muttermilch der Iren" perfekt gezapft wird, gut gekühlt ist und im richtigen Winkel von 45 Grad eingeschenkt wird. So viel Sorgfalt kostet Zeit, aber das Warten lohnt sich für die Gäste, schließlich bekommen sie dafür den dunklen Genuss mit dem verlockenden weißcremigen Schaum und dem einzigartigen Geschmack, der in 150 Ländern der Welt geschätzt wird. Von Zeit zu Zeit schauen übrigens Experten der Brauerei in dem Lokal in Bad Ischl vorbei und sind sehr angetan von der Ehre, die ihrem Edelgetränk erwiesen wird.
Auch Weinkenner fühlen sich im „Stehbeisl" wohl, wo man edlen Traubensaft aus Australien, Chile, Spanien und Italien verkostet, vor allem aber wunderbare Sorten aus Österreich. Ahrer forciert junge Winzer, die noch nicht so bekannt sind, aber die Kunst des Weinbaus perfekt beherrschen. Einer der Favoriten ist ein „Blaufränkischer", ein ge-

Stehbeisl

Auböckplatz 6
A-4820 Bad Ischl

Telefon 00 43 (0) 61 32 / 2 11 77

www.stehbeisl.at

pflegter Rotwein aus dem Burgenland, den man sich jedenfalls zu Gemüte führen sollte. Stammgäste und solche, die es werden wollen, schwören auf die Cocktails, die so anregende Namen tragen wie „Pina Colada", „Sex on the beach", „Swimming Pool", „Tequila Sunrise", „Caipirinha" oder „Caipiroska". Manche sind bekannt, andere sind Eigenkreationen – und eine davon ist bei allen beliebt, die etwas länger aufgeblieben sind: die „Virgin Mary", die den Kater am Tag danach mit Garantie vertreibt.
So weit kommt es zum Glück nur selten, weil man im „Stehbeisl" nicht nur trinkt, sondern auch Kleinigkeiten essen kann. Pizza, Sandwich, Baguette, eine Käseplatte und ab und zu auch etwas Deftigeres wie Verhackert, eine Spezialität aus Selchspeck, der kleinwürfelig geschnitten, speziell gewürzt und durch den Fleischwolf gedreht wird – das ergibt eine gute Grundlage auch für Hochprozentiges.
Legendär sind die Events im „Stehbeisl", vor allem das Faschingsfest im Karneval, zu dem das Lokal originell dekoriert wird und die Gäste Maskeraden tragen, die auf diese Dekoration abgestimmt sind. Zu Weihnachten und bei anderen Gelegenheiten geht es weniger ausgelassen zu, aber die Stimmung ist immer tipptopp.

Virgin Mary

Zutaten
0,2 l Tomatensaft
2–4 Spritzer Tabascosauce
4–6 Spritzer Worcestersauce
Kräuter- oder Selleriesalz
Pfeffer
Zitronensaft
Cocktailtomate
Selleriestange

Zubereitung
Die Zutaten mixen, in ein Cocktailglas geben, mit Cocktailtomate und Selleriestange garnieren und schluckweise trinken.

DAYSHA-HOTEL

Es war Liebe auf den ersten Blick: Als die amerikanischen Architekten und Städteplaner Natasha Alfonso und Peter Quintanilla auf ihrer Urlaubsreise nach Europa nach Bad Ischl kamen, waren sie von der Stadt so fasziniert, dass sie sich vornahmen, dort ein kleines, aber feines Hotel mit jedem erdenklichen Komfort zu errichten. Vier Jahre später war es so weit: Die beiden zogen zusammen mit Peters Eltern Daysi und Pedro nach Österreich, kauften ein historisches Hotel, das drei Jahre leer gestanden hatte, und bauten es zu einem modernen Haus um, das im Juli 2007 eröffnet wurde. Es erhielt den Namen „Daysha".

Der romantische Hintergrund: Das„Daysha-Hotel" wurde nach den zwei Frauen in der Familie benannt. „Day" ist ein Teil des Namens Daysi, den die Mutter von Peter trägt, er bedeutet so viel wie „Licht und Hoffnung". „Sha" wiederum ist dem Namen Natasha entnommen, einem Symbol für Wiedergeburt. Das Hotel hat auch ein eigenes Markenzeichen entwickelt, das nicht weniger Symbolkraft besitzt. Hoteldirektor Mag. Edgar Türk: „Es zeigt eine Frau, die eine blühende Pflanze umsorgt, und das entspricht der Intention unseres Teams, sich ausschließlich der Gesundheit und dem Wohl der Gäste zu widmen."

Daysha-Hotel

Schulgasse 9
A-4820 Bad Ischl

Telefon 00 43 (0) 61 32 / 2 89 84
Telefax 00 43 (0) 61 32 / 2 85 66

www.dayshahotel.com

Sie genießen den Komfort eines Spitzenhauses. Die Zimmer verfügen über Kabelfernsehen, DVD & CD Player, einen Flachbildschirm, eine Minibar und sogar Mobiltelefone für die Gäste, dazu noch schnelle Internetanschlüsse, Safe und ein mit hochwertigen Pflegemitteln ausgestattetes Badezimmer. Die Suiten „Wien" und „Salzburg" und die beiden Junior-Suiten sind noch großzügiger.

Modernste Technik steht für Tagungen zur Verfügung, die immer mehr Anbieter im „Daysha-Hotel" durchführen. Zur Freude der Teilnehmer, die zum Ausgleich für konzentrierte Arbeit die entspannenden Annehmlichkeiten des Hauses genießen. Dazu zählen die Dachgeschoss-Terrasse mit dem traumhaften Rundblick auf die Stadt Bad Ischl und das umliegende Bergpanorama, die hauseigene Bibliothek mit einer umfangreichen Büchersammlung zu den Themen Architektur, Kunst, Küche und Belletristik und vor allem die vielen Wellness-Möglichkeiten. Im „Daysha Spa" tankt man bei Sauna, Außenpool oder einer Behandlung mit hochwertigen Aveda-Produkten schnell Energie auf.

Man kommt leicht ins Träumen dabei und so geht es auch den Gästen im Restaurant, das kulinarische Reisen in ferne Länder möglich macht. Viele Gerichte stammen aus der abwechslungsreichen Küche Lateinamerikas und sind vom Zauber der Karibik beeinflusst.

Gallo Pinto (Frühstück in Nicaragua)

Zutaten

250 g getrocknete rote Bohnen
500 ml Geflügelfond
400 g einfacher Langkornreis
1 weiße Zwiebel
1 rote Paprika
2 EL Schweineschmalz (oder Butterschmalz)
2 Tomaten
1 EL Tomatenmark
1/8 l Geflügelfond
1 TL Estragonsenf
1 TL Kristallzucker
1 TL Tomatenketchup
1 Prise Chillipulver
4 Bananenblätter als Dekoration
8 Eier
2 EL Schweineschmalz (oder Butterschmalz)
8 Minitortillas aus Maismehl

Zubereitung

250 g rote Bohnen eine Nacht in einer Schüssel mit Wasser bedeckt ziehen lassen.

Die Bohnen am nächsten Tag abseihen und mit 500 ml Geflügelfond im Druckkochtopf ca. 40 Minuten dünsten lassen. Den Reis bei doppelter Menge Wasser ca. 20 Minuten dünsten lassen. Die Zwiebel schälen, in 2 cm große quadratische Würfel schneiden, zwei Tomaten und eine Paprika ebenso würfeln. Paprika- und Zwiebelwürfel scharf in Butterschmalz anbraten. Nach ca. 1 Minute die gewürfelten Tomaten beimengen und kurz mitrösten. 1 EL Tomatenmark daruntermengen, gut umrühren und mit 1/8 l Geflügelfond ablöschen. Estragonsenf und Kristallzucker nacheinander untermengen und ca. 3–4 Minuten einreduzieren lassen. Mit Tomatenketchup abrunden und mit ein bisschen Chillipulver abschmecken.

Die Bananenblätter auf vier Teller verteilen. 2 Eier pro Person in der Pfanne mit ein wenig Schweineschmalz rausbraten und am Teller anrichten. Die fertige Soße über die gebratenen Eier geben. Die Tortillas im Ofen bei einer Unter- und Oberhitze von 150 °C in etwa 10 Minuten aufwärmen und am Teller platzieren. Fertige Bohnen und den Reis zusammenmischen und mit einem Schöpflöffel auf dem Teller anrichten.

GOLDSCHMIEDE – ATELIER GEROLD SCHODTERER

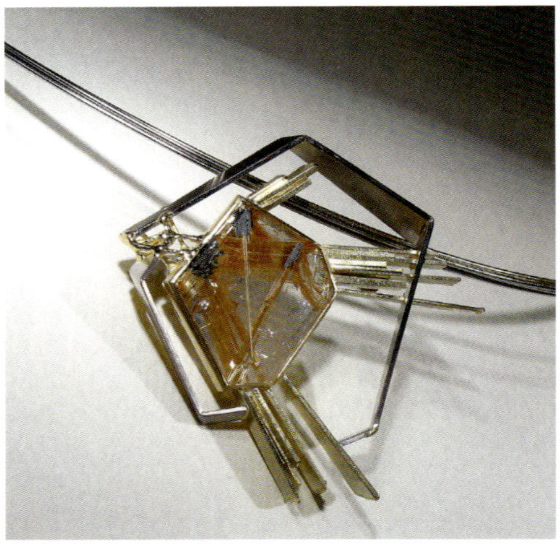

In der Kaiserstadt Bad Ischl bilden sich manchmal neben dem Rathaus in der Pfarrgasse Menschentrauben vor der kleinen Auslage des „Ateliers Schodterer". Die Menschen bestaunen dort sehenswerte Kostbarkeiten, die ihresgleichen suchen. Viele nutzen die Chance, treten ein, sehen vom Geschäft aus direkt auf das Werkbrett und erleben unmittelbar mit, wie aus edelsten Materialien Schmuckstücke mit Tiefsinn werden.

Verantwortlich dafür ist der Goldschmied Gerold Schodterer, der ein überzeugendes Prinzip verfolgt: Dialog wird Gestalt. Der vielseitige Künstler: „Dialog bedeutet zum einen, auf die Menschen einzugehen, die als Kunden zu mir kommen. Wenn jemand von mir ein besonderes Schmuckstück haben will, reden wir erst einmal lange miteinander. Über den Anlass, über die Person, die den Schmuck einmal tragen wird, über ihre Persönlichkeit oder darüber, welche Botschaft das Geschenk vermitteln soll. Das fließt dann in den Entwurf des Schmuckstücks mit ein."

Zum anderen geht es auch um einen Dialog mit der Natur, den der Meister auf eine besondere Art und Weise pflegt. Er betont den

Goldschmiede – Atelier
Gerold Schodterer

Pfarrgasse 11
A-4820 Bad Ischl

Telefon 00 43 (0) 61 32 / 23 72 90
Telefax 00 43 (0) 61 32 / 2 37 29 29

www.schodterer.at

Respekt vor dieser Natur, denn er verarbeitet zum überwiegenden Teil Edelsteine im Rohzustand, in denen Einschlüsse von Mineralien zeigen, wie jeder Edelstein im Lauf einer unendlich langen Zeit seine eigene, unverwechselbare Note entwickelt hat. Gerold Schodterer erweitert die Spuren, welche die Natur in den Steinen hinterlassen hat, durch seine künstlerische Arbeit, lässt etwa Mineralienstränge fortfließen in Ringe oder Anhänger, verwandelt linienförmige Einschlüsse in Sonnenstrahlen und Ähnliches. Wenn er darüber spricht, merkt man ihm die Begeisterung an, die er für seinen Beruf und sein Material empfindet: „Bei so einem natürlichen Stein spürt man einfach die Schöpfung, das ist ein bewegendes Erlebnis!“

Die Edelsteine bezieht er aus der ganzen Welt, vielfach von Händlern, die seine Einstellung zur Natur und zum Wesen der Steine teilen: „Ich beziehe zum Beispiel viele Steine von einem in Madagaskar lebenden Bayern, der sagt: ‚Ich rette die Steine vor dem Schlachten.‘ Mit ‚Schlachten‘ meint er das Schleifen der Steine, das ihre Form und ihren Charakter entscheidend verändert, ja zerstört.“

Tatsächlich bekommt das Atelier in der Kaiserstadt viele Smaragde, Rubine, Diamanten und ähnliche Kostbarkeiten, die eine jeweils eigene Charakteristik aufweisen. Manchmal werden sie nachbearbeitet, allerdings mit betonter Behutsamkeit. Die Oberfläche, die gerade bei Rubinen und Saphiren oft trüb ist, wird geschliffen und poliert, aber nur an jenen Stellen, wo es nötig ist, um in den Stein hinein sehen zu können.

Die Herstellung der Schmuckstücke erfordert handwerkliches Geschick und künstlerisches Empfinden. Beide Fähigkeiten werden bei Schodterer durch ein hoch entwickeltes Einfühlungsvermögen ergänzt. Das führt dazu, dass bei dem – oft mehrstündigen – Gespräch mit Kunden spontan Bilder entstehen, die er als Entwurf zu Papier bringt, an dem sich die Form des künftigen Schmucks erkennen lässt. Das bildet dann die Grundlage für den neuen Ring, die neue Brosche, den Anhänger oder was immer gewünscht wird. Von dann an dauert es ein bis zwei Monate, dann ist das Schmuckstück vollendet, ein Unikat, das Freude macht und zu einem liebgewonnenen Lebensbegleiter wird.

Manchmal schreibt Gerold Schodterer, der von seiner Frau Karoline, einer geschätzten Malerin, unterstützt wird, Begleittexte zu seinem Schmuck, in lyrischer Form oder in Prosa – es sind berührende Sätze, die den Sinn des Schmucks erweitern und unterstreichen.

Auch das erfreut die Kundschaft so sehr, dass die Textbeigaben manchmal ausdrücklich erbeten werden, sagt der Goldschmied: „Eine langjährige Kundin wollte zum Beispiel Armschmuck zu den Lebensthemen Freundschaft, Familie, Endlich- und Ewigkeit, Natur, Wahrheit und Glaube. Das habe ich dann umgesetzt und auch einen Text dazu geschrieben. Solche Aufgaben sind für mich besonders reizvoll.“

ISCHLER KERAMIK

Ischler Keramik

Kreutererstraße 55
A-4820 Bad Ischl

Telefon 00 43 (0) 61 32 / 23 03 70
Telefax 00 43 (0) 61 32 / 23 03 74

www.ischler-keramik.at

Keramik hat im Salzkammergut große Tradition und diese Ton-Kunst wird von Martina J. M. Leitner fortgeführt, die in ihrer Werkstätte formschöne, praktische und unverwechselbare Ischler Keramik erzeugt.
Die Begabung hat sie geerbt, denn ihr Vater Hans Zachhuber, bei dem sie das künstlerische Handwerk lernte, war ein angesehener Töpfermeister. Verfeinert hat sie ihr Können in der Meisterklasse der „Kunstgewerbeschule Graz". Danach wurden ihre Werke bei Ausstellungen im In-und Ausland gezeigt, sie hat auch mehrere Auszeichnungen für ihr Schaffen bekommen.
In ihrem Atelier in Bad Ischl setzt sie die Tradition fort, die ihr Vater begründet hat: „Wir machen in der Werkstatt alles, was man aus Ton anfertigen kann und was gleichzeitig unserer eigenständigen Linie entspricht."
Dazu zählen originelle Gebrauchsgegenstände für den Haushalt, die nicht nur schön anzusehen, sondern auch praktisch sind, etwa außergewöhnlich geformte Vasen und Krüge. Produziert werden auch Produkte, die vielfach schon fast vergessen sind. Ein wunderschönes Beispiel dafür ist das „Bad Ischler Salzmaul", eine Keramikform, in der Salz aufbewahrt wird. Das Geheimnis sind zwei Öffnungen, die wie ein Kamin wirken und die Feuchtigkeit aus dem Gefäß entfernen, dadurch bleibt das Salz trocken. Aus Großmutters Weisheitskiste kommt auch die „Original Ischler Butterdose", die ohne Kühlschrank kühlt, weil erst die Butter in den Deckel der Dose gepresst und dann kaltes Wasser in die Schale gegeben wird, das schafft die richtige Temperatur.
Eine saubere Küche garantiert die „Löffelgarage", das ist eine Auffangschale für tropfende Kochlöffel, die dann keine Spuren auf der knappen Arbeitsfläche hinterlassen. Ein entzückendes Taufgeschenk ist die „Alt Ischler Godndose", bei der zwei Schalen so angefertigt werden, dass sie zusammengesteckt eine Dose ergeben. Die eine Hälfte erhält die junge Mutter, sie wird mit einer kräftigen Suppe gefüllt, die andere Hälfte ist für den Täufling und enthält Babynahrung.

Die Liste der originell-nützlichen Gegenstände ist noch viel umfangreicher und wurde erweitert, seit Martina J. M. Leitner mit der jungen Keramikerin Maria Rehn aus Bad Goisern zusammenarbeitet, die aus einer Hafnerfamilie stammt. Die beiden produzieren den „Original Salzkammergut Kachelzwerg", einen Kleinkachelofen, der elektrisch mit 1000 Watt beheizt wird und gemütliche Wärme ausstrahlt. Jeder „Kachelzwerg" ist ein Unikat und wird nach den Wünschen der Kunden angefertigt. Aus der Werkstatt im Salzkammergut stammen auch Kacheln und Zierelemente für Kachelöfen, sowohl in klassischer als auch in moderner Form, sie werden auf den Raum abgestimmt, in dem der Ofen steht.

Aus dem Atelier „Ischler Keramik" kommen auch Tierfiguren. Es sind an die 60 verschiedene Tierarten, von kleinen Enten bis zu Gartenfiguren in Form von Fröschen oder Eulen, die ihren Besitzern Freude bereiten. Und weil sich die Künstlerin hin und wieder gerne selbst eine Freude macht, stellt sie auch künstlerisch hochwertige expressionistische Figuren her, die nicht zum Verkauf bestimmt sind, sondern bei Ausstellungen das Publikum beeindrucken.

Großen Anklang finden auch die Preise aus Ton, die von Martina J. M. Leitner angefertigt werden. Zahlreiche Veranstalter verzichten auf die üblichen Pokale und spendieren den Teilnehmern und Siegern lieber einen schönen Keramikkrug aus Bad Ischl. Das war zum Beispiel beim „Pfandler Dammlauf" so, einem Volkslauf im Herzen des Salzkammergutes, und auch bei einem Fest der Armbrustschützen.

Wer will, kann der Künstlerin bei der Arbeit über die Schulter schauen. Gegen Voranmeldung bietet sie Führungen in dem Atelier an und zeigt den interessierten Besuchern gerne, wie aus einer ursprünglich formlosen Tonmasse wahre Schmuckgegenstände werden.

URLAUB STATT FERIENSTRESS

Altaussee Seewiese

Ein Ganzjahres-Feriengebiet, in dem Urlaub noch Urlaub bedeutet und nicht Ferienstress, ist die Region Ausseerland im steirischen Teil des Salzkammergutes.

Ein guter Teil des Gebietes, das vor mehr als 1200 Jahren besiedelt wurde, ist von der Salzgewinnung geprägt, die bis heute von großer Bedeutung ist, auch deswegen, weil der Salzreichtum touristisch genutzt wird. So ist zum Beispiel die Heilquelle in Altaussee eine glaubersalzhaltige Solequelle, auf deren Heilkraft viele Gäste vertrauen. Ein Anziehungspunkt für Urlauber sind auch die „Salzwelten Altaussee", die von April bis Ende Oktober besichtigt werden können.

Mit dem Grundlsee und dem Altausseer See bietet die Region kristallklare Gewässer, die zum Schwimmen, Fischen oder Tauchen einladen. Das Gebiet mit seinen schroffen Bergen ist aber auch ideal für härtere Sportar-

Bad Aussee

ten wie Canyoning, bei dem konditionsstarke und abenteuerlustige Urlauber unter Anleitung von Profis in wilden Schluchten, über steilen Fels und durch kristallklares Gebirgswasser wandern, schwimmen oder klettern. Nicht minder spannend ist Rafting, bei dem leichte bis mittelschwere Wildwasserstrecken mit einem Floß befahren werden.
Ein paar Tage Zeit nehmen muss man sich für den „Salzkammerweg" – aber der Aufwand lohnt sich! Der Weg führt durch eine großartige Landschaft zu zahlreichen Stellen, wo man alles über die Entstehung des Ausseerlandes, über die reichhaltige Pflanzen- und Tierwelt und über die Menschen erfährt, die dort zu Hause sind. Innerhalb von drei Tagen – so lange benötigen durchschnittliche Wanderer für die Tour – erlebt man auf diese Art eine faszinierende Reise durch die Jahrtausende.
Absolut sehenswert ist das Narzissenfest im Ausseerland mit dem Auto- und dem Bootskorso. Bei diesem größten Blumenfest Österreichs werden alljährlich die Narzissenkönigin und ihre zwei Prinzessinnen gewählt, die ganze Gegend erstrahlt in bunter Blütenpracht.
Im Winter bieten die Skigebiete Loser und Tauplitz alles, was Skifahrer und Langläufer wünschen, sie sind aber nicht so überlaufen wie die Skiorte mit großen Namen.

GASTHOF ZUM HIRSCHEN

Gasthof zum Hirschen

Fischerndorf 17
A-8992 Altaussee

Telefon 00 43 (0) 36 22 / 7 13 47
Telefax 00 43 (0) 36 22 / 7 13 47 13

www.hirschen-altaussee.at

Einem Gasthof, der „zum Hirschen" heißt und als Adresse die Anschrift „Fischerndorf" hat, bleibt gar keine andere Wahl: Er muss exquisite Wildspezialitäten und auch frische Fische in bester Qualität auf den Tisch bringen. Genau das passiert im „Gasthof zum Hirschen" in Altaussee, der für seine gute Küche bekannt ist.

Dieser gute Ruf ist dem Chef des Hauses, Burghard Neumann, ein Herzensanliegen. Er hat den Gasthof, dessen Geschichte sich über Jahrhunderte zurückverfolgen lässt, lange Jahre als Angestellter geführt und ihn dann im Jahr 2002 gekauft. Zwei Jahre später wurde das Haus umfassend saniert und heute ist es ein Schmuckkästchen mit schönen Appartments mit Blick auf den See und komfortablen Zimmern für die gesamte Familie, eventuell sogar mit Hund, denn im „Gasthof zum Hirschen" sind auch Vier-

beiner wie Waldi, Bello & Co. gern gesehene Gäste.
Burghard Neumann, seiner Gattin Beate und dem netten Team in Service und Küche gelingt es, in dem gemütlichen Haus im verfeinerten Altausseer Stil eine familiäre Atmosphäre zu schaffen, in der jeder Gast individuell betreut wird.
Die „Ausseerstube" im Restaurantbereich ist mit der dunklen Holzvertäfelung und dem gemütlichen Kachelofen das ideale Ambiente, um die Kunstwerke aus der Küche zu genießen. Der Koch ist ein Meister in der Zubereitung heimischer Fischarten wie etwa frischen Saiblingen. In der Wildsaison zählen Spezialitäten wie zum Beispiel „Rehragout mit Nockerl und Preiselbeeren" oder „Hirschrückenfilet auf Steinpilzsherryrahm" zu den kulinarischen Attraktionen, die Speisekarte weist aber noch viele andere Delikatessen auf, die den Gästen zu Beginn des Urlaubes oft gar nicht bekannt sind.
Das ändert sich freilich rasch. Wer einmal die „Steirische Käserahmsuppe" gekostet hat, vergisst den charakteristischen Geschmack nicht so schnell. Dann noch das „Königspastetchen mit feinem Geflügelragout", die Schnitzel, Braten und Steaks, die fleischlosen „Kasnock'n" und „Krautspatz'n" – man möchte sich am liebsten durch alle Gerichte durchkosten. Verständlich, bei den Verlockungen, die von der Küche ausgehen. Indes, ein bisschen Reserve sollte man sich offen lassen, denn es warten noch Desserts wie „Apfelknödel auf Mostschaum" oder „Panna-Cotta an Waldbeeren", und wer die nicht genießt, hat viel versäumt! Zur Abrundung gehört natürlich ein gutes Glas Wein aus der Vinothek des Hauses, in der immer wieder Verkostungen stattfinden, die bei den Gästen sehr begehrt sind. Beliebt sind auch die Rahmenprogramme, die von der Familie Burghard organisiert werden, wie zum Beispiel Ausflüge und Armbrustschießen im Sommer oder Schlittenfahrten im Winter.
Der Urlaub im „Gasthof zum Hirschen" bietet eben durchdachte Rundum-Erholung und das erklärt auch, warum 80 Prozent der Urlauber Stammgäste sind: Sie wissen, dass sie dort nach Herzenslust verwöhnt werden.

Saiblingfilet auf Blattspinat mit Rieslingsauce

Zutaten

4 Saiblingfilets à ca. 150–180 g
500 g Blattspinat
1 Zwiebel
1 Knoblauchzehe
1/4 l Riesling
1/8 l Sahne
etwas Mehl
etwas Butter
Salz, Pfeffer

Zubereitung

Saiblingfilets würzen, mehlieren (in Mehl wälzen) und in heißer Butter braten. Dann die Zwiebel klein schneiden, in Butter anschwitzen, etwas Knoblauch dazu geben und den Blattspinat weich dünsten und abschmecken.
Für die Rieslingsauce etwas Zwiebel in einer Pfanne anschwitzen, mit Mehl stauben und mit dem Riesling ablöschen. Sahne hinzu und köcheln lassen bis die gewünschte Dicke erreicht ist. Den Blattspinat auf einen Teller geben, das Fischfilet über den Blattspinat anrichten und mit der Sauce umranden.

KOHLBACHERHOF

Der „Kohlbacherhof" in der steirischen Gemeinde Altaussee hat große Tradition, denn die Grundsteinlegung erfolgte schon im Jahr 1564. Damals war das Haus freilich kein Hotel, sondern ein Pferdestall. Im Lauf der Zeit wurde das Gebäude mehrmals umgebaut und heute ist es ein Betrieb, in dem die Gäste den Stress und die Hektik des Alltags vergessen.

André Uhlemann und seine Gattin haben das Haus im Jahr 2006 übernommen und eine Neuerung eingeführt: Es sind „touchlife"-Massagen in der Erholungszone neben Sauna und Solarium. Sie steigern das Wohlbefinden und sie regen Körper und Geist an, mit einer Kombination aus Massagetechnik und Gespräch, Atemschulung und Energieausgleich und mit Klangschalen. Man fühlt sich rasch losgelöst von allem, was beschwerlich ist, der Erholungseffekt ist beachtlich.

Auch die Literaturworkshops im Hotel, die ein- bis zweimal jährlich stattfinden, erschließen auf unkonventionelle Art neue Dimensionen, befreien die Gedanken und sind Anregung und Entspannung zugleich. Ungewöhnlich, aber sehr wohltuend, ist auch die 300 Meter vom Hotel entfernte Gradieranlage, eine in Österreich einzigartige Gelegenheit, Probleme der Atemwege in den Griff zu bekommen.

Wohlfühlen ist im Hotel rundum angesagt. Die 22 Zimmer sind großzügig ausgestattet, mit Dusche, WC, Telefon, Kabel-TV, Minibar,

Kohlbacherhof

Puchen 87
A-8992 Altaussee

Telefon 00 43 (0) 36 22 / 7 16 51
Telefax 00 43 (0) 36 22 / 7 16 45

www.kohlbacherhof.at

Wohnveranda oder Balkon. Das Haus ist auch sehr kinderfreundlich: Eltern bekommen unter anderem auf Wunsch einen Mikrowellenherd ins Zimmer, damit Babykost gewärmt werden kann. Wer möchte, kann seinen Hund mitbringen, denn Waldi, Bello & Co. sind im „Kohlbacherhof“ als Gäste herzlich willkommen.
Der große Gastgarten, die Sommerterrasse und der Kinderspielplatz sind Oasen der Entspannung für die ganze Familie und rund ums Hotel wartet die herrliche Natur darauf, zu Fuß oder per Fahrrad erkundet zu werden. Im Sommer lädt der nur 250 Meter entfernte Altausseer See zum Baden ein, im Winter bringt der Gratis-Skibus, der direkt vor dem Haus hält, sportliche Urlauber direkt zur Skischaukel Loser-Sandling.
Das Ambiente des alten Hauses, das behutsam weiter modernisiert wird, und die familiäre Atmosphäre machen den Aufenthalt im „Kohlbacherhof“ zu einem unverwechselbaren Erlebnis. Manche Gäste sind so fasziniert davon, dass sie bis zu acht Wochen bleiben und auf diese Art sozusagen Familienmitglieder h.c. werden.
Die meisten entscheiden sich für Nächtigung und (ausgiebiges) Frühstück, eher seltener ist die Halbpension, bei der die Gäste mit Speisen der traditionellen österreichischen Küche über die mediterrane Küche bis zu Klassikern der deutschen Küche verwöhnt werden.

Königsberger Klopse à la Hotel Kohlbacherhof

Zutaten

300 g Faschiertes (Hackfleisch), gemischt
1 Scheibe altbackenes Weißbrot
1 Scheibe altbackenes Schwarzbrot
1 gewürfelte Zwiebel
3 EL gehackte Petersilie
Salz und Pfeffer
1 l Wasser
2 Nelken
1 Zwiebel
1 Lorbeerblatt
30 g Butter
40 g Mehl
12 EL Zitronensaft
2 EL Kapern
3 EL Sauerrahm
1 Eidotter

Zubereitung

Aus Faschiertem, Weiß- und Schwarzbrot, Zwiebel und Petersilie eine gut durchgemischte Masse herstellen, mit Salz und Pfeffer würzen und mit angefeuchteten Händen 4 große oder 8 kleine Klopse formen.
Für die Brühe 1 l Salzwasser aufkochen, anschließend auf mittlere Stufe zurückschalten und die mit den Gewürzen gespickte Zwiebel zugeben. Die Klopse vorsichtig in das nicht mehr kochende Wasser geben und je nach Größe 10–20 Minuten ziehen lassen.
Für die Sauce aus Butter und Mehl eine Mehlschwitze herstellen und nach und nach 1/2 l von der Klopsbrühe mit einem Schneebesen einrühren. Die Sauce 20 Minuten kochen lassen, dann Salz und Pfeffer, Zitronensaft, Kapern und Sauerrahm zufügen. Mit dem Eidotter die Sauce legieren und die Klopse in die fertige Sauce legen. Dazu gibt es Reis oder Petersilienerdäpfel.

MASSSCHNEIDEREI GREUL

Mit 40 Jahren hat sich der aus Bad Goisern gebürtige Franz Greul selbstständig gemacht und im steirischen Bad Aussee eine Maßschneiderei eröffnet, nachdem er jahrelang für einen Schneidermeister gearbeitet und vorwiegend Trachtenkleidung angefertigt hatte. Schon am ersten Tag der neuen Selbstständigkeit kamen an die 100 Kunden, ein sichtbares Zeichen für den guten Stern, unter dem das neue Unternehmen stand. Heute, gute 15 Jahre später, ist Greul hoch zufrieden, dass er damals den entscheidenden Schritt gewagt hat: Er wird in Zeitungen schlicht „Weltschneider" genannt, weil Mode aus seinem Haus im In- und Ausland von prominenten Kunden aus Politik, Wirtschaft und Kultur hoch geschätzt und bis nach Amerika exportiert wird.

Manche Käufer kommen mit dem Privatjet oder in der Luxuskarosse mit Chauffeur, andere sind Durchschnittsmenschen mit einem besonders guten Geschmack, die das Geld für ein Kleid oder einen Anzug von Greul zusammensparen. Zeit dafür haben sie, denn für alle, ob Industrieller, Adeliger oder Normalbürger, gilt, dass man sich in der Edelschneiderei in Bad Aussee anmelden muss – und dann dauert es fast ein Jahr bis zur Anprobe. Weitere drei bis vier Wochen später ist das Kleidungsstück fertig.

Die Kunden nehmen die Wartezeit in Kauf, weil sie wissen, dass die Qualität stimmt. Dafür bürgen Greul selbst, seine Gattin Christine und der im Betrieb tätige Sohn

Maßschneiderei Franz Greul

Meranplatz 157
A-8990 Bad Aussee

Telefon 00 43 (0) 36 22 / 5 47 85
Telefax 00 43 (0) 36 22 / 5 47 85

www.greul.at

Bis so ein edles Kleidungsstück fertig gestellt ist, vergehen bis zu 160 Arbeitsstunden, weil zum Teil sogar unter der Lupe genäht wird. Franz Greul ist eben ein Perfektionist, und sein Sohn Alexander, der erst eine höhere Schulbildung abschloss und danach das Schneiderhandwerk erlernte, hat diese Eigenschaft geerbt. Beide bekräftigen den Wahlspruch der Firma: „Die Liebe zum Detail sollte jedes handgefertigte Greul-Sakko in sich tragen, sie soll für jedermann erkennbar sein."
Die Qualität hat natürlich ihren Preis, und weil die sorgfältige Handarbeit ihre Zeit braucht, muss man mit Lieferzeiten bis zu einem Jahr rechnen.
Hohe Qualitätsansprüche stellt Franz Greul auch bei der Herstellung traditioneller Trachten. Egal, ob es um die Ausseer Applikationen und Stickereien geht oder um die Patronentaschen eines Jagdrockes – alles wird in handwerklicher Kleinarbeit hergestellt, die große Kunstfertigkeit erfordert. Das Ergebnis kann sich buchstäblich sehen lassen und die Familie Greul ist selbst so von ihrer Arbeit überzeugt, dass sie verspricht: „Wenn ein Kunde einen Fehler findet, erhält er die Ware umsonst."

Alexander mit ihrem Arbeitsprinzip: Perfektion ist das oberste Gebot!
Dieser Ehrgeiz motiviert die Familie, nur die feinsten, edelsten und teuersten Materialien zu verwenden, etwa die Vicuna-Wolle, den Stoff der Inkakönige. Das Vicuna-Schaf gehört zur Familie der Lamas, lebt in Südamerika und trägt am Hals eine besonders weiche Wolle. Jedem Tier können innerhalb von zwei Jahren nur 250 Gramm abgeschoren werden und das macht den daraus gewebten Stoff teuer. Ein Quadratmeter kostet gute 2500 Euro, aber dafür bekommt man einen Stoff, der leichter, wärmer und weicher ist als alle anderen. Nicht ganz so teuer, aber gleichfalls erste Qualität ist Mongolei-Cashmere von Ziegen aus der inneren Mongolei. Handgewebte Loden und Leinen werden ausschließlich für die Werkstätte von Greul erzeugt, sie sind Unikate.
Verarbeitet wird das kostbare Material in bester englischer Tradition, also mit äußerster Sorgfalt und mit vielen Extras, die Markenzeichen des Unternehmens sind. Viele Sakkos bekommen feinste Rosshaareinlagen und halten so jahrelang ihre Form, sie sind atmungsaktiv, ihre Kanten und sogar die Knopflöcher werden durchwegs mit der Hand genäht und, und, und ...

STEINHUBER TRACHT & MODE

Steinhuber Tracht & Mode

Wiedleite 103
A-8990 Bad Aussee

Telefon 00 43 (0) 36 22 / 5 29 62
Telefax 00 43 (0) 36 22 / 5 29 62 19

www.steinhuber.at

Was wäre ein gepflegter Urlaub ohne Shoppingbummel, am besten dort, wo auch die Einheimischen einkaufen, die jeden Geheimtipp der Region kennen? Wenn es dabei um Mode geht, gibt's im Salzkammergut eine Adresse, die man sich jedenfalls nicht entgehen lassen sollte: Das „Modehaus Tracht & Mode Steinhuber" in Bad Aussee, eine Fundgrube für Freunde wunderschöner Trachten und aktueller Topmode in Premiumqualität.

„Viele Kunden sagen: Einkaufen beim Steinhuber gehört beim Aufenthalt im Ausseerland einfach dazu", sagt Firmenchef Gerhard Steinhuber, der das 1875 in Gaishorn gegründete Modehaus gemeinsam mit seiner Gattin Uli in vierter Generation führt. 1970 wurde das Geschäft nach Bad Aussee verlegt, die Firmenphilosophie aber ist gleich geblieben: Das Haus bietet Mode bester Qualität, in der sich jedermann und jede Frau wohl fühlen.

Das erfordert besonders bei der Trachtenmode, für die Steinhuber weithin bekannt ist, auf der einen Seite viel Verständnis für Tradition und andererseits die Offenheit für Neues. Exakt diese Eigenschaften bringt Gerhard Steinhuber mit, der seine Ausbildung in Österreich und Deutschland absolviert hat: „Wir versuchen, Trends zu erspüren und sie an die Region anzupassen. Das haben schon die Eltern so gemacht, die Kundenwünsche und -bedürfnisse erkannt und umgesetzt haben."

Mit dem Resultat haben die Käufer viel Freude. Das Team um die Familie Steinhuber fertigt zum Beispiel Dirndl für Frauen und Mädchen an, von denen jedes einzelne ein Schmuckstück in Stoff ist. Die Auswahl ist groß, denn im Geschäft sind etliche Hundert Dirndlkleider gelagert. Das Modehaus geht aber auch sehr gerne auf individuelle Wünsche von Kunden ein und kann dank der großen Trachtenstoffabteilung im Haus mit einer beachtlichen Vielfalt unterschiedlicher Modelle aufwarten.

Bis das neue Dirndl fertiggestellt ist, dauert es ein bis zwei Wochen, dann entspricht es einer der goldenen Regeln, welche die Familie für ihr Angebot aufgestellt hat: „Ihr Wunsch zählt!" Freilich zählt nicht der Wunsch der Kundschaft allein, sondern auch die Beratung durch das exzellent geschulte, langjährige und hoch qualifizierte Personal,

versichern Uli und Gerhard Steinhuber, die nicht nur Trachten aus eigener Erzeugung sowie die größte und schönste Auswahl an Seidentüchern und Trachtenstoffen der Steiermark im Angebot haben, sondern auch aktuellste Topmode und Wäsche und Strümpfe für Damen, Herren und Kinder. Die Namen der prominenten Marken klingen vertraut, das zeigen ein paar Beispiele, die man aus den internationalen Modejournalen kennt: Esprit, Street One, Angels, Brax, S. Oliver, Gerry Weber, Frankenwälder, Lodenfrey, Giesswein, Steffner, Wallmann, oder Burlington und noch viele andere. Kurz gesagt: Vom Dirndl aus der hauseigenen Trachtenschneiderei bis zum modischen Outfit finden alle Kunden auf rund 1 000 Quadratmetern Verkaufsfläche das, was sie suchen und was zu ihnen passt. Und sie sind die besten Zeugen dafür, dass die Schlagworte, mit denen das Ehepaar Steinhuber sein Haus präsentiert, tatsächlich zutreffen: freundlich, verlässlich, ehrlich, kompetent, innovativ, natürlich, echt, mutig, interessiert, vielfältig und anerkennend.

das eine weitere Regel befolgt: „Hier ist der Kunde Gast und Freund!" – und guten Freunden kann man auch einmal ehrlich sagen, wenn ein Modewunsch nicht ganz zu ihrem Typ passt. Diese Ehrlichkeit zählt zu den Prinzipien, die von den vorwiegend aus Österreich und Deutschland stammenden Kunden besonders geschätzt werden. Sie wissen, dass sie den Steinhuber-Regeln vertrauen können, besonders einer, die ihnen versichert „Das macht schön."
„Wir bieten eben Qualität und perfekte Beratung, dafür bürgen wir mit unserem Namen",

FISCHERHÜTTE AM TOPLITZSEE

Fischerhütte am Toplitzsee

A-8993 Grundlsee

Telefon 00 43 (0) 36 22 / 82 96
Telefax 00 43 (0) 36 22 / 86 25

www.toplitzsee.at

Der Toplitzsee im steirischen Salzkammergut war immer schon ein geheimnisumwittertes Gewässer. Seit Jahrzehnten suchen Abenteurer dort nach einem ungeheuer wertvollen Schatz, der angeblich im Zweiten Weltkrieg im See versenkt worden sein soll. Dutzende Kisten, randvoll mit Gold, sollen es gewesen sein, sagenhafte Reichtümer, die Glücksritter ebenso an den See locken wie seriöse Wissenschaftler.
Gefunden wurden gefälschte englische Pfundnoten, gefälschte Briefmarken, dazu Sprengstoff, Waffen und andere Kriegsrelikte, aber der Goldschatz wurde bis heute nicht gesichtet, wenn er denn überhaupt jemals existiert hat.
Eine Enttäuschung für die Schatzsucher, dabei hätten sie es leicht gehabt, am Toplitzsee einen wahren Schatz zu entdecken. Er ist zwar nicht aus Edelmetall, aber dafür wirklich vorhanden und ein kulinarisches Kleinod erster Güte. Es handelt sich um die „Fischerhütte", die vom Wirt Albrecht Syen seit 1975 betrieben wird. Am Anfang war es nur eine kleine Jausenstation, wegen des großen Gästeansturms entschloss sich Syen aber bald zu einem Ausbau der Gaststätte und so ist die „Fischerhütte" entstanden, ein gemütliches Ausflugslokal, in dem Wanderer gerne einkehren.
Erreichbar ist die „Fischerhütte" nur auf Schusters Rappen. Das Auto bleibt auf den Parkplätzen in Gössl am Ende des Grundlsees und dann gehen die Wanderer entweder an der kleinen Kirche vorbei durch das Dorf Gössl und nehmen den anschließenden Waldweg entlang der 180 Meter hohen Gössler Wand oder sie entscheiden sich für den Waldweg mit dem Abstecher zur romantischen „Ranftlmühle".

Beide Wege sind angenehm, in etwa 20 Minuten ist man locker am Ziel direkt am Toplitzsee – und genießt erst von der Sonnenterrasse aus die traumhafte Aussicht und dann die nicht minder traumhaften Speisen. Albrecht Syen, der von seiner Tochter Alexandra tatkräftig unterstützt wird, beteiligt sich an der Aktion „Esst steirisch!", zu der sich ausgewählte Betriebe zusammengeschlossen haben. Sie verpflichten sich, nach strengen Regeln zu kochen und vor allem nur steirische Naturprodukte zu verwenden. Das ergibt eine abwechslungsreiche, leichte regionale Küche mit dem Schwerpunkt Fischspezialitäten aus heimischen Gewässern. Zur Abwechslung gibt es immer wieder auch „Motto-Wochen" mit dem Angebot der Saison. Im Herbst sind es zum Beispiel die Kartoffelwochen, bei denen man nur staunen kann, welch raffinierte Geschmackskompositionen mit der „tollen Knolle" möglich sind. Seit 30 Jahren veranstaltet Syen an jedem Freitagabend einen Fischabend mit Musik, die Speisekarte wird dabei je nach dem Fang des Tages zusammengestellt. Das gute Essen hat sich längst herumgesprochen, darum hat die „Fischerhütte" auch sehr viele Stammgäste. Sehr oft werden dort auch Hochzeiten, Taufen, Firmungen, Geburtstagsfeiern oder Firmenjubiläen gefeiert. Die Atmosphäre ist angenehm, aber auch etwas ungewöhnlich, denn die Mystik des geheimnisvollen Sees schwingt immer mit.

Gebackenes Saiblingfilet im Strudelteig mit Gemüsemantel und Eierschwammerlsauce

Zutaten

2 Saiblingfilets
1/2 Stange Lauch
150 g Blattspinat
1/2 Zwiebel
1 Knoblauchzehe
1/8 l Olivenöl
150 g Mozzarella
1 EL Balsamico
Salz, Pfeffer, evtl. Zitrone
1 Strudelteig
Butter
Ei

Sauce

200 g Eierschwammerl (Pfifferlinge)
1/2 Zwiebel
1/8 l trockenen Weißwein
1/4 l Rindsbouillon
Crème fraîche
Salz, Pfeffer und Majoran

Zubereitung

Saiblingfilets gänzlich entgräten, mit Salz, eventuell Zitrone würzen. Lauch und Blattspinat grob schneiden, gehackte Zwiebel und Knoblauch in Olivenöl glacieren, Lauch und Spinat zufügen und mit Balsamico, Salz und Pfeffer würzen und in Würfel geschnittenen Mozzarella untermengen. Auf ausgerollten Strudelteig streichen und mit den Saiblingfilets zu einem Strudel rollen. Mit Butter und Ei bestreichen und bei 180° C 20 Minuten backen.
Gut gebeizte Eierschwammerl in etwas Butter mit 1/2 gehackter Zwiebel rösten, mit 1/8 l Weißwein ablöschen und 1/4 l Bouillon zugeben. Etwas reduzieren lassen, mit Crème fraîche abbinden und mit Salz, Pfeffer und Majoran würzen.

RESTAURANT POST AM SEE

Schon in der Volksschule war klar, dass der Ausseer Robert Hocker einmal Koch werden möchte. Heute ist er ein Meister seiner Küche. Zwei Hauben hat seine Kochkunst dem erst sieben Jahre alten Restaurant „Post am See" in Grundlsee bereits eingebracht.
Zehn Jahre lang hat Robert Hocker in exzellenten Häusern in der Schweiz und in Deutschland gearbeitet und dabei ausgiebig Erfahrung und vor allem neue Ideen gesammelt. Im Jahr 2001 gewann die Sehnsucht nach der Heimat die Oberhand und Hocker übernahm, mit tatkräftiger Unterstützung seiner Familie, ein kleines Restaurant am Grundlsee.
Das Lokal mit seinen insgesamt 35 Sitzplätzen sowie einer Seeterrasse, die weiteren 40 Gästen Platz bietet, liegt wohl an einem der schönsten und begehrtesten Punkte im steirischen Salzkammergut. Dort lässt der Haubenkoch seinen Ideen freien Lauf und besticht durch seine Geradlinigkeit und die perfekte Produktqualität. Das Prinzip, nach dem er arbeitet, fasst er in einem Satz zusammen: „Wir bieten eine heimische, leichte, fantasievolle und mit solider Klassik kombinierte Küche, sind dabei aber offen für Einflüsse aus aller Welt!" Seine in manchen Gastronomieführern unterschätzte Küche, hat viele Gourmets an den Grundlsee gelockt. Robert Hocker und sein kleines Team konnten mit Stolz registrieren, dass viele Feinschmecker, die dass kleine, aber feine Lokal nur einmal kennenlernen wollten, mittlerweile zu treuen Stammgästen geworden sind.
Ein kurzer Blick in die Speisekarte mit Spezialitäten des Hauses wie „Grundlseer Lamm" oder „Saibling vom See" verrät, dass ein Mensch mit Liebe zum Beruf und mit Sinn für Perfektion am Werk ist. Jeder Gang wird mit viel Engagement und Sorgfalt zubereitet. Ein Geheimnis des Erfolges ist sicherlich die Qualität der Produkte, um die sich Hocker besonders kümmert. Die Zutaten zu den köstlichen Speisen stammen hauptsächlich aus Bio-Betrieben, die er persönlich ausgewählt hat. Der Küchenchef ist bei der Gestaltung seiner Menükarte sehr flexibel und orientiert sich am Lebensmittelangebot der Saison.
Auch beim Wein kommt der Gast im Restaurant „Post am See" nicht zu kurz. Beginnend beim frischen, fruchtigen steirischen Weißwein, über die rote Weinvielfalt des Burgenlandes bis hin zu den kräftigen internationa-

Restaurant Post am See

Bräuhof 94
A-8993 Grundlsee

Telefon 00 43 (0) 36 22 / 2 01 04
Telefax 00 43 (0) 36 22 / 2 01 04

www.postamsee.com

len Rotweinen ist auf der sehr vielversprechenden Weinkarte alles dabei, was Weinkenner wünschen. Die Bedienung gibt gerne sachkundige Ratschläge, um die Weinbegleitung an die vom Chef perfekt zusammengestellten Menüs anzupassen.

Die Gäste spüren den Teamgeist und die harmonische Zusammenarbeit zwischen den Mitarbeitern und das ist mit einer der Gründe, warum man sich im Restaurant „Post am See" so wohl fühlt!

Rehbockrücken im Knödelmantel mit grünem Spargel und Portweinkirschen

(Für 6 Personen)

Zutaten

400 g Rehbockrücken / Rehrückenfilets
16 Stangen grüner Spargel

Für den Knödelmantel

1/2 kg Knödelbrot
1 kleine Zwiebel
1/4 l heiße Milch
2 Eier
Salz, Pfeffer
1 Messerspitze Muskat
Schweinenetz

Für die Portweinkirschen

12 Herzkirschen
1 EL Zucker
1/8 l Rotwein
1/8 l Portwein

Zubereitung

Für den Knödelmantel das Knödelbrot mit der klein geschnittenen, angeschwitzten Zwiebel, 1/4 l heißer Milch, 2 Eiern, Salz und Muskat vermischen. Rehrückenfilets mit Salz und Pfeffer würzen, kurz auf allen Seiten anbraten.
Danach das Schweinenetz auflegen, die Knödelmasse aufdrücken und mit dem Fleisch einrollen. Auf allen Seiten kurz anbraten und für ca. 7–8 Minuten ins vorgeheizte Rohr stellen.
Den grünen Spargel bis zur Hälfte schälen und in Salzwasser kurz blanchieren, dann in Eiswasser abschrecken.
Für die Kirschen den Zucker hell karamellisieren, mit Rotwein und Portwein ablöschen und etwas reduzieren lassen. Kirschen dazugeben und ziehen lassen.

GOLDSCHMIEDE STEINER

Schmuckstücke aus ungewohntem Material, das aber bestens in das Salzkammergut passt, sind die originellen und unverwechselbaren Markenzeichen der „Goldschmiede Steiner" in Grundlsee. Einer der Schwerpunkte des Betriebes, der seit 1989 von Magdalena Hampel geführt wird, die ihn damals von ihren Eltern übernommen hat, ist nämlich Jagdschmuck. Und dafür verwenden die gelernte Goldschmiedin, ihre Eltern, die immer wieder helfend einspringen, und ihre vier Mitarbeiter Trophäen, die sich Jäger im wahrsten Sinne des Wortes gerne vergolden oder versilbern lassen.

Bei den Waidmännern ist es ein gern geübter Brauch, die „Grandln" – das sind die Eckzähne von Hirsch und Hirschkuh – mit Edelmetall einfassen zu lassen, auch Fuchszähne sind beliebte Objekte, ebenso Hörner vom Rehbock und dergleichen. Aus den Trophäen werden unter den kundigen Händen der Goldschmiedekünstler auch Hutnadeln, Colliers, Ringe oder Ohrringe, also Schmuckstücke mit einer unverwechselbaren Note.

Weil in der Region noch gerne Trachten getragen werden und als Alltagskleidung dienen, hat sich Magdalena Hampel als zweite Säule des Unternehmens auf Trachtenschmuck spezialisiert. In ihrer Goldschmiede in Grundlsee werden Einzelstücke nach den speziellen Vorstellungen und Wünschen der Kundinnen und Kunden angefertigt. Für den zur Tracht passenden Schmuck wird hauptsächlich der Granat verwendet, der in Silber, oder bei einem besonders festlichen Dirndl, auch in Gold gefasst wird.

Goldschmiede Steiner

Bräuhof 207
A-8993 Grundlsee

Telefon 00 43 (0) 36 22 / 85 04
Telefax 00 43 (0) 36 22 / 81 50

Die kunstvoll angefertigten Schmuckstücke sind begehrte Objekte für die Kunden, zu denen neben den Einheimischen viele Urlauber zählen, die sich im Ausseerland mit der prächtigen Tracht einkleiden und gleich auch die dazugehörigen Accessoires in höchster Qualität haben wollen. Der Trachtenschmuck ist aber auch als Souvenir beliebt, weil er ein perfektes und für das Salzkammergut typisches Mitbringsel ist.
Dabei hat Magdalena Hampel, die im Zug ihrer Ausbildung Erfahrungen sowohl im elterlichen Betrieb als auch in externen Firmen gesammelt und danach die Meisterprüfung abgelegt hat, einen Grundsatz, an dem sie und ihre Mitarbeiter bewusst festhalten: „Tradition ist wichtig, aber nicht alles!" Konsequenterweise wird der Trachtenschmuck zwar nach alten Prinzipien, aber auch in neuen Formen hergestellt, jährlich weiterentwickelt und behutsam, aber unübersehbar der Mode angepasst.
Diese Originalität, die das Markenzeichen der „Goldschmiede Steiner" ist, gilt auch für den klassischen Schmuck, der in der Werkstatt in Grundlsee angefertigt wird. Magdalena Hampel: „Wir haben den Ehrgeiz, Unikate herzustellen, die man sonst bei keinem Juwelier findet, eben echten Designerschmuck, den es nur einmal gibt." Jedes Schmuckstück wird von Hand angefertigt, die Arbeiten dauern ein bis zwei Wochen. Manche Stücke bestehen nur aus edlen Steinen, die zugekauft und zu Schmuckketten verarbeitet werden, bei anderen wiederum wird Edelmetall eingearbeitet oder für die Schließen verwendet – jedes Schmuckstück hat seine unverwechselbare Note, so wie seine Besitzerin.
Diese Qualitätsarbeit findet nicht zuletzt dank gelungener Präsentationen auf Fachmessen und dank der Mundpropaganda durch zufriedene Kundinnen und Kunden immer mehr Anhänger. Der Erfolg der Goldschmiede in Grundlsee ist so groß, dass die Erzeugnisse gleich in zwei dazugehörigen Geschäften verkauft werden, in Bad Aussee und in Bad Mitterndorf im steirischen Salzkammergut, wo auch hochwertige Glas- und Zinnwaren, Uhren sowie Gold- und Silberschmuck anderer Erzeuger angeboten werden. Auch Juweliere in Österreich und Bayern werden von der „Goldschmiede Steiner" beliefert.

WELTKULTURERBE

Das Innere Salzkammergut ist eine historische Kulturlandschaft, in der schon vor Tausenden von Jahren lebensnotwendiges Salz aus dem Hallstätter Salzberg gewonnen wurde. Die spektakulären Funde aus diesem ältesten Salzbergwerk der Welt und die Ausgrabungen aus dem weltberühmten Hallstätter Gräberfeld waren von so großer Bedeutung, dass eine ganze Kulturperiode nach diesem Ort benannt wurde – die Hallstatt-Kultur (850–500 v. Chr.).
1997 wurde das Innere Salzkammergut von der UNESCO zum Weltkulturerbe ernannt und man kann das Gebiet kaum besser würdigen, als es das Welterbe-Komitee getan hat: „Bei der alpinen Region Hallstatt-Dachstein/Salzkammergut handelt es sich um ein außergewöhnliches Beispiel einer Naturlandschaft von einzigartiger Schönheit und besonderer wissenschaftlicher Bedeutung. Diese Kulturlandschaft verbindet Natur und Kultur in harmonischer und sich gegenseitig ergänzender Art und Weise."
Angesichts der Fülle von natürlichen Attraktionen wird jeder Urlaub in diesem Gebiet zu kurz, so viel gibt es zu bestaunen. Etwa die Dachstein-Mammuthöhle und die Eispaläste im Dachstein, die zu den größten Naturwundern der Alpen zählen. Oder das Hallstätter Salzbergwerk, wo im Jahr 1734 tief drinnen im Berg der Mann im Salz gefunden wurde, ein prähistorischer Bergmann, dessen Leiche bestens erhalten war. Einmalige Urlaubserinnerungen mit der Kamera lassen sich am

Hallstätter See

Gosausee einfangen, der eines der beliebtesten Fotomotive der Region ist.
Natürlich kann man auch „normalen“ Urlaub in dem historisch so hochwertigen Gebiet machen. Ausgedehnte Wanderungen auf den Bergen, die mit Seilbahnen gut erschlossen sind, Schwimmen im Hallstätter- und im erfrischend kühlen Gosausee oder im Parkbad Bad Goisern mit seiner 60 Meter langen Rutsche bringen ebenso Erholung wie Touren mit Fahrrad und Mountainbike oder Abenteuersportarten à la Rafting, Flusswandern, Kajak, Canyoning oder Klettern. Auch im Winter bietet die vielfältige Region alle Möglichkeiten zum Sport, von locker bis herausfordernd, ganz nach Lust und Laune.

bei Bad Goisern

Hallstatt

HOTEL HAUS AM SEE

Hotel Haus am See

Obertraun 169
A-4831 Obertraun

Telefon 00 43 (0) 61 31 / 2 67 77
Telefax 00 43 (0) 61 31 / 2 67 88

www.hotel-hausamsee.at

Von oben grüßt der Dachstein, der höchste Berg der Region, von unten lacht der blitzblaue, manchmal auch tiefgrüne Hallstätter See – ein Urlaub im Hotel „Haus am See" in Obertraun ist die reinste Augenweide.
Aber nicht nur, denn in dem komfortablen Hotel genießen die Gäste Erholung für alle Sinne und ganz besonders für den Geschmackssinn.
Die Küche bietet einen Querschnitt durch das kulinarische Angebot aus der Region, in dem sich für jeden Geschmack etwas findet. Candida Weinfurtner, die Chefin des Hauses: „Wir verwenden Produkte aus der Umgebung, da können wir sicher sein, dass die Qualität passt." Die Fische kommen direkt aus dem Hallstätter See, der Metzger liefert das Fleisch, die umliegenden Bauern sorgen für das frische Gemüse und die Jäger für das Wild.
Das ergibt genügend Möglichkeiten für einen umfangreichen und bunt gemischten Speiseplan mit dem Schwerpunkt Hallstätter Küche, erweitert um österreichische Spezialitäten. Und so können die Gäste je nach Jahreszeit aus verschiedenen, sorgsam zubereiteten Gerichten wählen wie zum Beispiel frisch gebratenen Saiblingen oder Reinanken,

Rindfleischsalat mit Kernöldressing, Kalbstafelspitz, Selchschopf mit Kraut und Knödel oder Wildgulasch. Zur passenden Tageszeit wird auf Wunsch eine deftige Brotzeit serviert und auf die Liebhaber der süßen Küche warten hausgemachte Kuchen und die berühmten österreichischen Süßspeisen nach Großmutters Rezepten! Dazu ein guter Tropfen von Österreichs Winzern und der kulinarische Tag ist gerettet.
Bei so verlockenden Speisen kann man schon einmal ein paar Kalorien mehr zu sich nehmen, das ist aber kein Problem, denn vom direkt am Hallstätter See gelegenen Hotel aus kann man die einmalige Natur und Bergwelt der „Welterbe Wanderregion Dachstein-Krippenstein" erkunden, wunderbare Eindrücke sammeln und dabei locker ein paar Pfunde loswerden.
In der wärmeren Jahreszeit laden romantische kleine Steige und Wege, aber auch bequeme und gut ausgebaute Wanderwege dazu ein, die schönsten Flecken dieser Region kennenzulernen. Aktivurlauber können im Sommer zwischen Paragleiten, Tauchen, Boot fahren, Mountainbiken oder Nordic Walking wählen und auch im Winter wird's nicht langweilig. Langläufer steigen direkt vor dem Hotel in die Loipe ein und für geübte Alpinläufer steht die „Freestyle Arena

Dachstein-Krippenstein" zur Verfügung, wo sie auch Tiefschnee fahren können.
Bestens erholen kann man sich auch im Hotel selbst. Die Zimmer sind komfortabel eingerichtet und mit Sat-TV, Dusche, WC und Balkon ausgestattet. In der hauseigenen Sauna wärmt man sich auf, um sich anschließend mit einem Sprung vom hauseigenen Badesteg in den See abzukühlen.

Sanft gebratener Kalbstafelspitz mit Semmelkren, Wurzelgemüse und Bouillonkartoffeln

Zutaten

ca. 750 g Kalbstafelspitz (1 Stück)
500 g Karotten
300 g Sellerie
1 kg Kartoffeln
frischer Kren (Meerrettich), Semmelbrösel, Sahne, Rinderbrühe, Salz, Pfeffer, frischer Ingwer, Öl, Butter, Essig, Staubzucker, abgeriebene Zitronenschale, Muskat

Zubereitung

Tafelspitz waschen, trocknen und mit Salz und Pfeffer würzen. In heißem Öl kurz von allen Seiten anbraten, damit sich die Poren schließen, danach im Umluftherd bei 100 °C ca. 1–1 1/2 Stunden schmoren. Karotten und Sellerie putzen und in Würfel oder Stifte schneiden. In einem Topf etwas Staubzucker hell karamellisieren lassen, Gemüse zugeben, mit etwas Gemüsebrühe und wenig Essig ablöschen, etwas frischen Ingwer, Salz und Pfeffer zugeben und zugedeckt garen lassen, dabei soll das Gemüse etwas Biss behalten. Die Kartoffeln schälen, in nicht zu dicke Scheiben schneiden und in Rinderbrühe garen. Geriebenen Kren mit Butter und Semmelbröseln anschwitzen, mit Gemüsebrühe ablöschen, mit Salz, Pfeffer, etwas abgeriebener Zitronenschale würzen. Sauce mit Sahne verfeinern und schaumig aufschlagen. Am Schluss ein wenig frisch geriebene Muskatnuss zugeben, danach nicht mehr aufkochen.

SEEHOTEL GRÜNER BAUM

Seehotel Grüner Baum

Marktplatz 104
A-4830 Hallstatt

Telefon 00 43 (0) 61 34 / 82 63
Telefax 00 43 (0) 61 34 / 82 63 44

www.gruenerbaum.cc

Wer nach Hallstatt kommt und dort überraschend oft „Sayonara" oder „How do you do?" hört, sollte sich nicht wundern: Der berühmte Ort mit seiner 4500-jährigen Geschichte lockt viele Touristen aus aller Herren Länder an. Und sehr viele von ihnen nehmen Quartier im „Seehotel Grüner Baum", wo 80 Prozent der Gäste aus Japan oder den USA kommen.
Das Hotel, bei dem ein Ausgang auf den Marktplatz und der andere direkt zum See führt, wurde erstmals schon im Jahr 1700 urkundlich erwähnt, seine besondere Atmosphäre haben schon viele prominente Gäste geschätzt. Kaiserin Sisi, der Dichter Adalbert Stifter, die Krimiautorin Agatha Christie und viele andere Persönlichkeiten logierten im „Grünen Baum", der schon mehrmals als Filmkulisse gedient hat.
2005 hat Monika Wenger das renommierte Haus von ihrer Mutter übernommen und es zu einer gediegenen Mischung aus historischem Ambiente und zeitgemäßem Komfort ausgebaut. Die Zimmer sind großzügig und so gemütlich, dass man sich wie in einem Wohnzimmer fühlt, nicht wie in einem Hotel. „Genau das ist es, was wir wollen", lacht Monika Wenger. „Unsere Gäste sollen das Gefühl haben, sie wären bei uns zu Hause." Den Urlaubern fällt das leicht, besonders im blumengeschmückten Gastgarten direkt am Ufer des Hallstättersees oder an der Seeterrasse, wo man die Füße in den glasklaren See halten kann.
Zum erholsamen, genussreichen Urlaub trägt die Küche des Hauses viel bei, weil Speisen dort viel mehr ist als Nahrungsaufnahme. Im Restaurant mit seinen großen Fenstern und

dem faszinierenden Ausblick auf den Hallstättersee kommt man bei der leisen klassischen Musik im Hintergrund leicht ins Träumen.

Die lukullische Mischung aus einheimischen und internationalen Speisen zeichnet sich durch besondere Frische aus, weil alle Zutaten von den Bauern aus der Region geliefert werden. Die Spezialität des Hauses sind fangfrische Forellen, Saiblinge, Reinanken und Lachsforellen aus dem Hallstättersee. Daneben finden sich auf der Speisekarte delikate Kreationen wie etwa Knoblauchcremesuppe mit Kräutercroutons, gekochter Tafelspitz in Balsamico-Marinade und steirischem Kürbiskernöl, Lachsforellenfilet im Weinsud pochiert auf Dillrahm mit Dampfkartoffeln,

rosa gebratene Schweinsmedaillons mit Gorgonzolacreme im Nudelnest und viele andere, von den verlockenden Desserts und den exzellenten Weinen ganz abgesehen.

Wer dann noch einen Blick auf die attraktiven Wandmosaike von Prof. Gudrun Wittke-Baudisch, der Begründerin der Hallstatt-Keramik, wirft, hat den Genuss für alle Sinne vervollständigt.

Lachsforellenfilet gebraten an Selleriepüree und Selleriestroh

(für 1 Person)

Zutaten

1 Lachsforellenfilet, ca. 160 g
1 Karotte
1/4 Stange Lauch
120 g Sellerie
50 g mehlige Kartoffeln
0,25 l Milch
Sahne
Muskatnuss
1/4 Handvoll Wacholderbeeren
4 Pfefferkörner
4 Blatt Lorbeerlaub
1 Prise Safran
Salz, Pfeffer, Zitronensaft, etwas Öl zum Braten, ein Schuss Weißwein

Zubereitung

Für den Fischfond die Fischkarkasse (Kopf und Flossen ...) mit Zitronensaft und einem Schluck Weißwein in Salzwasser zum Kochen auf die Herdplatte stellen, mit der geschnittenen Karotte, 10 g Sellerie, Lauch sowie Wacholderbeeren, Pfefferkörnern und Lorbeerlaub 2,5 bis 3 Stunden auf niedriger Flamme kochen, dann abseihen und mit einer Spur Safran und einem Schluck Weißwein aufkochen. Zum Schluss mit Salz abschmecken, soviel Sahne unterrühren, bis die Sauce sämig ist und den Fischfond mit einem Mixstab schaumig schlagen.

Für das Selleriepürree Kartoffeln mit 70 g Sellerie in ausreichend Salzwasser weich kochen. Gemüse abseihen und unter Zugabe der Milch pürieren. Dann das Püree durch ein Sieb passieren und mit Salz, Pfeffer und Muskatnuss abschmecken. Für das Selleriestroh 40 g Sellerie in feine Streifen schneiden, mit Mehl bestäuben und kurz in ausreichendem und heißem Öl frittieren.

Das Forellenfilet mit Salz, Pfeffer und Zitronensaft auf beiden Seiten würzen und in Öl braten. Anschließend alles auf einem Teller anrichten.

SALINEN TOURISMUS

Salinen Tourismus GmbH

Salzbergstraße 21
A-4830 Hallstatt

Telefon 00 43 (0) 61 32 / 2 00 24 00
Telefax 00 43 (0) 61 32 / 2 00 44 00

www.salzwelten.at

So spannend kann Geschichte sein: Ein Besuch in den „Salzwelten Hallstatt" ist eine Reise in eine Jahrtausende zurückliegende Vergangenheit, ein hochinteressantes und faszinierendes Erlebnis für Jung und Alt. Die spektakulären Funde aus dem ältesten Salzbergwerk der Welt und das in der Region entdeckte Gräberfeld sind von so großer Bedeutung, dass eine ganze Kulturperiode nach diesem Ort benannt wurde: die Hallstatt-Kultur, deren Blütezeit in die Jahre 800 bis 400 vor Christi datiert. Die UNESCO hat die „Region Hallstatt-Dachstein-Salzkammergut" sogar zum Weltkulturerbe und Weltnaturerbe ernannt.

Rechtzeitig zur Oberösterreichischen Landesausstellung 2008 haben die „Salinen Austria" mit Unterstützung des Landes Oberösterreich beachtliche Investitionen getätigt, um diesen zentralen Ort europäischer Kulturgeschichte noch anschaulicher zu machen.
Ein Besuch lohnt sich in jedem Fall, denn innerhalb von 70 Minuten – so lange dauert eine ausgezeichnete Führung – erleben die Besucher in den „Salzwelten Hallstatt" eine Zeitreise von der Steinzeit bis in die Gegenwart. Dabei wird schon die Auffahrt mit der Salzbergbahn zum Erlebnis, bei dem die Gäste die Dachsteinregion und den See überblicken, eine Aussicht, die an Schönheit

und Faszination kaum zu übertreffen ist. Die erste große Attraktion erwartet die interessierten Besucher schon vor dem Knappenhaus, dem Ausgangspunkt für die Fahrt in das Salzbergwerk, das heute noch in Betrieb ist. Auf dem Weg dorthin wird der Besucher von einer Landschaftsinstallation aus spiegelnden Säulen begleitet, die für die Landesausstellung geschaffen wurde, aber auch danach bestehen bleibt. Die Säulen sind aus spiegelnden Würfeln zusammengesetzt, die wie überdimensionale Salzkristalle aussehen. Sie stimmen die Besucher auf das Bergwerk und auf das weltberühmte Hallstätter Gräberfeld ein, das bald nach der Bergstation in ihr Blickfeld kommt. An die 4 000 Gräber dürften sich dort befinden, von denen die meisten in der älteren Eisenzeit (800–400 v. Chr.) angelegt wurden. Rund 1 300 Menschen konnten bis jetzt dort bei Ausgrabungen geborgen werden, sie waren in einer durchschnittlichen Tiefe von ein bis eineinhalb Metern beigesetzt und mit feinem Sand bestreut worden. Nahezu die Hälfte der Bestattungen besteht aus Brandgräbern, darunter waren zahlreiche Krieger, denen reiche Beigaben mitgegeben wurden wie kostbar verzierte Waffen oder Schmuck. Die Archäologen des „Naturhistorischen Museums" haben in der Anlage ein begehbares Grab gestaltet: In einem unterirdischen Raum, der in den Hang hineingebaut ist, erkennt man, wie ein Grab zum Zeitpunkt der Bestattung und zum Zeitpunkt der Ausgrabung ausgesehen hat. Nach der Besichtigung dieses begehbaren Grabes führt der Weg zum Knappenhaus, wo man die für das Bergwerk vorgeschriebene Schutzkleidung erhält – und dann geht es in das Innere des Berges.

In das Salzbergwerk gelangt man durch den auf 928 Meter Seehöhe gelegenen Christinastollen, der 1719 aufgeschlagen wurde. Der erste Eindruck im Berg ist eine angenehme Kühle. Sie rührt daher, dass die Luft im Hallstätter Salzberg auf natürliche Weise zirkuliert, das bewirkt ein konstantes Klima mit einer Temperatur von acht Grad Celsius und einer Luftfeuchtigkeit von etwa 65 Prozent. Vom Salz ist beim Eingang noch nichts zu sehen, erst etwa 200 Meter danach überschreitet man die Salzgrenze und auf dem weiteren Weg erkennt man die Art, wie die Stollen im Lauf der Zeit ausgebaut wurden, mit Holz, Stahl oder Beton.

Von da weg geht es zur ersten von zwei Rutschen, die den Besuch im Bergwerk zum fröhlichen Abenteuer werden lassen. Für die Knappen hatten sie vorwiegend praktische Bedeutung, denn der Hallstätter Salzberg besteht aus zwölf Horizonten, wie die Stollenebenen von den Bergleuten genannt werden, und der Weg bergab war mit den Rutschen am schnellsten und bequemsten zu bewältigen.

Die größte Rutsche ist immerhin 64 Meter lang und diese längste hölzerne Bergmannsrutsche Europas macht Kindern und Erwachsenen gleich viel Spaß. Beim hinunter Rutschen werden alle Jungen und Mädchen und natürlich auch die Eltern fotografiert, die Geschwindigkeit wird mit Radar erfasst – und damit ist das Bergwerk wohl die einzige Radarfalle der Welt, über die sich jeder freut. Die Fotos kann man am Ende der Führung kaufen, eine nette Erinnerung an die vielen Sehenswürdigkeiten, die man im Berg kennenlernt.

Dazu zählt der 1400 Quadratmeter große unterirdische Salzsee der „Salzwelten Hallstatt" mit seiner geheimnisvollen Ausstrahlung, die von der besonderen Beleuchtung und den sanften mystischen Klängen herrührt, so als wollten die Salzgeister die Besucher willkommen heißen.

Lauter wird es dagegen, wenn sich die Kinder, begleitet von den Tönen der Klangstiege, auf den Weg zum „Zwergenwerk" der „Salzwelten Hallstatt" machen. Für Eltern heißt es dort „Bitte warten!", denn der Zugang ist nur den Kleinen gestattet!

Wenn wieder alle vereint sind, kann die ganze Familie die Salzkristallkammer bestaunen, die mitten im Salzlager in einem stillgelegten Laugwerk mit dem Namen „Edlersberg“ mit ihren vielfältigen Formen überrascht. Auch dort herrscht mystische Stimmung, weil man im Hintergrund das Meeresrauschen hört. Es erinnert daran, dass ursprünglich alles Salz aus dem Meer kommt.
Das Bergwerk birgt noch viele andere Attraktionen, zum Beispiel die älteste Holzstiege der Welt, die vor rund 3400 Jahren gebaut wurde. Sie wurde von Archäologen am Ende eines verstürzten Schachtes aus dem 14. Jh. v. Chr. gefunden und ist ein Beweis dafür, dass die Bergleute von damals über erstaunliche technische Fähigkeiten verfügt haben.
Eine bewundernswerte Leistung war auch der Bau der Soleleitung, der ältesten heute noch aktiven Pipeline der Welt. Sie wurde 1607 in Betrieb genommen und besteht aus 13 000 ineinandergesteckten Baumstämmen. Über diese aufwendige Konstruktion wurde und wird die Sole zur Verarbeitung nach Ebensee am Traunsee geleitet, immerhin eine Strecke von gut 40 Kilometern.

So faszinierend diese Sehenswürdigkeiten sind – eine übertrifft sie alle: der „Mann im Salz“, der 1734 in Hallstatt gefunden wurde. Es ist ein prähistorischer Bergmann, der vor gut 2500 Jahren in Hallstatt gelebt und gearbeitet hat und offensichtlich beim Einsturz eines Stollens verschüttet worden war. Das Salz bewirkte, dass sein Körper ausgetrocknet und konserviert wurde.
Als der Leichnam entdeckt wurde, wurden diese Zusammenhänge nicht erkannt. Zwar erhielt der unbekannte Tote auf dem Friedhof von Hallstatt ein kirchliches Begräbnis, rund um ihn und sein Schicksal bildeten sich aber bald viele Legenden, die ihm im Volksmund den Beinamen „geselchter Teufel“ eintrugen.

BÄCKEREI MAISLINGER

Leckere Brötchen, zu denen man im Salzkammergut gerne „Kaisersemmeln“ sagt, schmackhaftes Weiß- und deftiges Schwarzbrot in verschiedenen Variationen, dazu Mehlspeisen und Gebäck, deren Geschmack raffiniert verfeinert wird – das Angebot der Bäckerei und Konditorei Maislinger in Steeg stellt auch anspruchsvolle Gäste zufrieden. Barbara Maislinger, die Chefin des Betriebes, der Filialen in Bad Goisern, Hallstatt, Obertraun und Altaussee führt, bietet ihren Kunden und Gästen aber noch viel mehr, nämlich Kleinkunst in den beiden an die Bäckerei angeschlossenen Cafés in Steeg und Altaussee, wo das Kaffeehaus immer wieder zur Bühne wird.

„Es geht heute gar nichts anders: Man muss sich etwas einfallen lassen, wenn man Erfolg haben will“, sagt Barbara Maislinger, die schon vor längerer Zeit die Absicht hatte, in ihrem Stammhaus in Steeg, einem Ortsteil von Bad Goisern, neue Ideen umzusetzen. Als die Konditorei großzügig umgebaut wurde und Platz für 60 bis 70 Besucher bot, wusste sie auch, was genau sie tun wollte: durch Kulturveranstaltungen in dem Kaffeehaus Gäste an sich binden und auch neue Kunden gewinnen.

Von der Absicht bis zur Umsetzung dauerte es einige Zeit, denn Barbara Maislinger hat sich gründlich darüber informiert, wie Cafés in Wien ähnliche Pläne umgesetzt haben und bei ausgedehnten Kaffeehaustouren viele gute Anregungen geholt.

Daraus ist schließlich die Aktion „Kleinkunst im Kaffeehaus“ entstanden, ein Novum im Salzkammergut, das sich rasch herumge-

Bäckerei Maislinger

Au 65
A-4823 Steeg / H.

Telefon 00 43 (0) 61 35 / 82 16
Telefax 00 43 (0) 61 35 / 68 13

www.keltenbrot.at

sprochen hat. Mehrere Male im Monat werden von Mitgliedern der Heimatbühne Bad Goisern Sketches und Stücke in kleiner Besetzung gespielt, auch künstlerisch begabte Amateure aus der Umgebung erhalten die Chance, einen ersten Auftritt auf jenen Brettern zu wagen, die bekanntlich die Welt bedeuten. Auch Musikaufführungen jeder Art, von beliebten und gerne gehörten Werken der Klassik bis zu Blues und Jazz, stehen oft auf dem Programm.

Barbara Maislinger: „Unsere Kunden haben mit den Aufführungen viel Freude, sie nehmen das Programm gerne an. Umgekehrt kommen manche Kulturfreunde erst durch den Besuch einer Veranstaltung auf die Idee, bei uns einzukaufen – und auf diese Art bekommen wir immer wieder neue Stammkunden."

Manchmal gibt es als Zugabe zum Kulturprogramm auch warme Speisen, besonders das knusprige „Ofenbrat'l", ein schmackhafter Schweinebraten, hat es den Gästen angetan, die sich beim Essen gleich auch von der Qualität der Backwaren überzeugen können. Zum Braten wird frisches Brot und Gebäck gereicht – und das ist ein kulinarischer Genuss, der vielen mindestens so gut schmeckt wie ein mehrgängiges Haubenmenü.

Das liegt wohl auch daran, dass die Back-

waren auf eine besondere Art hergestellt werden. So wird zum Beispiel beim Brot backen nur Natursole verwendet und beim Gebäck gibt's einen Hauch mehr Malz als in anderen Bäckereien. Das spürt man am Geschmack, von dem viele Kunden begeistert sind.

Und zwar nicht nur in Österreich. Der Dinkel-Honiglebkuchen hat sogar in Nürnberg, der Hochburg des Lebkuchens, begeisterte Anhänger, welche die Köstlichkeit in Steeg bestellen. Sie schätzen das Geheimnis dieser Spezialität: das Fehlen von weißem Zucker, die Verwendung von ausgesuchten Trockenfrüchten und echtem Bienenhonig und frisch gemahlenem Vollwertmehl. Gleichfalls begehrt sind der süße Goiserer Schuh aus Edelbitterschokolade mit wahlweise feinem Nuss-

krokant oder Zirbenschnapsfüllung und das keltische Runengebäck, das sich hervorragend als Glückssymbol für besondere Festlichkeiten eignet.

In Steeg und in Altaussee kann man den gelernten Bäckern und Konditoren bei der Arbeit in Schaubackstuben zusehen und unmittelbar erleben, wie aus einem gekonnt zubereiteten Teig die süßen Krapfen oder die beliebten Gebackenen Mäuse werden. Ein Anblick, dem kaum einer widerstehen kann: Praktisch jeder kostet die frischen Köstlichkeiten, die direkt aus dem Backofen kommen.

GASTHOF ZUR POST

„Gasthof zur Post" – der Name verpflichtet, denn schon vor hundert Jahren haben Reisende, die mit der Postkutsche unterwegs waren, den Aufenthalt in dem traditionsreichen Haus genossen. Die heutigen Wirtsleute Katharina und Josef Stöger, die den Betrieb seit zwölf Jahren führen, nehmen diese Verpflichtung gerne an. Mit einem Umbau haben sie vor wenigen Jahren das traditionsreiche Haus zu einem modernen, aber nicht minder beliebten komfortablen Betrieb erweitert.

Die Postkutschengäste früherer Zeiten würden sich angesichts der Ausstattung der Zimmer, in denen sie seinerzeit neue Kraft für die Weiterreise schöpften, wohl die Augen reiben: Von Dusche/Bad, WC, Satelliten-TV, Telefon, Internetanschluss und Schreibtisch konnten sie nicht einmal träumen.

Gemütlich ist es trotzdem geblieben, auch im Speisesaal und im Gastzimmer, wo man in fröhlicher Runde zusammensitzen und die weithin gerühmte Küche des Hauses genießen kann, die das Herzstück des Betriebes ist. Schwerpunkt sind Gerichte der regionalen, saisonalen Küche, die den Gästen in familiärer Atmosphäre serviert werden. Schon der Blick auf die Karte lässt einem das Wasser im Mund zusammenrinnen: Knoblauchsuppe mit einem Obershauberl und geröstetem Weißbrot, Jägerrostbraten in einer feinen Rahmsauce mit verschiedenen

Gasthof zur Post
Jo & Co Gastronomie GmbH

Au 30
A-4823 Bad Goisern

Telefon 00 43 (0) 61 35 / 84 83

www.gh-post.at

Pilzen, gekochter Kavalierspitz mit Rahmgemüse, Apfelkren und Rösterdäpfeln, zartes Rumpsteak vom Grill mit buntem Gemüse und Ofenkartoffel oder eine Auswahl verschiedener Schnitzel und vieles andere machen die Wahl schwer. Noch schwieriger wird es bei den Pizzas, die am Nachmittag gebacken werden, oder bei den Dienstag-Buffets, bei denen es nicht nur asiatische Spezialitäten gibt, sondern auch Kleinigkeiten, die mit dem vorerst rätselhaften Zusatz „Iss mit der ‚Fünfzurkerten'!" aufgetischt werden. Des Rätsels Lösung verraten die Wirtsleute gerne: Es sind Finessen, die man mit den Fingern isst, zum Beispiel Zwiebelringe in Bierteig gebacken mit feuriger Dip-Sauce oder gebackene Erdäpfelecken und dazu ein Sauerrahmsaucerl zum Eintunken und noch vieles mehr.

Bei der gemütlichen Mahlzeit holen sich die Gäste die Kraft für einen Ausflug in die Umgebung mit ihren vielen Wandermöglichkeiten und Sehenswürdigkeiten. Die Koppenprüllerhöhle ist für Erwachsene wie für Kinder ein Erlebnis, wenn sie – gekleidet wie Höhlenforscher – eine Abenteuerführung durch diese Tropfsteinhöhle mitmachen und die Urwassergänge erforschen. Faszinierend sind auch die gewaltigen Dachsteinhöhlen, die man mit der Seilbahn erreicht, oder auch die Salzwelten in Hallstatt oder Altaussee. Auf Wunsch geben Katharina und Josef Stöger gerne Tipps, denn sie sind stolz darauf, dass ihr Haus inmitten der „Welt- und Naturerberegion Hallstatt-Dachstein" liegt.

Lammstelze mit geschmortem Gemüse

Zutaten

4 hintere Lammstelzen
Olivenöl
1 Zwiebel
Salz, schwarze Pfefferkörner, 5 Wacholderbeeren, Thymian, Rosmarin (frisch oder getrocknet), 4 Knoblauchzehen
1 EL Tomatenmark
1/8 l Rotwein
50 g Butter
Gemüse nach Belieben (Karotten, Sellerie, Zucchini, Kohlrabi, Frühlingszwiebel)
1/2 kg Kartoffeln (festkochend)
1/4 l Rindsuppe (Brühe, eventuell Würfel)

Zubereitung

Lammstelzen salzen, in Olivenöl anbraten und zur Seite stellen. Im Bratenrückstand Zwiebel und Knoblauch anrösten, Tomatenmark dazugeben, kurz weiterrösten, mit Rotwein ablöschen und mit Rindsuppe aufgießen. Die Gewürze in ein Leinensackerl einbinden und dazugeben.

Die Lammstelzen darin 45 Minuten zugedeckt schmoren lassen. Jetzt gefällig geschnittene Kartoffeln, Karotten und Sellerie hinein geben und in den nächsten 30 Minuten das restliche Gemüse beigeben (unterschiedliche Garzeit beachten!).

Lammstelzen auf dem Gemüse anrichten, Sauce auf die richtige Konsistenz einkochen, mit kalter Butter montieren und die Lammstelzen damit nappieren.

SCHUHERZEUGUNG STEFLITSCH-HACKL

„Goiserer" – der Name ist im ganzen Alpenland ein Begriff, aber die meisten Leute denken dabei nur an robuste Bergschuhe. Dass sich dahinter viel mehr verbirgt, erfährt man in der „Schuherzeugung Steflitsch-Hackl" in Bad Goisern, wo das geflügelte Wort „Der Kunde ist König" auf besondere Art zutrifft: Zu den prominenten Kunden von Firmenchef Rudolf Steflitsch-Hackl zählen tatsächlich gekrönte Häupter, die den Komfort des Schuhwerks genauso genießen wie bürgerliche Kunden in aller Welt.
1875 hat der Großvater des heutigen Besitzers mitten in Bad Goisern seine malerische Schusterwerkstätte eröffnet und damit begann die große Zeit der Goiserer. Kaiser Franz Joseph und viele Adelige veranstalteten damals in der Region Großjagden und trugen dabei Schuhe aus Goisern. Für das Geschäft war die kaiserliche Familie natürlich der beste Werbeträger und heute noch bewahrt Rudolf Steflitsch-Hackl das zarte Leistenpaar der Kaiserin Sisi auf, das in dieser Werkstatt entstanden ist.
Bis heute wird von jedem Kunden ein Leisten angefertigt, das ist ein nachgeformter Fuß, der als Modell für die neuen Schuhe dient. Das gehört zur Herstellung von Goiserern, denn dadurch ist sichergestellt, dass der Schuh optimal passt.
„Wir legen eben Wert auf höchste Qualität", sagt Steflitsch-Hackl, „und darauf, dass unsere Schuhe in der besten Tradition der Goiserer Schuhmacherkunst gemacht werden, das heißt handgefertigt, nach Maß und zwiegenäht."
Diese drei Eigenschaften sind es, die echte Goiserer ausmachen, die keineswegs nur Bergschuhe sein müssen, schließlich wurden in Goisern schon immer neben den Schuhen für den Berg auch bequeme Halbschuhe für Damen und Herren angefertigt. Heute kann sich jeder Kunde in der Werkstatt nach Belieben Leder, Farbe und Schnitt des gewünschten Schuhwerks aussuchen, dann machen sich Steflitsch-Hackl und seine vier Mitarbeiter ans Werk.
Es kann bis zu zwölf Monate dauern, bis ein Schuh fertig ist, aber die Wartezeit zahlt sich aus, denn mit echten und hochwertigen Goiserern hat man ein völlig neues Gehgefühl. Die Kunden des oberösterreichischen Schuhmachers wissen das zu schätzen und sie freuen sich auch über eine besondere Aufmerksamkeit des Unternehmens: Die Leisten, die von den Kunden angefertigt werden, werden in der Werkstatt jahrzehntelang archiviert, bei einer Neubestellung kann ohne langwierigen Vorlauf sofort mit der Arbeit begonnen werden.
Neukunden müssen sich freilich einmal in die Werkstatt bemühen, wo ihre Füße gründlich vermessen werden. Das war schon seinerzeit so, im 19. und auch noch im begin-

Schuherzeugung Steflitsch-Hackl

A-4822 Bad Goisern

Telefon 00 43 (0) 61 35 / 82 27
Telefax 00 43 (0) 61 35 / 82 27

www.goiserer.at

nenden 20. Jahrhundert, als das Schuhmacherhandwerk in Bad Goisern und Umgebung beachtliche Bedeutung hatte. Rund zwei Dutzend Meister haben in dieser Zeit damit ihr Brot verdient, die meisten konnten aber dem Konkurrenzdruck der billigeren industriellen Fertigung nicht standhalten. Heute ist die Werkstatt von Steflitsch-Hackl die einzige, die noch echte Goiserer erzeugt – aber diese Ausdauer hat sich ausgezahlt. Der Betrieb, dessen Schuhe nicht über die Handelsketten vertrieben werden, liefert in die ganze Welt. In der sorgsam gehüteten Kundenkartei stehen viele prominente Namen, über die der Meister freilich diskret schweigt. Dass die Nachfrage groß ist, zeigt die Tatsache, dass in den Betriebsunterlagen allein 10 000 Adressen von Kunden aus Deutschland gespeichert sind, die den Luxus von original Goiserern genießen wollen. Apropos Luxus: Sind die Maßschuhe so teuer, dass sie den oberen Zehntausend vorbehalten bleiben? „Nein", lacht Steflitsch-Hackl, „man muss nicht reich sein, um sich Goiserer leisten zu können. Gut, sie haben ihren Preis, weil die Arbeit viel Zeit braucht, aber ich kann guten Gewissens sagen: Zwei Drittel unserer Kunden sind Otto Normalverbraucher!"

1989
HAUT-MEDOC

Gasthof Hotel Aberseehof 66
Franz Gassner
Christian Fritz Weg 19
A-5342 Abersee
Telefon 00 43 (0) 62 27 / 38 82
gasthof@aberseehof.at
www.aberseehof.at

Peter Ahamer 118
Fachgeschäft für Lederbekleidung
und Lederwaren
Marktgasse 22
A-4802 Ebensee
Telefon 00 43 (0) 61 33 / 66 93
Telefax 00 43 (0) 61 33 / 66 93
office@leder-ahamer.at
www.leder-ahamer.at

Weinhaus Attwenger 167
Familie Ute und Ernst Siegesleitner
Lehárkai 12
A-4820 Bad Ischl
Telefon 00 43 (0) 61 32 / 2 33 27
Telefax 00 43 (0) 61 32 / 2 33 27
info@weinhaus-attwenger.com
www.weinhaus-attwenger.com

Benediktiner Seifenmanufaktur 30
Andreas Wipplinger
Markt 9
A-5360 St. Wolfgang
Telefon 00 43 (0) 61 38 / 2 82 70
Telefax 00 43 (0) 61 38 / 2 82 74
wipplinger@eunet.at
www.seifenmanufaktur.at

Hotel Brandauer's Villen 48
Melanie und Roland Pausch
Moosgasse 73
A-5350 Strobl
Telefon 00 43 (0) 61 37 / 7 20 50
Telefax 00 43 (0) 61 37 / 72 05 40
hotel@brandauers.info
www.brandauers.info

Parkhotel Billroth 56
Familie Viehauser
A-5340 St. Gilgen
Telefon 00 43 (0) 62 27 / 22 17
Telefax 00 43 (0) 62 27 / 22 18 25
office@billroth.at
www.billroth.at

Brauerei Zipf 110
A-4871 Zipf
Telefon 00 43 (0) 76 82 / 3 60 00
Telefax 00 43 (0) 76 82 / 36 00 53 29
office@zipfer.at
www.zipfer.at

Restaurant Brunnwirt 72
Familie Brandstätter
Wolfgangseestraße 11
A-5330 Fuschl am See
Telefon 00 43 (0) 62 26 / 82 36
Telefax 00 43 (0) 62 26 / 82 36 13
info@brunnwirt.at
www.brunnwirt.at

Seehotel Cortisen 32
Roland Ballner
A-5360 St. Wolfgang
Telefon 00 43 (0) 61 38 / 23 76
Telefax 00 43 (0) 61 38 / 23 76 44
hotel@cortisen.at
www.cortisen.at

Daysha-Hotel 182
Pedro Quintanilla
Schulgasse 9
A-4820 Bad Ischl
Telefon 00 43 (0) 61 32 / 2 89 84
Telefax 00 43 (0) 61 32 / 2 85 66
sales@dayshahotel.com
www.dayshahotel.com

Ebner's Waldhof am See 70
Familie Ebner
Seestraße 30
A-5330 Fuschl am See
Telefon 00 43 (0) 62 26 / 82 64
Telefax 00 43 (0) 62 26 / 86 44
info@ebners-waldhof.at
www.ebners-waldhof.at

Kulinarische Empfehlungen

Gasthof Engelhof 126
Engelhofstraße 1
A-4810 Gmunden
Telefon 00 43 (0) 76 12 / 6 48 92
Telefax 00 43 (0) 76 12 / 6 48 92 33
bergthaler@engelhof.at
www.engelhof.at

Fischerhütte am Toplitzsee 198
Albrecht Syen
A-8993 Grundlsee
Telefon 00 43 (0) 36 22 / 82 96
Telefax 00 43 (0) 36 22 / 86 25
info@toplitzsee.at
www.toplitzsee.at

Konditorei-Café Frauenschuh 78
Wolfgang und Elisabeth Widlroither
Marktplatz 8
A-5310 Mondsee
Telefon 00 43 (0) 62 32 / 23 12
Telefax 00 43 (0) 62 32 / 23 12
konditorei.frauenschuh@zell-net.at
www.konditoreifrauenschuh.at

Frauscher Bootswerft 140
Traunsteinstraße 10-14
A-4810 Gmunden
Telefon 00 43 (0) 76 12 / 63 65 50
Telefax 00 43 (0) 76 12 / 6 36 55 11
frauscher@bootswerft.at
www.frauscherboats.com

Schlosshotel Freisitz Roith GmbH & Co KG 142
Susanne Lehner
Traunsteinstraße 87
A-4810 Gmunden
Telefon 00 43 (0) 76 12 / 6 49 05
Telefax 00 43 (0) 76 12 / 6 49 05 17
s.lehner@schlosshotel.at
www.schlosshotel.at

Seegasthof Gamsjaga 52
Christine und Reinhard Weber
A-5340 St. Gilgen
Telefon 00 43 (0) 62 27 / 32 22
Telefax 00 43 (0) 62 27 / 3 22 28
gasthof@gamsjaga.at
www.gamsjaga.at

Bäckerei-Konditorei-Café Gandl 18
Barbara und Fritz Gandl
Markt 84
A-5360 St. Wolfgang
Telefon 00 43 (0) 61 38 / 22 94
Telefax 00 43 (0) 61 38 / 22 94 33
gandl@aon.at
www.lebkuchen-gandl.com

Edelbrände Gasteiger 178
Matthias Gasteiger
Sulzbach 147
A-4820 Bad Ischl
Telefon 00 43 (0) 61 32 / 2 33 63
Mobiltelefon 00 43 (0) 6 50 / 4 42 71 32
matthiasgasteiger@hotmail.com

Keramikhotel Goldener Brunnen 146
Thomas Krapfenbauer
Traungasse 10
A-4810 Gmunden
Telefon 00 43 (0) 76 12 / 64 43 10
Telefax 00 43 (0) 76 12 / 6 44 31 55
office@goldenerbrunnen.at
www.goldenerbrunnen.at

Gollhammer Keramik GmbH 92
Dipl. Kfm. Hans Mitterbauer
Kapellenweg 7
A-4863 Seewalchen
Telefon 00 43 (0) 76 62 / 2 24 66
Telefax 00 43 (0) 76 62 / 2 24 66 66
keramik@gollhammer.at
www.gollhammer.at

Maßschneiderei Franz Greul 194
Meranplatz 157
A-8990 Bad Aussee
Telefon 00 43 (0) 36 22 / 5 47 85
Telefax 00 43 (0) 36 22 / 5 47 85
atelier@greul.at
www.greul.at

Landhotel Gasthof Grünberg am See 136
Traunsteinstraße 109
A-4810 Gmunden
Telefon 00 43 (0) 76 12 / 7 77 00
Telefax 00 43 (0) 76 12 / 7 77 00 33
gruenberg@vpn.at
www.gruenberg.at

Seehotel Grüner Baum 208
Monika Wenger
Marktplatz 104
A-4830 Hallstatt
Telefon 00 43 (0) 61 34 / 82 63
Telefax 00 43 (0) 61 34 / 82 63 44
contact@gruenerbaum.cc
www.gruenerbaum.cc

Gasthof-Pension Haberl 90
Cornelia und Alfred Haberl
Altenberg 17
A-4865 Nußdorf
Telefon 00 43 (0) 76 66 / 81 14
Telefax 00 43 (0) 76 66 / 81 14 44
info@haberl-attersee.at
www.haberl-attersee.at

Haberl Massivholztüren 88
Karin und Franz Haberl
A-4865 Nussdorf
Telefon 00 43 (0) 76 66 / 80 62
office@haberltueren.at
www.haberltueren.at

Hotel Haus am See 206
Candida Weinfurtner
Obertraun 169
A-4831 Obertraun
Telefon 00 43 (0) 61 31 / 2 67 77
Telefax 00 43 (0) 61 31 / 2 67 88
hotel-hausamsee@aon.at
www.hotel-hausamsee.at

Wolfgangsee-Fischerei Höplinger 36
Markt 79
A-5360 St. Wolfgang
Telefon 00 43 (0) 61 38 / 30 66
Telefax 00 43 (0) 61 38 / 30 66
Mobiltelefon 00 43 (0) 6 64 / 5 03 47 34
wolfgangsee-fischerei@aon.at
www.wolfgangsee-fischerei.at

Hois'n Wirt GmbH 144
Hans Schallmeiner
Traunsteinstraße 277
A-4810 Gmunden
Telefon 00 43 (0) 76 12 / 7 73 33
Telefax 00 43 (0) 76 12 / 7 73 33 95
reception@hoisnwirt.at
www.hoisnwirt.at

Hotel Hollweger 60
Gerda Hollweger
Bundesstraße 2
A-5340 St. Gilgen
Telefon 00 43 (0) 62 27 / 2 22 60
Telefax 00 43 (0) 62 27 / 79 56 52
office@hollweger.at
www.hollweger.at

Hütthaler KG 104
Linzerstraße 1
A-4690 Schwanenstadt
Telefon 00 43 (0) 76 73 / 2 23 00
Telefax 00 43 (0) 7673 / 22 30 50
office@huetthaler.at
www.huetthaler.at

Ischler Keramik 186
Martina J. M. Leitner
Kreutererstraße 55
A-4820 Bad Ischl
Telefon 00 43 (0) 61 32 / 23 03 70
Telefax 00 43 (0) 61 32 / 23 03 74
office@ischler-keramik.at
www.ischler-keramik.at

Gasthof Kleefeld 50
Wolfgang Fürst
Weißenbach 12
A-5350 Strobl
Telefon 00 43 (0) 61 37 / 73 83
Telefax 00 43 (0) 61 37 / 7 38 38
kleefeld@aon.at
www.kleefeld.at

Kohlbacherhof 192
Familie Uhlemann
Puchen 87
A-8992 Altaussee
Telefon 00 43 (0) 36 22 / 7 16 51
Telefax 00 43 (0) 36 22 / 7 16 45
kohlbacherhof@altaussee.at
www.kohlbacherhof.at

Hotel Krone 80
Familie Hütter
Rainerstraße 1
A-5310 Mondsee
Telefon 00 43 (0) 62 32 / 22 36
Telefax 00 43 (0) 62 32 / 22 36 43
office@hotelkrone.org
www.hotelkrone.org

Vinothek und Genusszentrum LaMuhr 150
Karl Muhr
Linzerstraße 142
A-4810 Gmunden
Telefon 00 43 (0) 76 12 / 7 71 93
Telefax 00 43 (0) 76 12 / 7 71 93 14
Mobiltelefon 00 43 (0) 6 50 / 7 71 93 01
office@la-muhr.at
www.la-muhr.at

Bäckerei Maislinger 214
Barbara Maislinger
Au 65
A-4823 Steeg / H.
Telefon 00 43 (0) 61 35 / 82 16
Telefax 00 43 (0) 61 35 / 68 13
maislinger@keltenbrot.at
www.keltenbrot.at

Bäckerei E. A. Maislinger 174
Anneliese und Ernst Maislinger
Auböckplatz 11
A-4820 Bad Ischl
Telefon 00 43 (0) 61 32 / 2 37 28
office@baeckerei-maislinger.at
www.baeckerei-maislinger.at

Waldhotel Marienbrücke 158
An der Marienbrücke 5
A-4810 Gmunden
Telefon 00 43 (0) 76 12 / 64 01 10
Telefax 00 43 (0) 76 12 / 6 40 11 54
waldhotel@marienbruecke.at
www.marienbruecke.at

Cafe Nannerl 58
Kirchenplatz 2
A-5340 St. Gilgen
Telefon 00 43 (0) 62 27 / 23 68
Telefax 00 43 (0) 62 27 / 82 75
cafenannerl@aon.at
www.cafenannerl.at

Oberösterreichisches Heimatwerk 172
Kreuzplatz 17
A-4820 Bad Ischl
Telefon 00 43 (0) 61 32 / 2 65 35
Telefax 00 43 (0) 61 32 / 2 45 57
ooe@heimatwerk.at
www.ooe.heimatwerk.at

Restaurant Orther Stub'n 138
Seeschloss Orth
Orth 1
A-4810 Gmunden
Telefon 00 43 (0) 76 12 / 6 24 99
Telefax 00 43 (0) 76 12 / 6 37 24
info@schlossorth.com
www.schlossorth.com

Konditorei-Café Karl Ottet 108
Waltraud und Karl Ottet
Marktplatz 6
A-4861 Schörfling
Telefon 00 43 (0) 76 62 / 6 46 40
ottet@konditor.at
www.konditor.at

Friedrich Pöll GesmbH & Co KG 162
EU Schlachthof
Bahnhofstraße 27
A-4655 Vorchdorf
Telefon 00 43 (0) 76 14 / 6 25 90
Telefax 00 43 (0) 76 14 / 62 59 17
office@poell-vorchdorf.at
www.poell-vorchdorf.at

Restaurant Post am See 200
Bräuhof 94
A-8993 Grundlsee
Telefon 00 43 (0) 36 22 / 2 01 04
Telefax 00 43 (0) 36 22 / 2 01 04
postamsee@uta.net.at
www.postamsee.com

Primushäusl 64
Zimmer und Ferienwohnungen,
Schnapsbrennerei
Johanna und Josef Rieger
Gschwendt 40
A-5342 Abersee
Telefon 00 43 (0) 61 37 / 70 47
Telefax 00 43 (0) 61 37 / 6 11 47
jo.rieger@speed.at

Genießerhotel Residenz Häupl 96
Dir. Andrea Fischer
Hauptstraße 20
A-4863 Seewalchen
Telefon 00 43 (0) 76 62 / 6 36 30
Telefax 00 43 (0) 76 62 / 63 63 63
info@residenz-haeupl.at
www.residenz-haeupl.at

Atelier Franz & Regina Rosenlechner 82
„Die Stammbaummaler"
Großenschwandt 35
A-4882 Oberwang
Telefon 00 43 (0) 62 33 / 85 53
Telefax 00 43 (0) 62 33 / 2 00 43
office@stammbaum-rosenlechner.at
www.stammbaum-rosenlechner.at

Salzkontor Tucek & Söhne 22
Helmut & Michaela Tucek
Schwarzenbach 73
A-5360 St. Wolfgang
Telefon 00 43 (0) 61 38 / 30 27
Telefax 00 43 (0) 61 38 / 3 02 74
office@salzkontor.at
www.salzkontor.at

Salinen Tourismus GmbH 210
Salzbergstraße 21
A-4830 Hallstatt
Telefon 00 43 (0) 61 32 / 2 00 24 00
Telefax 00 43 (0) 61 32 / 2 00 44 00
info@salzwelten.at
www.salzwelten.at

Salzkammergutbahn GmbH 38
Markt 35
A-5360 St. Wolfgang
Telefon 00 43 (0) 61 38 / 2 23 20
Telefax 00 43 (0) 61 38 / 22 32 12
berg.schiff@schafbergbahn.at
www.schafbergbahn.at

Berghotel Schafbergspitze 44
Harald Pasch
Ried 23
A-5360 St. Wolfgang
Telefon 00 43 (0) 61 38 / 35 42
harald_pasch@a1.net
www.schafberg.net

Goldschmiede-Atelier Gerold Schodterer 184
Pfarrgasse 11
A-4820 Bad Ischl
Telefon 00 43 (0) 61 32 / 23 72 90
Telefax 00 43 (0) 61 32 / 2 37 29 29
guk@schodterer.at
www.schodterer.at

Restaurant Schratt 176
Rudi Hanke
Steinbruch 43
A-4820 Bad Ischl
Telefon 00 43 (0) 61 32 / 2 76 47
Telefax 00 43 (0) 61 32 / 27 64 74
hanke@villaschratt.at
www.villaschratt.at

Schweizerhof am See 122
Gästehaus-Restaurant-Camping
Hannelore Simmer
Hauptstraße 17
A-4813 Altmünster
Telefon 00 43 (0) 76 12 / 8 72 76
Telefax 00 43 (0) 76 12 / 87 27 64
office@schweizerhof.cc
www.schweizerhof.cc

Cafe-Bar-Restaurant Sissy 168
Michael und Helga Mühlbacher
Pfarrgasse 2
A-4820 Bad Ischl
Telefon 00 43 (0) 61 32 / 2 41 73
Telefax 00 43 (0) 61 32 / 8 93 52
cafesissymichael@msn.com
www.cafe-sissy.at

Gartenhotel Sonnleitn 74
Regina und Erwin Böhning
Seestraße 4
A-5330 Fuschl am See
Telefon 00 43 (0) 62 26 / 84 05
Telefax 00 43 (0) 62 26 / 8 40 58
info@gartenhotel-sonnleitn.at
www.gartenhotel-sonnleitn.at

Stadlers 128
Feinkost
Austria Passage
Sparkassengasse 10
A-4810 Gmunden
Telefon 00 43 (0) 6 99 / 81 98 65 93
stadlers@austria-passage.at
www.austria-passage.at/stadlers

Schuherzeugung Steflitsch-Hackl 213
Rudolf Steflitsch-Hackl
A-4822 Bad Goisern
Telefon 00 43 (0) 61 35 / 82 27
Telefax 00 43 (0) 61 35 / 82 27
office@goiserer.at
www.goiserer.at

Stehbeisl 180
Josef Ahrer
Auböckplatz 6
A-4820 Bad Ischl
Telefon 00 43 (0) 61 32 / 2 11 77
office@stehbeisl.at
www.stehbeisl.at

Goldschmiede Steiner 202
Magdalena Hampel
Bräuhof 207
A-8993 Grundlsee
Telefon 00 43 (0) 36 22 / 85 04
Telefax 00 43 (0) 36 22 / 81 50
goldschmiede.steiner@a1.net

Steinhuber Tracht & Mode 196
Uli und Gerhard Steinhuber
Wiedleite 103
A-8990 Bad Aussee
Telefon 00 43 (0) 36 22 / 5 29 62
Telefax 00 43 (0) 36 22 / 5 29 62 19
tracht@steinhuber.at
www.steinhuber.at

Stern & Hafferl Verkehrsgesellschaft m.b.H. 154
Kuferzeile 32
A-4810 Gmunden
Telefon 00 43 (0) 76 12 / 79 52 51
Telefax 00 43 (0) 76 12 / 79 52 02
info@stern-verkehr.at
www.stern-verkehr.at

St. Wolfganger Klosterkellerei 34
Renate und Johann Peinsteiner
Markt 2
A-5360 St. Wolfgang
Telefon 00 43 (0) 61 38 / 30 22
Telefax 00 43 (0) 61 38 / 3 02 24

Traunseeschifffahrt GmbH 148
Karlheinz Eder
Sparkassegasse 3
A-4810 Gmunden
Telefon 00 43 (0) 76 12 / 6 67 00
Telefax 00 43 (0) 76 12 / 6 67 00 41
info@traunseeschifffahrt.at
www.traunseeschifffahrt.at

Traunsee Touristik GmbH Nfg. & Co KG 130
Toscanapark 6
A-4810 Gmunden
Telefon 00 43 (0) 76 12 / 66 01 40
Telefax 00 43 (0) 76 12 / 6 68 43
verkauf@traunsee-touristik.at
www.traunsee-touristik.at

Rudolf Wagner KG 134
Getränkegroßhandel
Scharnsteinerstraße 1
A-4810 Gmunden
Telefon 00 43 (0) 76 12 / 7 84
Telefax 00 43 (0) 76 12 / 7 84 11
wagner@wagnerweb.at
www.wagnerweb.at

Romantikhotel Weisses Rössl 26
Familie Trutmann-Peter
Markt 74
A-5360 St. Wolfgang
Telefon 00 43 (0) 61 38 / 2 30 60
Telefax 00 43 (0) 61 38 / 23 06 41
office@weissesroessl.at
www.weissesroessl.at

Wiesenhof 62
Theresa und Josef Schöndorfer
Gschwendt 191
A-5342 Abersee
Telefon 00 43 (0) 61 37 / 70 60
Telefax 00 43 (0) 61 37 / 7 06 04
office@wiesenhof-abersee.com
www.wiesenhof-abersee.com

Wildpark Hochkreut 120
Grafen O'Donell von Tyrconnell
Aurachberg 60
A-4814 Neukirchen
office@wildpark.co.at
www.wildpark.co.at

Wimberghof Gastro GmbH 100
Ferdinand-Öttl-Straße 21
A-4840 Vöcklabruck
Telefon 00 43 (0) 76 72 / 2 55 34
Telefax 00 43 (0) 76 72 / 2 55 34 16
info@wimberghof-gastro.at
www.wimberghof-gastro.at

Wirt am Bach 160
Claudia und Josef Naderer
Am Bach 13
A-4664 Oberweis
Telefon 00 43 (0) 76 12 / 7 45 03
Telefax 00 43 (0) 76 12 / 7 45 03 24
info@wirtambach.at
www.wirtambach.at

Kaffee-Konditorei Zauner Gesellschaft mbH & Co KG 170
Hildegard und Josef Zauner
Pfarrgasse 7
A-4820 Bad Ischl
Telefon 00 43 (0) 61 32 / 2 33 10
Telefax 00 43 (0) 61 32 / 2 33 10 30
zauner@zauner.at
www.zauner.at

Seehotel zum Goldenen Anker 86
Michael Lötsch
Hauptplatz 2
A-4866 Unterach
Telefon 00 43 (0) 76 65 / 83 90
Telefax 00 43 (0) 76 65 / 83 90 40
office@seehotel-anker.at
www.seehotel-anker.at

Gasthof zum Hirschen 190
Beate und Burghard Neumann
Fischerndorf 17
A-8992 Altaussee
Telefon 00 43 (0) 36 22 / 7 13 47
Telefax 00 43 (0) 36 22 / 7 13 47 13
gasthof@hirschen-altaussee.at
www.hirschen-altaussee.at

Gasthof zur Post Jo & Co Gastronomie GmbH 216
Katharina und Josef Stöger
Au 30
A-4823 Bad Goisern
Telefon 00 43 (0) 61 35 / 84 83
gasthaus@gh-post.at
www.gh-post.at

Gasthof zur Post 54
Norbert Leitner
Mozartplatz 8
A-5340 St. Gilgen
Telefon 00 43 (0) 62 27 / 21 57
office@gasthofzurpost.at
www.gasthofzurpost.at

Landgasthof zur Salzkammergutbahn 124
Eben 1
A-4813 Altmünster
Telefon 00 43 (0) 76 12 / 87 01 30
Telefax 00 43 (0) 76 12 / 8 70 13 33
office@salzkammergutbahn.at
www.salzkammergutbahn.at

Hallstatt

VERZEICHNIS DER REZEPTE

HAUPTGERICHTE MIT FISCH

VORSPEISEN, KLEINE GERICHTE

ISBN 978-3-86528-388-7
24,1 cm x 27,6 cm

ISBN 978-3-86528-389-4
24,1 cm x 27,6 cm

ISBN 978-3-86528-393-1
24,1 cm x 27,6 cm

ISBN 978-3-86528-363-4
24,1 cm x 27,6 cm

KULINARISCHE ENTDECKUNGSREISEN ...

... DURCH DIE SCHÖNSTEN URLAUBSREGIONEN

ISBN 978-3-86528-383-2

ISBN 978-3-86528-402-0

ISBN 978-3-86528-368-9

ISBN 978-3-86528-370-2

ISBN 3-86528-375-5

ISBN 978-3-86528-373-3

ISBN 978-3-86528-376-4

ISBN 978-3-86528-382-5

ISBN 978-3-86528-336-8
24,1 cm x 27,6 cm

ISBN 3-86528-364-1

ISBN 978-3-86528-385-6
24,1 cm x 27,6 cm

ISBN 978-3-86528-401-3

Im Frühjahr 2008 erscheinen …

Antje Wohlers-Lichtenauer, Hans Ulrich Gantenbein
Eine kulinarische Entdeckungsreise durch das Appenzeller Land
152 Seiten, 300 Farbfotos und 1 Karte
ISBN: 978-3-86528-365-8

Albertine Sprandel, Volker Miosga
Eine kulinarische Entdeckungsreise durch Bayerisch-Schwaben
128 Seiten, 300 Farbfotos und 1 Karte
ISBN: 978-3-86528-367-2

Magdalena Ringeling, Mechthild Schneider
Eine kulinarische Entdeckungsreise durch das Saarland
128 Seiten, 300 Farbfotos und 1 Karte
ISBN: 978-3-86528-379-5

Kurt Markaritzer, Paul-Julien Robert
Eine kulinarische Entdeckungsreise durch das Salzkammergut
232 Seiten, 400 Farbfotos und 1 Karte
ISBN: 978-3-86528-405-1

Ute Paul-Prößler, Thomas Knauer
Eine kulinarische Entdeckungsreise durch Thüringen
128 Seiten, 300 Farbfotos und 1 Karte
ISBN: 978-3-86528-403-7

Tosca Maria Kühn, Yves Hebinger
Trends und Lifestyle im Allgäu
144 Seiten, 300 Farbfotos und 1 Karte
24,1 x 27,6 cm
ISBN: 978-3-86528-406-8

Magdalena Ringeling, Doris Böhm, Andreas Tauber
Trends und Lifestyle in Düsseldorf
ca. 240 Seiten, 400 Farbfotos und 1 Karte
24,1 x 27,6 cm
ISBN: 978-3-86528-410-5

Katrin Lipka, Max Nemo Mertens
Trends und Lifestyle in der Lübecker Bucht
152 Seiten, 300 Farbfotos und 1 Karte
24,1 x 27,6 cm
ISBN: 978-3-86528-407-5

Carmen und Thomas Nehm, Johann Scheibner
Trends und Lifestyle in Oberbayern – Der Südwesten
264 Seiten, 500 Farbilder und 1 Karte
24,1 x 27,6 cm
ISBN: 978-3-86528-396-2

Sabine Mirbach, Gabriele Bender
Trends und Lifestyle in Ostwestfalen-Lippe
128 Seiten, 300 Farbfotos und 1 Karte
24,1 x 27,6 cm
ISBN: 978-3-86528-399-3

Petra Wagner, Daniel Schvarcz
Trends und Lifestyle in Salzburg
ca. 200 Seiten, 400 Farbfotos und 1 Karte
24,1 x 27,6 cm
ISBN: 978-3-86528-415-0

Hanne Bahra, Johann Scheibner
Süßes Berlin
128 Seiten, 300 Farbbilder und 1 Karte
24,1 x 27,6 cm
ISBN: 978-3-86528-384-9

Lily Grynstock, Petra Schmidt, Vera Morgenbesser
Süßes Wien
128 Seiten, 300 Farbbilder und 1 Karte
24,1 x 27,6 cm
ISBN: 978-3-86528-400-6

* Sofern nicht anders angegeben, haben alle Titel ein Format von 24,1 cm x 30,6 cm.

Alle Titel erhalten Sie bei Ihrer örtlichen Buchhandlung. Für weitere Informationen über unsere Reihe wenden Sie sich direkt an den Verlag:

UMSCHAU

Neuer Umschau Buchverlag | Theodor-Körner-Straße 7 | D-67433 Neustadt/Weinstraße
Telefon + 49 (0) 63 21 / 877-852 | Telefax + 49 (0) 63 21 / 877-866
e-mail: info@umschau-buchverlag.de | www.umschau-buchverlag.de

IMPRESSUM

Herausgeberin
Katharina Többen, Neckargemünd

Texte
Dr. Kurt Markaritzer, Bad Vöslau
Interviewassistenz: Birgit Markaritzer, Graz

Fotografie
Paul Robert, Wien

Lektorat
Katrin Birzele

Gestaltung, Satz und Reproduktionen
posi.tiff Dienstleistungen GmbH, Frankfurt/Main

Karte
Thorsten Trantow, Kenzingen
www.trantow-atelier.de

Druck und Verarbeitung
Nino Druck GmbH, Neustadt/Lachen-Speyerdorf

Printed in Germany
ISBN: 978-3-86528-405-1

Die Ratschläge in diesem Buch sind vom Autor und dem Verlag sorgfältig erwogen und geprüft, dennoch kann eine Garantie nicht übernommen werden. Eine Haftung der Autoren und des Verlages für Personen-, Sach- und Vermögensschäden ist ausgeschlossen. Die Rezepte sind üblicherweise für 4 Personen ausgerichtet.

Besuchen Sie uns im Internet
www.umschau-buchverlag.de

Titelfotografie: Paul Robert, Wien
Landschaftsaufnahme: Hallstätter See
Die Foodaufnahme zeigt das Gericht *Grundlseer Lammrücken mit Spinat-Curry-Kruste und Ingwer-Polenta-Palatschinken*, zubereitet vom Restaurant Post am See, Grundlsee. Das Landschaftsbild auf der Buchrückseite zeigt oben den Traunsee, das Seebild links unten zeigt den Attersee bei Litzlberg, das Landschaftsbild rechts unten entstand in der Nähe von Gitzen.

Wir bedanken uns für die freundlicherweise zur Verfügung gestellten Fotos bei: Tourismusverband Ausseerland/Grundlsee im Mai – Holan (S. 5); Wolfgangsee Tourismus Gesellschaft mbH/WTG (S. 14, S. 16–17); Bildarchiv Romantikhotel Im Weissen Rössl (S. 26-29); Hotel Cortisen/Roland Ballner (S. 32 oben rechts); Fischerei Höplinger (S. 36 unten, S. 37); Salzkammergutbahn GmbH (S. 38, S. 39 oben, S. 42–43, S. 44 unten, S. 45 oben, S. 47 oben); Villa Brandauer (S. 48 oben und unten, S. 49 oben links); Gasthof Kleefeld (S. 50–51); Parkhotel Billroth (S. 56 oben); Gasthof Wiesenhof (S. 62 oben links); Primushäusl (S. 64 unten links und rechts, S. 65 unten); Ebner's Waldhof am See (S. 70–71); Hotel Krone (S. 80, S. 81 oben links und rechts); Seehotel zum Goldenen Anker (S. 87 unten); Residenz Häupl (S. 99 unten); Hütthaler KG/Herbert Lehmann (S. 105 oben links, S. 107 unten links und rechts); Gasthaus Steegwirt/Meisterstrasse.at (S.112 oben links), Gasthaus Rettenbachmühle/Catherine Ebser (S. 112 Mitte links); Hubertushof (S. 112 unten links); Hotel Goldener Ochs (S. 112 oben rechts); Seehotel Schwan/Michael Nöstlinger (S. 112 Mitte rechts); Hacklwirt/Herr Blaha (S. 112 unten rechts); k.u.k. Landgasthof „Zur Post"/Georg Eichhorn (S. 113 oben); Gasthof-Hotel Bramosen/Foto Ecker (S. 113 Mitte); Föttinger GmbH (S. 113 unten); Salzkammergut Tourismus-Marketing GmbH/ ©Heiliger (S. 114); Peter Ahamer/Studio Balon (S. 118 links, S. 119 oben links); Fotostudio Ralph Fischbacher, Gmunden (S. 128-129); Rudolf Wagner KG/Gerd Kressl (S. 135 oben); Landhotel Gasthof Grünberg am See (S. 137 oben); Orther Stub'n, Traunsee-Riedlingsroulade (S. 139 unten); Frauscher Bootswerft GmbH & Co KG/Monika Löff (S. 140–141); Freisitz Roith/Frau Löff (S. 142 oben und Mitte, S. 143); Hois'n Wirt GmbH (S. 144 oben und Mitte, S. 145); Fotostudio Ralph Fischbacher, Gmunden (S. 146–147); Traunseeschifffahrt Karlheinz Eder GmbH/Gerd Kressl (S. 148 Mitte und unten); Vinothek und Genusszentrum LaMuhr (S. 150/151 oben und S. 150 unten, S. 152, S. 153 oben); Stern & Hafferl (S. 155 unten); Wirt am Bach (S. 160 Mitte); Friedrich Pöll Ges.m.b.H. & Co KG (S. 162–163); Salzkammergut Tourismus-Marketing GmbH/TVB Bad Ischl (S. 166); Fotostudio Ralph Fischbacher, Gmunden (S. 168-169); Restaurant Schratt (S. 177 unten); Gerold Schodterer – Schodterer Ischler Gold-und Silberschmiede (Schmuckbilder S. 184 und 185 oben); Ischler Keramik/Mag. Ernst Leitner (S. 187 unten); Tourismusverband Ausseerland/Altaussee Seewiese – Rastl (S. 188 oben), Bad Aussee – Weinhäupl (S. 189); Post am See/ Hocker (S. 200 oben, S. 201 unten); Seehotel Grüner Baum/Michael Maritsch, www.maritsch (S. 208, S. 209 oben links und rechts); Bäckerei Maislinger/ Wolfgang Stadler (S. 215 oben links und rechts); Jo & Co Gastronomie GmbH (S. 217 oben rechts).